Nuovo Prisma

Collana diretta da Antonino Buttitta

11

Angela Scandaliato

L'ultimo canto di Ester

Donne ebree del Medioevo in Sicilia

Introduzione di
Michele Luzzati

Sellerio editore
Palermo

Scandaliato, Angela <1945>

L'ultimo canto di Ester : donne ebree del Medioevo in Sicilia / Angela Scandaliato; introduzione di Michele Luzzati. - Palermo : Sellerio, 1999.
(Nuovo Prisma / collana diretta da Antonino Buttitta ; 11)
ISBN 88-389-1454-0
1. Donne ebree - Sicilia - Medioevo.
305.420945801 CDD-20 SBN Pal0146265

CIP - *Biblioteca centrale della Regione siciliana*

Indice

Introduzione
di
Michele Luzzati

L'impegno di studio sulla storia della presenza ebraica in Sicilia ha conosciuto nel passato vicende saltuarie e si è sviluppato (secondo una consuetudine che è, in ogni caso, comune ad altri campi di indagine e a altre aree) da un lato lungo linee di serio impegno scientifico, dall'altro attraverso la proposizione di fumose ed estemporanee divagazioni svincolate da ogni rispetto per i metodi propri della ricerca storica.

Questa seconda modalità di affrontare (e di mitizzare) la ricostruzione del passato ebraico è fortunatamente tramontata quasi ovunque in Italia sotto la spinta, negli ultimi due decenni, di un intenso lavoro di scavo e di riflessione che ha visto protagonisti, insieme con gli italiani, in primo luogo gli studiosi israeliani, ma anche i francesi, gli inglesi, gli statunitensi, gli spagnoli, i tedeschi, gli svizzeri, e altri ancora. La Sicilia, per l'anacronistica sopravvivenza della vena dilettantesca cui sopra abbiamo accennato, sembra fare ancora resistenza all'affermarsi di questo trend *ed è pertanto da salutare come un utilissimo contravveleno il volume di Angela Scandaliato che qui si presenta.*

Trattando di ebrei nel Medioevo isolano, la Scandaliato certo non nasconde una sorta di «nostalgia», sua e probabilmente di parte della società siciliana, per ciò che non è stato, ma avrebbe potuto essere: e cioè il perpetuarsi nell'Isola di una feconda convivenza fra cristiani e non cristiani. Ma questa «nostalgia» è ben lungi dal trasformarsi in un canone di interpretazione storiografica o, peggio ancora, nell'equivoco auspicio di modificare artificiosamente per l'oggi l'orologio della storia.

L'autrice è infatti consapevole che qualsiasi ricostruzione della vicenda ebraica isolana non può dare adito al recupero di una immaginaria odierna «ebraicità» della Sicilia, né, per il passato, può indurre a ipotizzare vie radicalmente diverse da quelle percorse entro la cornice politica, istituzionale e economica che venne fissandosi nel Mediterraneo e in Europa agli albori dell'età moderna.

Come pare suggerire la Scandaliato, ciò che invece si può e si deve fare, nell'ottica di uno sforzo comune per recuperare valori e stimoli, è prender coscienza, attraverso un'indagine ancorata alla realtà testimoniale dei documenti, dei sacrifici che, in maniera ineguale, furono sopportati da quanti si trovarono coinvolti nelle trasformazioni – e nelle mancate trasformazioni – della società siciliana. E fra coloro che, più degli altri, sopportarono sacrifici, si individuano chiaramente in questo volume non tanto e non soltanto gli ebrei, ma anche le donne, il mondo femminile siciliano nel suo complesso.

L'affermazione può apparire forse paradossale, visto che protagonista indiscutibile del saggio della Scandaliato è un gruppo, un popolo, quello ebraico, destinato nel 1492 a essere espulso o a veder cancellata, con la violenza della conversione forzata, la sua identità. Eppure, disegnando un profilo del versante femminile del gruppo ebraico siciliano, tutto teso a sottolineare la maggior considerazione in cui la donna era tenuta in ambito ebraico rispetto all'ambito cristiano, l'autrice, quasi in un gioco di contrappunto, ci rimanda continuamente ad un silenzioso convitato di pietra: la donna cristiana nell'Isola.

Quanto più si insiste, infatti, nell'evidenziare il ruolo che anche nella Sicilia medievale ebbero le donne all'interno della famiglia e della società ebraica, tanto più si finisce per evidenziare l'ancor maggiore subalternità della donna nell'ambito della famiglia e della società cristiana.

È ben vero che l'attenzione, nell'odierna produzione storiografica, per il tema della «donna ebrea» è giustificata dal dato di fatto obiettivo che si tratta di una storia «diversa» da quella della donna cristiana (o dei paesi musulmani), ma resta egualmente vero che la nota dominante, anche nel mondo ebraico, era pur sempre la subordinazione ai padri, ai mariti e ai figli. Si tratta di un elemento che la Scandaliato lascia chiaramente trapelare, nonostante si avverta, sullo sfondo, una seconda «nostalgia», quella per un'opzione (modello «ebraico» piuttosto che modello «cristiano») che la «Sicilia delle donne» oggettivamente certo non poteva fare.

Anche sotto questo aspetto, comunque, la «nostalgia» non conduce a proteste o rivendicazioni astratte, ai toni del pamphlet. *Essa è semmai stimolo ad ulteriori approfondimenti. Per esempio, in più di un luogo del volume affiora un'ipotesi, che merita attenzione, proprio di segno opposto ad ogni «nostalgia».*

La domanda che l'autrice sembra talora porsi non è infatti in che misura la condizione delle donne cristiane in Sicilia sia stata influenzata (o avrebbe potuto essere influenzata) da quella delle donne ebree, ma, al contrario, quanto la condizione delle donne appartenenti alla maggioranza cristiana abbia pesato, in negativo, sulla condizione, tendenzialmente più favorevole, delle donne ebree. Si indica cioè una direzione di ricerca che, prescindendo dall'ipotesi di un «modello» comportamentale unico e generalizzato della «donna ebrea» sotto ogni cielo, approdi a comparazioni fra i diversi insediamenti ebraici, inevitabilmente sempre «segnati» dalle tendenze e dalle consuetudini del maggioritario mondo circostante.

Basta l'indicazione di queste problematiche sottese al volume per far comprendere come al centro del lavoro della Scandaliato vi sia fonda-

mentalmente l'urgenza di approfondire, senza anatemi o condanne e senza antistorici panegirici, le ragioni profonde di un certo tipo di sviluppo della società siciliana del tardo Medioevo.

Il libro, vincolato ai dati di fatto emergenti da un vastissimo scandaglio di fonti, per lo più notarili, resta dunque rigorosamente storico. Perfino quando l'esposizione sistematica lascia spazio alla delineazione, in chiave più letteraria, di alcune figure femminili emblematiche, si evita con cura di cedere alla tentazione di scavalcare il recinto delle realtà testimoniate dai documenti. Dalla ricerca dell'autrice emerge dunque non un «libro dei sogni» o «delle occasioni perdute», ma un frammento, esemplarmente ricostruito, del concreto mondo siciliano medievale.

L'ultimo canto di Ester
Donne ebree del Medioevo in Sicilia

Ai miei genitori

ABBREVIAZIONI

BCS	Biblioteca Comunale, Sciacca
AST	Archivio di Stato, Trapani
ASS	Archivio di Stato, Sciacca
ASP	Archivio di Stato, Palermo
ASA	Archivio di Stato, Agrigento
ASTI	Archivio di Stato, Termini Imerese
A.S.Sic.	Archivio Storico Siciliano
ASSO	Archivio Storico Sicilia Orientale
BCSA	Biblioteca Comunale, Salemi
ANMA	Archivio Notarile, Marsala

Premessa

Chassuna, Ricca, Stella, Sagia, Gaudiosa, Perna, Channa, donne dai *nomina sancta* biblici, Talmudici o dai nomi locali cominciano ad emergere dalle «zone d'ombra» della storia delle comunità ebraiche siciliane. Testamenti, donazioni e *ketubbot*, non numerose ma importanti, rimandano immagini di donne la cui identità è quella di *filiae* o *mulieres uxores* senza cognome e con ridotta capacità giuridica, ma protette e rispettate se accettano la segregazione nella casa del padre o del marito. La condizione femminile ebraica nel Medioevo siciliano va affrontata sia nel quadro della famiglia e della «cultura» patriarcale con le sue specificità religiose e rituali e la sua *longue durée* che nel contesto dell'ambiente musulmano e poi cristiano per verificare nel difficile alternarsi di aperture e chiusure, di tentazioni assimilazionistiche e «controacculturazioni», l'effettivo ruolo o il contributo delle donne. Se l'atteggiamento delle comunità ebraiche della diaspora sia stato il riflesso del fluttuare degli eventi e delle condizioni storiche e in che misura, e se ad una parvenza di adattamento e di parziale assimilazione corrispondesse poi un rafforzamento dell'identità culturale all'interno, è stata ed è materia di dibattito. Si può mai uscire da un paradosso? Come percepivano le donne questa emergenza permanente e come reagivano? Questi ed altri temi possono essere affrontati in dimensione microstorica cominciando dalla «civiltà materiale», dalle curiosità del quotidiano: vestiti, gioielli, corredi, arredamenti, per cogliere il senso della vita rispetto a momenti cruciali quali il matrimonio, il divorzio o ripudio, il rispetto della legge e delle norme rituali, la morte. La verifica della condizione femminile passa attraverso questi ed altri dettagli e può aiutarci a trovare delle risposte sul *cosmo* ebraico che costituisce un *unicum* nella storia. La Sicilia è considerata un laboratorio politico, una «metafora» perché è stata un laboratorio storico, un punto di osservazione privilegiato. Oriente e Occidente non si sono solo incrociati e confrontati nell'isola, ma hanno fatto esplodere le loro contraddizioni producendo effetti di eccezionale creatività o di estrema barbarie. Lingue, sistemi di datazione, consuetudini, religioni e rituali diversi hanno costellato i secoli dell'Islam dando vita ad «uno straordinario esempio di amalgama culturale Mediterraneo che aveva le sue radici nell'Italia meridionale e in Sicilia» (Goitein). Ma quella della tolleranza è la storia d'una conquista continuamente differita, precaria e d'una coesistenza perennemente minacciata che cambia di segno al minimo accenno di crisi. Carestie o epidemie in agguato si traducevano in un eccesso: la caccia al diverso da parte dei gruppi più facilmente assimilabili. La Sicilia tra le regioni d'Italia era quella che nel Medioevo accoglieva il più gran numero di ebrei; il loro destino s'intrecciava con quello di realtà fisiche e geografiche come l'impero bizantino, il Mediterraneo arabo, il regno normanno-svevo e l'Impero, la Spagna feudale e le sue impennate di fanatismo. L'isola può essere perciò assunta come paradigma di un arco di storia che si apre con l'esperimento di plurietnicità e di coesistenza tra culture e si chiude con lo scacco della cacciata degli ebrei dall'isola, il trionfo dell'intolleranza. Ricostruire il vissuto delle donne ebree nel Medioevo siciliano, è possibile a patto di non avventurarsi in giudizi sovrapponendo alla loro la nostra coscienza femminile e proiettando all'indietro le nostre frustrazioni e i nostri desideri. Dare voce a chi nella storia è stato costretto al silenzio è l'avventura e la sfida della nuova storiografia. Nell'accettarla incontreremo una realtà che ci sorprenderà e nella quale è impossibile tuttavia immettersi senza una buona dose di immedesimazione. Tracciare profili di donne è possibile, dare risposte esaurienti no. Possiamo accostarci al recupero storico della identità femminile ebraica con queste cautele e con l'avvertimento che esso può avvenire attraverso i frammenti che la storia ufficiale non raccoglie e che possono essere raccattati per ricomporre pezzo per pezzo immagini di donne che, come tante altre, è difficile trasmettere nella loro interezza. Una consapevolezza in più occorre, quella del doppio silenzio e della doppia diversità cui si è tentato di condannare la donna ebrea; quella della storia ufficiale nei confronti degli ebrei e quella dell'ebreo maschio nei confronti delle donne. Forzare questi silenzi e scrutare negli squarci che testamenti, donazioni, contratti matrimoniali, proteste, aprono, è ridare alle donne la parola negata. Il loro linguaggio è quello degli oggetti posseduti, delle cose della vita quotidiana offerte o negate, accettate o contestate a figli, mariti, parenti, amici, il linguaggio dei desideri, o delle ripulse, delle ultime volontà, dei pensieri sulla vita, la morte, l'aldilà. Le donne stesse racconteranno la loro storia, le piccole e grandi angosce, le invidie e le noie della vita, i grandi eventi della vita familiare, le paure indotte dalle pressioni dei bisogni economici e dall'ansia di accumulazione del denaro, nota costante della storia del popolo ebraico.

L'ebreo non smarrisce per questo il senso del sacro, ma costruisce col denaro una barriera invalicabile, a difesa della propria integrità ed esclusività. In quest'opera l'impegno delle donne si tradurrà nella destrezza con cui maneggeranno gli affari e raccoglieranno i profitti, nella costante salvaguardia del patrimonio spirituale che solo la sicurezza e il benessere economico permettevano di assicurare alle nuove generazioni. La sensibilità culturale delle donne che si rivela a tratti, il loro attaccamento al libro come valore, sono pari a quelli dell'uomo ebreo anche se raramente si estrinsecano in manifestazioni appariscenti. Il capitolo della cultura delle ebree enumera rari e singolari casi che tuttavia consentono di rivedere molti pregiudizi. Le storie di queste donne ordinarie o straordinarie aprono spaccati di umanità rimossi e perciò non dissolti che possiamo ascoltare con umiltà riappropriandoci nel contempo della meraviglia, della virtù della solidarietà, della comprensione necessaria per guardare a uomini e donne di un passato che ci appartiene.

Parte I

Donne ebree e donne cristiane*

La condizione femminile ebraica è difficile da delineare storicamente se ci si affida alla laconicità degli atti ufficiali dove sono raramente nominate donne o ai formulari notarili che neutralizzano le lievi tracce della psicologia di personaggi il cui mondo interiore rimane quasi del tutto oscuro. Talvolta gli atti dei notai, quando il latino cede alla più fiorita lingua siciliana medioevale, riescono a trasmettere i segni del vissuto di uomini e donne e a dare spazio all'immaginazione dello studioso. Per la ricostruzione del profilo della donna siciliana medioevale disponiamo invece di una pluralità di segni letterari, iconografici, storico-antropologici che rendono l'approccio più agevole. Nel raffronto risalta la specificità della condizione femminile ebraica che si qualifica per la diversa psicologia con cui l'ebrea affronta, rispetto alla donna cristiana, condizioni o status esistenziali simili.

La vedovanza per esempio non era un dramma per l'ebrea che era disponibile, nella generalità dei casi, se ancora giovane, ad un secondo matrimonio e si proiettava dunque in una dimensione di cambiamento, pronta a costruire una nuova famiglia. È un fatto che s'intuisce per indizi e tracce più di quanto si possa documentare. Il dato certo è che tra le ebree si registra una notevole quantità di vedove risposate una o due volte. La possibilità di un secondo matrimonio era concreta e normale, infatti i mariti nei testamenti nominano altri tutori dei figli minori in sostituzione della moglie nell'eventualità che si risposasse.

Il notaio registra che il marito «iacens in lecto suo infirmus corpore sanus tamen mente... timens divinum iudicium... constituit nuncupativum testamentum» nominando «in tutricem» dei figli la moglie «dum viduitatem servaverit et si ad secunda vota convolaverit», il tutore sarebbe stato un parente o un amico.[1]

* Questa prima parte è ripresa dal saggio avente lo stesso titolo pubblicato in «Quaderni dell'Istituto Siciliano di Studi Ebraici», PA, Regione Siciliana, Assessorato Beni Culturali, Ambientali e Pubblica Istruzione.

[1] ASTI, *Notai defunti*, notaio G. Bonafede, vol. 12831, 5ª Unità, 8 Settembre XV Ind. 1421-1422; ASS, *Notai defunti*, notaio G. Liotta, vol. 21, c. 54*rv*, anno 1466; notaio A. De Messana, vol. 20, cc. 85*rv*-86*r*, 24 Marzo XV Ind. 1467.

Negli ambienti della aristocrazia siciliana che una nobile vedova si risposasse rientrava nel quadro delle strategie matrimoniali tendenti a creare alleanze tra potentati economici; il caso più comune era quello di vedove spesso vincolate a non sposarsi dai testamenti dei mariti per non perdere i diritti ereditari e per mantenere inalterato il patrimonio di famiglia.[2]

Esistevano tuttavia ragioni morali, che la Chiesa nell'Alto Medioevo cercò di affermare, perché andavano nel senso di proibire il secondo matrimonio di vedovi e a maggior ragione vedove. La misoginia dei Padri della Chiesa continuò a pesare sulla condizione femminile e sulla sessualità di fronte a cui la Chiesa assunse sempre una posizione ambigua e contraddittoria.

Le vedove delle classi subalterne erano accusate con facilità di concubinaggio, additate al disprezzo della pubblica moralità, esposte al pubblico ludibrio; senza contare, specie alla fine del Quattrocento, l'enorme quantità di prostitute (tali per miseria e non certo per vocazione) vagabonde di città in città, di porto in porto che si camuffavano con soprannomi diversi, che spesso le autorità utilizzavano nelle feste per divertentissime gare o corse.[3] *Malmaritate*, *donne tristi*, *miserabili* sono epiteti che esprimono una varietà di situazioni che avviavano alla prostituzione e nello stesso tempo suggeriscono la difficoltà a schematizzare un fenomeno sociale indefinibile anche perché stigmatizzato e nel contempo tollerato. Le prostitute non si nascondevano, circolavano in barba alle Prammatiche perché erano parte integrante d'una cultura e d'una società sessuofobiche e repressive incapaci, perché troppo impregnate di clericalismo, di dare spazio alle genuine manifestazioni del corpo e della mente e perciò tendenzialmente violente e degradate.[4]

[2] S. Tramontana, *Vestirsi e Travestirsi in Sicilia*, Palermo, Sellerio, 1993, p. 129.

[3] ASA, Fondo 14, vol. I; *Atti della Curia dei Giurati* (1499-1600), *Quaderni dei poveri Miserabili dei quartieri della città di Sciacca; Terra Vecchia, Cadda, Rabbato, Immezzo*. Su quattrocentodiciassette poveri quattrocento risultano *donne miserabili*. Non possiamo certo individuarle tutte come meretrici, ma molte, non a caso, sono indicate con soprannomi com'era tipico delle prostitute che cercavano di mantenere l'anonimato nei paesi diversi in cui si fermavano per un certo tempo. Il documento è citato in A. Scandaliato, *Società e Potere a Sciacca nel periodo Spagnolo: Gli ospedali della città*. Sciacca, Città Degna, Ed. Rotary Club, 1990, pp. 105 sgg.

A Palermo, racconta il Cutrera, in seguito a bando del pretore, per decisione del viceré M. Antonio Colonna, si organizzò nel Cinquecento il «Palio di Santa Maria Maddalena» chiamato «corsa delle bagasce»; il premio per la prima arrivata era una «faldetta con lo imbusto di raso carmisino». A. Cutrera, *Storia della prostituzione in Sicilia*, Ed. Stampatori Associati, p. 80. Sull'argomento, in relazione ai secoli successivi, si può consultare anche G. Fiume, *Morale sessuale e igiene sociale*: «*Il controllo della prostituzione degli ultimi Borbone*», in *Malattie, Terapie e Istituzioni Sanitarie in Sicilia*, «*Centro Italiano di Storia sanitaria e ospedaliera in Sicilia*», 1984.

[4] A. Scandaliato, *Società e Potere a Sciacca nel periodo spagnolo*..., cit., p. 106.

La donna ebrea non sembra provare la dissociazione della donna cristiana sposa-madre integerrima o vile prostituta.

Adulteri, concubinaggi, con tutto il loro substrato di clandestinità, di vergogna, di stress psicologico, sono condizioni quasi sconosciute o quanto meno non comuni tra ebrei, non solo per i rigidi controlli esercitati dalle autorità delle Giudecche, ma perché in ambienti così ristretti le trasgressioni erano difficili. Gli stessi clan familiari esercitavano forme di autocontrollo perché era in gioco l'onore del gruppo. La poligamia che rappresentava un vantaggio per l'uomo e un'umilazione per la donna era ammessa in casi rari e il concubinaggio del marito con schiave poteva avvenire solo col suo consenso.

Nobili siciliani ma anche preti convivevano con serve o schiave, da tali unioni nascevano figli illegittimi di cui v'è traccia nei registri di nascite o di matrimonio degli archivi parrocchiali.[5] La società cristiana criminalizzando il sesso e tentando d'incanalarlo verso il matrimonio, provocava la sua esplosione incontrollata attraverso adulteri, concubinaggi frequenti e tollerati, violenza alle donne, monacazioni forzate.

«Ai celibi e specialmente alle vedove io dico: è bene per loro se rimangono come sono io. Ma se poi non si sentono di vivere continenti si sposino: è meglio sposarsi che ardere».[6] Queste formulazioni della 1ª lettera ai Corinzi di S. Paolo discussi e commentati dalla tradizione morale, giuridica e teologica della Chiesa, rimangono il fondamento della dottrina sulla sessualità nel Medioevo.

La sessualità nel matrimonio era controllata da confessori nei minimi particolari: giorni vietati, pratiche e posizioni vietate.

L'ebrea poteva sciogliere il suo matrimonio per incompatibilità col coniuge o per insoddisfazione sessuale senza necessariamente attirarsi gli anatemi della comunità. Era una scelta rara e motivata visto che le alternative al matrimonio erano limitate; ritornare alla casa dei *padri* nel caso di famiglie benestanti, risposarsi o vivere in miseria per altre; tuttavia della miseria delle donne ebree, condizione veramente eccezionale, si faceva carico tutta la comunità. Essa era associata invece in ambiente cristiano all'idea di colpa, collegata con la menzogna, la perdizione, la falsa testimonianza, la corruzione. Uno spirito comunitario ed etnico molto forte faceva sì che le donne ebree non si sentissero sole nelle scelte di vita, una forte solidarietà sembra infatti ca-

[5] C. Trasselli, *Criminalité et moralité en Sicile au début de l'epoque moderne*, in «Annales», 1973, 1 Gennaio-Febbraio.

[6] S. Paolo, *Prima lettera ai Corinzi* 7, 1-9, 25-28.

ratterizzarle, non troppo dissimulata nei testamenti che rivelano tratti di personalità femminili indipendenti e decise nel disporre dei loro beni.[7] L'attaccamento delle donne alla Legge e alla tradizione faceva sì che fossero rari i casi di *mixtione carnale* tra donne ebree e uomini cristiani, tranne che non subissero violenza; più frequente il caso contrario di ebrei che «si truvaru commectiri mali cum fimini cristiani».[8] Citiamo proprio per la sua rarità il caso di Palermo del 1473. Dall'unione tra un cristiano e una giudea nasce una bambina; la donna si stabilisce a Trapani «post quam concepit ex dicto christiano et fuit pregnans ex dicto christiano in hac urbe moram traxit et habitavit publice et notorie et peperit dictam puellam». A maggior dispregio dei cristiani i maggiorenti della Giudecca della città «dictam puellam fecerunt iudeam adhibenda seu adhiberi faciendo cerimonias et mores Iudeorum ut ipsa puella iudea efficeretur».[9] Naturalmente il cristiano e la giudea il cui caso suscitò scandalo in tutta l'isola erano stati denunciati e processati.

Adulteri e prostituzione erano quasi del tutto assenti tra ebrei, che tuttavia subirono l'influenza dell'ambiente nel continuo confronto con una realtà sociale che affrontava in modo complesso e contraddittorio il problema della sessualità. Eliahu Ashtor ha sottolineato che a Palermo nel XIV secolo si registrava una rilassatezza morale che induceva le autorità giudaiche ad intervenire; alcune donne avevano rapporti prematrimoniali e altre erano accusate di adulterio. Era possibile che l'accusa, come tante altre più o meno visionarie, provenisse da ambienti cristiani. A tutela delle donne Joseph Abanafia il *Dienchelele* chiedeva nel 1398 al re di punire con gravi pene chiunque si fosse permesso di accusare di adulterio una donna: «ki nulla persona digia disunestari ni iniuriari fimina maritata de actu di adulteriu si non est cosa probata

[7] Questi elementi sono stati notati dal Bresc come caratterizzanti della personalità femminile ebraica, scrive infatti lo storico: «Quant aux testatrices, leur attention va à leurs soeurs (six fois nommées sur 15 testaments), à leurs petits-fils en ligne féminine (six fois nommées encore et l'un constitué héritier universel) et a leurs neveux en ligne masculine (quatre fois nommées) en général extérieurs au cognomen de leur mari, sauf endogamie». H. Bresc, *Un Monde Mediterraneén: Économie et Societé en Sicile* (*1300-1450*), vol. II, p. 686.

[8] Nel 1436 a Sciacca Juda de Summato è accusato di aver avuto rapporti sessuali «cum quadam muliere xristiana et coniugata», si riscatta pagando al secreto della città Antonio de Speciali quindici once. ASS, *Notai defunti*, notaio A. Liotta, vol. 2, cc. 176*v*-177*r*, 20 Aprile XIV Ind. 1436. A Mazara Begnamino de Manueli nel 1476 è denunziato da Lia de Milecha «quod ipse Begnaminus immiscuit se cum xristianis feminis et carnaliter cognovit ad iniuriam fidei xristiane...». Nel 1488 maestro Salomone de Saffat giudeo spagnolo residente a Mazara fu «inventum et captum infrangentem de commistione carnali cum Betta di la Licata meretrice publica». Questi due documenti sono citati in A. R. Marino, *Gli ebrei di Mazara nei secoli XIV e XV*, estratto da «Atti della Società Trapanese per la storia Patria» (1971), pp. 32-33.

[9] G. e B. Lagumina, *Codice Diplomatico dei giudei di Sicilia*, Palermo, 1990 (rist. anast.) II, pp. 127-128.

per inquesta publica ki di tali iniuria consiquiria grandi damnu».[10] L'intenzione della più alta autorità giudaica dell'isola era evidentemente quella di proteggere l'integrità morale e fisica e la dignità della donna attorno a cui ruotavano le varie strategie patrimoniali, politiche e culturali delle comunità ebraiche. Questa esigenza di tutela delle donne rimase una costante della cultura ebraica, tesa a sottolinearne il valore; a ribadire la centralità del ruolo femminile nella famiglia e nella comunità, intervennero nel corso dei secoli le autorità giudaiche condannando con la scomunica i colpevoli di diffamazione di donne. A Girgenti è scomunicato e condannato a pagare quattro onze un tale Leone per aver «diffamato la mugleri di Benedecto Caxuni judea virtusa in presencia di li dicti exponenti, ipsi exponenti audendo la dicta infamia mandaro lu dictu Liuni prixuni volendo provediri a la dicta excomunica...». In un primo momento l'accusato per evitare la pesante condanna si era dichiarato disposto «a restituiri la fama» pubblicamente alla donna il Sabato successivo *in catedra* nella *muschita*, ma ritornando poi sulla decisione minacciava di denunce gli ufficiali della Giudecca. La vicenda si concluse con l'ordine del viceré Durrea di procedere alla esecuzione della sentenza.[11]

La donna andava tutelata anche fisicamente contro certe sopravvivenze arcaiche, ad esempio l'abitudine di graffiarsi il viso durante i funerali come manifestazione esteriore di lutto e di dolore. Tra le richieste avanzate dal *Dienchelele* Abanafia nel 1398 al re riceveva il placet regio la seguente proibizione: «Ki nulla donna si diva rascari la fachi ki di exa sangui ca quistu esti prohibitu per la ligi».[12] È un esplicito riferimento alle prefiche di latina memoria che durante i funerali prestavano per denaro le loro *lamentationes* e alle ebree che seguivano tale consuetudine strappandosi anche i capelli e gettandoli sul cadavere.[13] La proibizione delle autorità

[10] E. Ashtor scrive: «Even the request submitted by the Dayyn Kelali Joseph Abanafia to King Martin in 1399 points to the law level of morality of the jewish communities of Sicily» e in nota precisa: «Further they had sexual intercourse with women before marrying them, on the other side, married women were often accused of adultery». E. Ashtor, *Palermitan Jewry in the Fiftheenth century*, Londra, 1981, p. 240. La notizia della richiesta del *Dienchelele* si trova in Lagumina, vol. I, p. 201.

[11] G. e B. Lagumina, *Codice Diplomatico...*, cit., I, p. 394.

[12] *Ibid.*, p. 201.

[13] Dell'argomento si è occupato il Salomone Marino il quale cita, parlando della morte di re Ludovico, «...per civitatem corpum Regis insequebantur lacrimantes genas earum unguibus lacerant et sparsis earum sine lege capillis ab earum cute violenter evellunt». Le *Ordinationes* del 1309 che le reputatrici non dovessero «reputari in alcuno morto de qualunca gradu si sia, si non solamente lo jorno de lo morto per fini intanto che si vaya a orbicare», non furono tenute in nessun conto e la consuetudine in Sicilia è durata fino alla fine del secolo scorso. S. Marino, *Le reputatrici in Sicilia*, Palermo, Il Vespro, 1979.

ebraiche è più mirata, meno generica di tanti bandi sovrani che proibivano di esercitare il mestiere di reputatrici alle donne cristiane. Era naturale che esse cercassero spazio nei funerali di ebrei durante i quali continuarono a recitare *lu repitu*. La consuetudine fu infatti confermata nel 1393 da re Martino agli ebrei di Palermo ai quali fu concesso anche di porre sul cadavere non oro o argento ma «unum pannum de serico seu de cendacio... in domo judeorum seu defferendo ipsum ad sepolturam».[14]

Il male più grande per una ebrea era naturalmente la prostituzione, mestiere rarissimo, rischioso, reso difficile dalla struttura delle piccole comunità nel contesto della società cristiana e dal rigido controllo delle autorità ebraiche decise a colpire duramente fughe o trasgressioni di questo tipo. Gran parte dell'onore e del vanto delle Giudecche derivava dalla virtù e dal coraggio delle loro donne.

A Palermo nel quartiere del Cassero abitato principalmente da ebrei è documentato un postribolo, ma non siamo in grado di affermare se era frequentato da ebrei o da cristiani. Per gli ebrei sia l'adulterio che il meretricio erano peccati gravissimi: «l'usar con donna meretrice ebrea», scriveva Leon da Modena nel XVII secolo, «la quale non si può né anco di ragion permettere che ve ne sia alcuna pubblica, come nel preallegato luogo, «non erit meretrix de filiabus Israel».[15] In un altro testo coevo si legge: «Neque meretricis sint nuptiae... Cuius propter injuriam suo corpori factam nuptiale sacrum Deum non admittit».[16] La mercificazione del corpo non consentiva dunque alle meretrici di sposarsi; il concubinaggio con una vergine comportava per l'uomo l'obbligo di sposarla e di pagarle la dote. Nel caso in cui il padre della ragazza avesse rifiutato di darla in moglie, costui avrebbe dovuto pagargli come risarcimento l'equivalente in denaro della dote.[17]

Fin dal XIII secolo le donne ebree siciliane erano state obbligate a distinguersi nell'abbigliamento dalle donne cristiane portando nei mantelli all'altezza del gomito un distintivo «la rotella rossa» ben visibile come segno della loro diversità e inferiorità.[18] Tuttavia non bisogna pensare che la loro vita si svolgesse nella continua angoscia di questa diversità o nella paura delle violenze dei cristiani. Una lun-

[14] G. e B. Lagumina, *Codice Diplomatico...*, cit., I, p. 145.

[15] L. da Modena, *Historia dei riti hebraici*, Bologna, Forni, 1979 (ristampa fotolitografica dell'edizione veneziana del 1678).

[16] J. Seldeni, *Uxor ebraica*, Francoforte, 1673, p. 55.

[17] *Ibid.*, p. 83.

[18] F. Lionti, *Documenti relativi agli ebrei di Sicilia*, *La Rotella Rossa*, in A.S.Sic., VIII-IX, 1883-1884.

ga tradizione culturale faceva sì che in Sicilia, più che altrove, i rapporti tra ebrei e cristiani fossero improntati ad una certa tolleranza. Se si eccettuano gli ultimi decenni del XV secolo, durante i quali più forte fu il rifiuto cristiano della loro presenza, esasperato dalle predicazioni dei quaresimalisti francescani, la convivenza fu pacifica e caratterizzata da intensi rapporti economici giuridicamente convalidati da contratti di società di affari. Gli atti dei notai rimandano un'immagine tutt'altro che tetra della vita delle comunità ebraiche dell'isola, che accolgono spesso con facilità le consuetudini locali, le mode del tempo, le abitudini culinarie, pur rispettando in materia le regole ebraiche. Tra ebree e cristiane non c'era una regolare familiarità, ma le partorienti ebree ricorrevano alle mammane cristiane forse perché più abili o semplicemente in quanto non disponevano di loro ostetriche. Una disposizione regia del 1457 provvedeva a proibire «tale conversacioni di li iudei cum li christiani» e stabiliva «hi li donni christiani non divissiru essiri ostitrichi seu mammani di judei e chi li judei si havissiru ad ordinari mammane judee infra loru».[19] Si ha l'impressione che le autorità intervenissero solo quando qualche integralista cristiano o ebreo di stretta osservanza denunciava queste pratiche che in genere erano a conoscenza di tutti e tollerate. Naturalmente contava molto lo status sociale degli ebrei nel limitare o ampliare la sfera della tolleranza. Le famiglie di medici e di banchieri godevano di tanti privilegi che in nulla si distinguevano dai cristiani e le loro donne circolavano a Trapani, Palermo e Messina portando con disinvoltura abiti e mantelli alla moda del tempo.

Molto delicato era per le donne ebree il problema del *Miqweh*, bagno rituale per la purificazione del corpo dopo ogni ciclo mestruale, prima del matrimonio, dopo il parto e prima di toccare cibi e bevande, una specie di ossessione del corpo pulito in contrasto con le abitudini igieniche dei cristiani che avevano interrotto la lunga tradizione della cura del corpo di greci, romani, arabi. I bagni pubblici erano condannati dalla Chiesa perché espressione del paganesimo classico, della mollezza araba, luoghi di piacere, di perdizione, di lascivia. Bisognava evitare che s'incontrassero uomini e donne ai bagni dove il piacere del corpo poteva liberare una sessualità repressa e sprigionare un eros fuori dal controllo di confessori e confessionali.

Donne ebree oneste e meretrici si trovavano paradossalmente unite nell'emarginazione; a loro era consentito l'accesso ai bagni in giorni stabiliti della settimana. A Marsala le donne s'immergevano al mare, a Sciacca dove esistevano le terme, i giurati avevano stabilito

[19] G. e B. Lagumina, *Codice Diplomatico*..., cit., I, p. 394.

il venerdì per il bagno dei giudei, il sabato per le meretrici.[20] A Caltabellotta vicino la *muschita* c'erano in un cortile «balnea... inquibus balneabant dicti judei».[21] Alcune case ebraiche disponevano di bagni privati con acqua pura di fonte, di pozzi o *gisterne*, in cortili interni di acqua piovana; era importante che l'acqua non fosse trasportata da mano umana. L'immersione della donna avveniva in un recipiente tre braccia di altezza e un braccio in quadro; per la validità del rito il corpo doveva essere interamente coperto d'acqua e persino un anello dimenticato richiedeva la ripetizione dell'abluzione. Un'altra donna vigilava che tutto si svolgesse secondo le regole e che l'immersione fosse completa. Secondo un'idea talmudica il serpente si unì ad Eva e vi immise una sporcizia che poteva essere contagiata all'uomo. La purificazione completa prevedeva il taglio dei capelli, e delle unghie cresciuti fino ai giorni mestruali, che erano ricettacolo d'impurità.

Durante il mestruo la donna viveva in una specie di reclusione che non le consentiva di avvicinarsi al marito neppure per conversare, mangiare o bere. La stessa consuetudine valeva per il periodo post-partum, sette settimane nel caso di un figlio maschio, tre mesi nel caso di una femmina.[22] La nascita di una bambina comportava dunque un più lungo periodo di astinenza e di purificazione. Era una segregazione forzata che le ebree subivano ma che rientrava in tutta la serie di consuetudini osservate da tempo immemorabile e probabilmente non vissute traumaticamente. La forte solidarietà tra donne, madri, figlie, zie e nipoti che contrasta con la spiccata rivalità tra donne cristiane nasceva inconsciamente dal vago senso della doppia diversità della loro condizione femminile, nei confronti del maschio e dei cristiani, più tollerabile forse la prima, intollerabile la seconda.

[20] BCS, *Libro Rosso*, cap. XIII, «...temerarii judei autem sordidibus inducti et immondi cristianis lotis per sanctum baptisimum equiparare voluit balneante cum eis in eisdem sedibus aquis cum sacris canonibus sit prohibitum cristianis simul cum judeis et aliis paganis balneari quantum supravisum decisum et ordinatum est per universitatem terre Sacce que Iudei saraceni et alii infedeles in die solum veneris predittis balneis balneari possint lavari...». «Meretrices seu ganze que in postribulis fundacis tabernis aliis que partibus et locis terre Sacce eorum venali carne turpiter e luxuriose morari habitare noscuntur dignum est ut cum aliis boni testimonii mulieribus se non partecipent ideoque ab omni convicinio bonarum et honestarum mulierum perentorie expellantur et a balneis sicaneis divi Calogeri aquosis inferioribus terre Sacce se balneare lavare nequeant nisi in die solum sabati aliis edomade diebus eis totaliter interdictis...».

I documenti sono integralmente trascritti e tradotti in A. Scandaliato, *Società e potere a Sciacca nel periodo Spagnolo: Gli ospedali della città*, cit., pp. 126 sgg.

[21] ASS, *Notai defunti*, notaio P. Buscemi, vol. 30, cc. 82*rv*-83*r*, 10 dicembre 1492 . Nel documento si parla della «muschita judeorum hominum et feminarum» nel quartiere «di li Mura... cum cortili et gisterna» e di «balnea cum cortili...».

[22] L. da Modena, *Historia dei riti ebraici*, cit., p. 94.

La pulizia del corpo come norma igienica, religiosa, comportamentale, poteva comportare un piacere sottile se non fosse stata collegata a momenti difficili della vita e all'idea d'impurità, di bando, di emarginazione di cui bisognava liberarsi. La donna pulita, purificata, profumata all'acqua di rose (di cui gli ebrei facevano grande uso), poteva presentarsi al marito sorridente e desiderabile dopo il mestruo o dopo il parto.

Nelle città siciliane l'eco del bagno rituale delle donne mestruate suscitava reazioni antiebraiche per la presenza di *balnea* in luoghi vicini alle abitazioni di cristiani. A Mazara del Vallo nel 1445 i cittadini pretesero che il bagno dei giudei fosse spostato fuori le mura, perché «tucti li bructizi de li menstrui» inquinavano «li vini sucta terra, li aqui di li puzi... undi la opinioni di multi valenti et intelligenti persuni ki per quista causa et quisto bagno multa genti, di lepra e di li ochi malati et altri morbi, patino».[23]

Per questo i *balnea* furono in generale situati *extra moenia* e quando non era possibile gli ebrei andavano al fiume più prossimo, a Palermo si recavano al fiume Oreto anche se nel Cassero c'era la «ruga di li bagni».

Ma andare al fiume per le donne era disdicevole e pericoloso. Nel «bando della fontana» un singolare documento del XVII secolo si dice che «homini sfrenati» si appostavano alle fontane o ai pozzi per incontrare «molti donni et maritate... vidue, vergini et di ogni condizione quali con poco honesto loco ponno pigliare o tirare acqua dali detti puzzi o fontane». I colpevoli sarebbero incorsi in pene differenziate: «alli donni ignobili et scavi della frusta et alli nobili di unzi dechi e si fussi hanno sotto pena di unzi chi oy quattro tratti di corda ad elettioni del signor gobernatore...».[24]

La donna ideale era naturalmente la vergine che «non va all'acqua ne allu flumi» e che secondo i proverbi di Salomone «cerca lana e lino e lavora delle sue mani con diletto», che «mette mano al fuso».[25]

In Sicilia le ebree erano ammesse in certi casi a testimoniare nei processi ma spesso erano accusate di falsa testimonianza e poco at-

[23] Il documento tratto dal *Libro Rosso* della città di Mazara (cc. 54-55) della «Biblioteca Comunale di Mazara del Vallo» è trascritto in A. Rizzo Marino, *Gli ebrei di Mazara nei secoli XIVe XV*, cit. Nella prima parte del documento si precisa che «ab antiquo tempore» i giudei solevano bagnarsi in lavatoio fuori le mura e che in seguito «per le loro subornacioni et donativi a li officiali passati si anno fatto lo ditto loro lavatoio et bagno intra la ditta cìta et quasi intra lo mezzo di ditta cìta».

[24] G. Modica Scala, *Le comunità ebraiche nella contea di Modica*, Modica, Ed. Setim, pp. 539-540

[25] La Sacra Bibbia, *Proverbi di Salomone* XXXI 13 e 19.

tendibili; era facile screditarle intaccandone la moralità e la dignità. Di una Stilla teste in un processo della fine del Quattrocento a Modica si dice: «mulier male fame et condicionis», un'altra Becta teste in un processo a Mazara del Vallo viene definita «ebria ruffiana meretrichi et infamis persuna... vili persuna gagloffa et fimina di nendi la quali per una simplichi cariza haviria fattu milli falsi juramenti...».[26]

Nel XV secolo quando più aggressivi si fecero i tentativi cristiani di assimilazione religiosa la donna ebrea divenne sempre più il fulcro di un diritto familiare autonomo e separato, simbolo della tradizione nel cammino storico della diversità, una diversità sempre pagata a caro prezzo. La donna cristiana attenderà per secoli la sua emancipazione.

[26] G. Modica Scala, cit.; A. Rizzo Marino, cit., p. 67.

Le donne e le famiglie ebraiche nel Medioevo: aspetti storico-antropologici e giuridici

Dalla conquista musulmana in poi le comunità ebraiche siciliane erano entrate a far parte del più ampio mondo mediterraneo in cui frequenti erano i contatti fra l'isola e il Nord Africa. Nel contesto della civiltà urbana islamica gli ebrei mediterranei di Sicilia e di Spagna non si sentivano emarginati come nel resto dell'Europa cristiana. Questo elemento appare in modo chiaro nelle famose lettere e documenti della *Genizzah* di Fustat (l'antica Cairo) che, raccolti in varie collezioni di diverse università del mondo, rappresentano per la ricerca storica una fonte preziosa di informazioni che ha permesso la revisione storiografica sulle condizioni degli ebrei del Mediterraneo nell'Alto Medioevo.

I secoli della dominazione araba accelerarono il processo di indebolimento della cultura ellenistica il cui influsso aveva portato all'uso prevalente, anche in età romana, nella liturgia ebraica, della lingua greca che aveva acquisito la dignità e la sacralità dell'ebraico.

La presenza poi di emissari palestinesi nell'Italia meridionale, rafforzò i legami culturali, rituali e linguistici con l'ebraismo originario. Dal VI secolo in poi nell'Italia meridionale al progressivo ridursi della cultura ellenistica corrisponde un giudaismo che «si colora sempre più di elementi ebraici» e in questo *rinascimento* s'intrecciano aspetti palestinesi e babilonesi. In Sicilia, in cui copie del Talmud babilonese pare circolassero già fin dal IX secolo per l'interessamento di un personaggio illuminato come Samuel Ibn Nagrela[1] il quale spese una fortuna per pagare alcuni scribi che copiarono e diffusero alcuni esemplari del Talmud anche in Spagna e in Africa del Nord, i legami con la tradizione palestinese e l'Accademia di Gerusalemme secondo alcuni autori, rimasero vivi senza soluzione di continuità dal Basso Impero in poi. Al secolo XI si riferisce infatti una lettera della *Genizzah* che attesta, come vedremo, le connessioni tra le giudaiche siciliane e

[1] Nella sua introduzione al *Talmud*, S. I. Nagrela precisava, «cette distribution fut destiné aux communautés qui n'ont pas eu le moyens de se faire procurer des exemplaires pour leurs écoles». Di tali argomenti si sono occupati, V. Colorni, *L'uso del greco nella liturgia del giudaismo ellenistico e la novella 146 di Giustiniano*, in *Annali di Storia del diritto*, VIII (1964) pp. 19-64. La citazione di S. Ibn Nagrela si trova in A. Grabois, *Écoles et Structures sociales des communautés juives dans l'Occident aux IX-XII siécle* in *Settimane di studio sull'Alto Medioevo di Spoleto*, Spoleto 1980, t. II, pp. 937-962.

la *Yeshibah* di Gerusalemme a cui facevano riferimento come alla più alta autorità religiosa-culturale, le comunità giudaiche del califfato Fatimida. Mentre le comunità dell'Italia meridionale nello stesso periodo videro gradualmente affermarsi l'influenza delle Accademie Babilonesi Sura e Pumpedita che avevano il monopolio dell'insegnamento superiore e dell'interpretazione della Legge, la Sicilia continuò probabilmente a seguire la tradizione palestinese con la lettura triennale della Bibbia, lo schema della preghiera, omelie elaborate poeticamente. Alle Accademie si rivolgevano le comunità ebraiche per ricevere *responsa* rabbinici, cioè autorevoli interpretazioni della legislazione del Talmud su questioni d'ordine pratico, comportamentali, rituali, cioè su casi concreti che esigevano una risposta. Il mutamento culturale che segna l'affermarsi della lingua ebraica, del diritto e della giurisdizione rabbinica in Europa appare concluso nel IX secolo e persiste fino al XIX. La progressiva cristianizzazione della società dell'Alto Medioevo spiega perché i membri delle comunità della diaspora mediterranea, prima perfettamente integrati nella società romana come *cives*, avessero poi come reazione ripreso i legami con le due più importanti istituzioni culturali ebraiche, la Palestinese e la Babilonese.[2] Si verificò perciò un processo di riebraizzazione nell'onomastica e un recupero della tradizione giuridica Talmudica che permetteva alle comunità di disciplinare i rapporti di diritto privato non col diritto romano ma col diritto ebraico. Questo era soprattutto un diritto matrimoniale che regolava promessa, atto nuziale, scioglimento del matrimonio, rappresentava interessi e bisogni concreti ed esistenziali e tendeva perciò a diventare sempre più esclusivo. Il diritto ebraico cominciò ad essere riconosciuto dai tribunali dello stato al quale gli ebrei si rivolgevano, o dai tribunali rabbinici quando le convenzioni tra comunità e autorità statali portarono al loro riconoscimento. L'attenzione verso questi problemi nei secoli successivi rimarrà inalterata.[3]

Nell'Italia meridionale peninsulare dal IX secolo in poi finirà per prevalere il codice normativo talmudico Babilonese su quello Palestinese.[4] Sugli ebrei di Sicilia nel periodo della dominazione musulmana

[2] Secondo V. Colorni dal V secolo in poi una serie di costituzioni di ispirazione ecclesiastica provocarono come reazione un processo di riebraizzazione delle comunità dell'area mediterranea favorito poi nel IX secolo dall'affermarsi nell'ambito delle società romano-barbariche della personalità del diritto. V. Colorni, *Gli ebrei nei territori italiani* in *Settimane di studio sull'Alto Medioevo di Spoleto*, Spoleto 1980, t. I, p. 285.

[3] *Ibidem*.

[4] R. Bonfil, *Tra due mondi*. Prospettive di ricerca sulla storia culturale degli ebrei dell'Italia meridionale nell'Alto Medioevo, in *Italia Iudaica*, 1982, pp. 135 sgg.

C. Colafemmina, *Gli ebrei in Basilicata*, in «Bollettino storico della Basilicata», n. 7, 1991, p. 16.

si hanno informazioni certe, la lettera della *Genizzah* del 1020, di cui dicevamo, che attesta come le comunità ebraiche dell'isola seguissero gli orientamenti della *Yeshibah* della Palestina e Gerusalemme, «leadership riconosciuta dei giudei del califfato Fatimida». I governanti musulmani proteggevano la vita e i beni degli ebrei dell'isola che tuttavia consideravano «second class-people», costretti a pagare forti tasse come altri non musulmani. Si sa inoltre che i giudei dell'isola si definivano «La sacra congregazione che vive nell'isola di Sicilia».[5]

Ci serviamo di queste precisazioni perché l'adesione degli ebrei siciliani al Talmud di Gerusalemme, comportando l'osservanza di regole liturgiche, e rituali più arcaiche di quelle previste dal codice Babilonese, consente di cogliere meglio la funzione delle donne in relazione alle incombenze e ai compiti di vigilanza rituale loro consentiti. La normativa Palestinese era più rigida circa il problema della libertà alimentare, sull'osservanza del digiuno del sabato, specie tra Capodanno e il Giorno dell'espiazione. Era lecito il pane preparato da donne ebree, il latte munto da ebrei, la carne macellata da persone esperte, e anche per altri cibi bisognava osservare precise disposizioni e rituali.[6] A Pa-

[5] La lettera che fornisce preziose informazioni è riportata da M. Gil, «The letter containing this information was written by Abū.' L.-Hayy b. Hakim to the av-bēt-din of the Jerusalem Yeshīvā, Hananyā ha-Kohen b. Joseph. He confirms the receipt of a letter from the head of the Yeshivà, Joshiah Gaon, which was read in public on a Saturday in the synagoghe. This letter confirms a fact we could have guessed, namely that the island's Jews, like those of other localities in Southern Italy, maintened ties going back to antiquity with the Sanhedrin in the Yeshīvā of Palestina (and not with those of Babilonia). As we know well enough, this Yeshīvā which enough in the period here under discussion was located in Jerusalem, was the recognized leadership of the Jews in the Fātimid caliphate. Jew of the regions that had previously been or continued to be parts of Byzantium, traditionally saw the Jerusalem Yeshīvā as their main autority, and observed Palestiniam rites and customs, different from the Babylonian ones». M. Gil, *The Jews in Sicily under muslim rule, in the light of the Geniza documents*, in *Italia Iudaica. Atti del I convegno internazionale*, Bari, 18-22 Maggio 1981.

[6] R. Bonfil in un suo saggio sulla famosa *Cronaca di Ahimaz* da Oria in cui si parla del soggiorno in Italia di Aharon Babilonese, che è stata oggetto di diverse interpretazioni, riferisce che nel racconto si parla di «focose donne venosine» che uscite di casa prendono a botte alcuni uomini che avevano iniziato una rissa «con le pale annerite con le quali grattavano i forni». Secondo l'autore il fatto che a Venosa le donne stesse cuocessero il pane, stava a significare che contrariamente «alla normativa babilonese che considerava lecito il pane cotto da non ebrei, qualora l'ebreo avesse compiuto un atto simbolico di partecipazione all'attività di cottura, gli ebrei di Venosa restavano ancora legati all'usanza palestinese di considerare proibito il pane che non fosse stato totalmente ed esclusivamente cotto da ebrei». La conclusione che ne trae l'autore è che almeno fino al IX secolo il sostrato liturgico degli ebrei dell'Italia meridionale rimase di tipo palestinese e su questo s'innestò successivamente l'apporto babilonese più permissivo del primo. R. Bonfil, *Tra due mondi*, cit., pp. 135 sgg.

In Sicilia dovette invece mantenersi vivo per più lungo tempo il codice palestinese almeno fino al XII secolo e forse oltre; è difficile affrontare con esattezza cronologica la questione per carenza di riferimenti sicuri e perché sappiamo che la questione è controversa. La presenza di diverse copie del *Talmud* e di libri *askenaziti* nelle biblioteche ebraiche siciliane del XV secolo

lermo nel 1467 c'erano «multi donni probi» che facevano il mestiere di panettiere, «et campano in lo far de lo pani» ma nonostante le «provisioni et comandamenti» del re Alfonso e il pagamento della *cabella* gli ufficiali della città vietarono loro la vendita.

I giudei Jacob Abelladep e Abram Aczaria chiedono e ottengono dal viceré per le loro donne una serie di capitoli tra i quali la possibilità di poter continuare a vendere «a quelli hi volino indi comprari di loro». L'ostilità di «li dicti officiali» poteva derivare dal fatto che anche i cristiani compravano pane dalle donne ebree, perché il caso contrario come abbiamo visto, per le prescrizioni rituali non avrebbe potuto verificarsi.[7]

La Sicilia come pure la Spagna rimase più a lungo fedele al codice Palestinese più rigido anche nell'applicazione delle regole del diritto matrimoniale Talmudico.

Nell'isola il rispetto delle norme sulla macellazione delle carni sarà al centro dei dibattiti interni ed esterni alle comunità per secoli e il diritto matrimoniale sarà oggetto di conflitti tra individui e autorità comunitarie e tra queste e il potere centrale o ecclesiastico quando vorrà arrogarsi il diritto di interferire nelle decisioni rabbiniche. Non si contano tra i documenti dei Lagumina tra XIII e XIV secolo i conflitti giurisdizionali fra i vescovi delle più importanti città siciliane e le autorità statali. Le corti ecclesiastiche rivendicavano la loro competenza non solo sull'elezione delle cariche più importanti delle comunità ebraiche, ma su questioni attinenti la vita privata e l'etica che riguardavano le donne, adulterio, matrimonio, divorzio, poligamia.[8] Specie nel

prospettano un pensiero e una cultura aperti non più soltanto agli influssi andalusi e sefarditi ma di tutta l'Europa. La compresenza di copie del *Targum*, di libri *morischi*, di testi liturgici della Germania, di Barcellona, delle opere di Maimonide e dei *Talmud* offre il quadro di una cultura aperta agli influssi più svariati. H. Bresc, *Livres et Societè en Sicile*, Palermo 1971, p. 239.

[7] G. e B. Lagumina, *Codice Diplomatico*..., cit., II, p. 45. La gabella del pane è menzionata nel *Quaderno delle pandette doganali* del 1312 citato da R. Starrabba e faceva parte di una serie di gabelle del fumo che colpiva i venditori di carne e di interiora cotte di animali, i venditori di fave cotte, gli sfinciari e coloro che facevano *cassate*. A proposito dei fornai si diceva: «Item de panitteriis masculis qui habent magna furna, dicta cabella recipit proquolibet furnata grana quattuor. Item de mulieribus panitteriis recipit dicta cabella pro qualibet muliere per ebdomedam panes duos». *Di un documento riguardante la Giudecca di Palermo*, a cura di R. Starrabba, in A.S.SIC., Palermo 1870, pp. 89-102, citata in *Fonti per la storia della espulsione degli ebrei dalla Sicilia*, a cura di R. Giuffrida-A. Sparti-S. Di Matteo, Accademia Nazionale di Scienze, Lettere e Arti di Palermo-Archivio di Stato di Palermo (1992).

[8] Nel 1267 il Legato Apostolico in Sicilia ordinava al re Carlo e allo Stratigoto di Messina di ridare all'arcidecano della chiesa messinese la giurisdizione su alcune cause dei giudei: «de convicio lenocinii, meretricii, de convicio magariae, Iudeagie (idest cum alicui christiano objicitur quod egit cum Iudeae, vel e converso) Sarraceniae (cum alicui mulieri dicatur quod ivit ad Sarracenos ut de corpore suo quaestum facere) ingremico (quod est dicere mulierem sine verecundia)». G. e B. Lagumina, *Codice Diplomatico*..., cit., vol. I, pp. 22-23.

XV secolo di fronte alla tendenza delle autorità comunitarie ispirate ad uniformarsi all'etica cristiana, impedendo e limitando i divorzi, le donne si appellarono al sovrano per avere garantiti diritti millenari che per certi aspetti le ponevano in una posizione privilegiata rispetto alle coeve donne cristiane. Il ruolo delle donne rimarrà preponderante quando, pur escluse dai precetti religiosi esse saranno chiamate a vegliare sulla liceità e purezza alimentare e sessuale. Macellazione rituale, matrimonio e divorzio resteranno i punti focali di un'etica che nel mondo ebraico è anche cultura, religione e politica. Le ricerche condotte da H. Bresc sulla cultura degli ebrei di Sicilia rivelano che il dibattito su questi temi fu intenso e continuo, che nelle scuole l'insegnamento rimase essenzialmente giuridico per l'influsso dei grandi centri culturali nordafricani dell'Alto Medioevo.

Dei trentadue volumi della biblioteca di Borac de Ixey di Caltabellotta, uno degli ebrei colti dell'isola (1466), un libro di Rabe Alfes riguarda *lu scannari*, quattro copie di trattati di «inguaiari e spusari... di partiri li donni seu li mughieri di li mariti», e due libri del *Talmud Qiddushin et Gittin* che trattano lo stesso argomento. La presenza di questi testi suggerisce il bisogno di difesa delle comunità minacciate dalle conversioni forzate dei cristiani e dai loro tentativi di assimilazione violenta; una difesa tesa a preservare la coesione e a tutelare le donne chiamate più degli altri a vegliare sulla integrità del gruppo e sulla identità culturale. La resistenza religiosa e la *contro-acculturazione* degli ebrei siciliani si manifestava anche attraverso un singolare fenomeno linguistico: l'uso del giudeo-arabo, testimoniato da firme di testimoni ebrei in alcuni contratti notarili, in particolare a Sciacca, e di frammenti in ebraico a Palermo e a Trapani.[9] Nel Medioevo il recupero della lingua correva dunque parallelo con l'affermarsi della tradizione giuridica e del Talmud nel diritto privato ebraico e specie nel diritto matrimoniale che a noi più interessa.

L'inserimento degli ebrei nella società urbana musulmana aveva contribuito a ridisegnare rispetto all'immagine biblica tradizionale, il ruolo della donna che appariva tuttavia segnato da una tipica ambivalenza. Da un lato le continue interpretazioni delle sacre scritture, il lavoro di esegesi di rabbini famosi per adattare alle circostanze, ai tempi e ai casi concreti la Legge, avrebbero indotto ad atteggiamenti più

[9] Il Bresc ha sottolineato alcune caratteristiche delle biblioteche ebraiche siciliane: «L'étude des traités talmudiques et de la littérature a caractère juridique et rituel qui leur est postérieure nous éclaire au contraire sur les curiosités de docteurs de la Loi siciliens: Trois domaines, sont en effet particulièrèment bien représentés ceux de l'organization du culte, des régles du mariage et du divorce et enfin de la pureté de l'alimentation...». H. Bresc, *Livres e Société en Sicilie*, Palermo 1971, p. 65.

liberali nei confronti delle donne; i costumi musulmani inoltre erano più tolleranti di quelli cristiani circa la pratica del divorzio; dall'altra l'esigenza di recuperare l'identità culturale ebraica e di mantenere vivi i legami con la Legge e la tradizione, specie in ambiente cristiano nei secoli successivi, indurranno a ribadire l'inferiorità della donna, la sua vocazione al silenzio e all'obbedienza. La vita degli ebrei e in particolare delle donne sarà costellata di questi continui paradossi di fronte ai quali esse non reagiranno in modo univoco sebbene si possano rilevare alcune costanti storiche di comportamento che verificheremo. Ebrei e musulmani erano legati da diverse affinità: la fede monoteista, i divieti alimentari, la circoncisione, il divorzio, le abitudini igieniche facevano sì che le comunità dell'isola nella *Koinè* araba non si sentissero intruse, ma in «a congenial spiritual environment».[10]

Una parte che si insediò in Sicilia nel IX secolo era della popolazione costituita di Berberi ebraizzati; e questo spiega la straordinaria compatibilità tra le due componenti culturali dell'isola e la sopravvivenza dell'arabo come lingua usata dagli ebrei di Sicilia fino alla loro espulsione. Tra costumi ebraici e consuetudini familiari dell'Islam la consonanza riguardava aspetti della vita familiare come i matrimoni endogamici, la frequenza dei divorzi e la poligamia. Abraham, figlio del famoso Mosè Maimonide definiva i musulmani «quelli che hanno adottato il nostro tipo di religione».[11]

L'identità ebraica in questo contesto è preservata e consolidata, la donna non ha più certamente il ruolo privilegiato che le spettava ai tempi biblici nel quadro della società agricola arcaica, ma può sciogliere il suo matrimonio senza incorrere negli anatemi delle autorità giudiziarie musulmane che preferiscono affidare le cause matrimoniali alle decisioni delle corti rabbiniche. Di contro in ambiente cristiano, nei secoli successivi sarà costante l'invadenza del potere ecclesiastico che vorrà investigare su questioni del diritto matrimoniale ebraico espropriando di questa funzione i giudici spirituali della comunità.

Sono ormai lontani i tempi delle anziane delle sinagoghe, delle *presbiteresse* o *pateresse*,[12] anche se è giunta l'eco di una «Maria

[10] La definizione è di S. D. Goitein, il quale precisa come «islamic family law and custom helped to preserve certain traits of ancient Jewish ways, for instance, the generally accepted custom of marriage between first cousins and the frequency of divorce, both disapproved by the Church...». S. D. Goitein, *The Jewish family of the High Middle ages as reveled by the document of the Cairo Geniza*, in *Gli ebrei nell'Alto Medioevo*, Spoleto 1980, t. II, p. 718.

[11] *Ibidem*.

[12] L'ebraista C. Colafemmina ritiene che le *pateresse* o *presbitere* menzionate nelle iscrizioni funerarie ebraiche del V-VI secolo di Venosa sono da identificarsi non con donne che svolgevano quegli uffici, ma semplicemente con mogli del *Pater* o del *presbitero*. L'interpretazione lascia qualche perplessità; nel caso di iscrizioni che riguardano la coppia del *pater* e del-

prophetissa» di età greco-romana cultrice di *Qabala* ed esperta di alchimia.

Gli ebrei che hanno sempre conservato o meglio consacrato il patrimonio antropologico-religioso delle origini mantenevano certamente la memoria delle indimenticabili madri: Sara, Rebecca, Miriam, Deborah, Ester e riservavano alle loro donne rispetto, protezione e talvolta anche ammirazione.[13]

Le *Aljame* (le comunità) ebraiche della Sicilia nel mondo islamico e poi cristiano, come altre in Occidente, seguono le alterne vicende di una storia che tende ad escluderle e a cui guardano con l'indifferenza dei *deracinés* del mondo ma con la coscienza di una memoria archetipica indistruttibile e con occhi rivolti alla «Gerusalemme ideale».

S. D. Goitein ha sottolineato che nel periodo post-biblico quando lo studio e il commento delle sacre scritture andava consolidandosi, la teoria scientifica greca dell'inferiorità biologica ed intellettuale della donna, contribuiva ad escluderla dal processo di educazione religiosa e culturale. Ma la famiglia ebraica di questo variegato mondo mediterraneo non rimaneva statica, restava certo la ambivalenza (materia di dibattito in ambiente culturale cristiano nell'Alto Medioevo), che le costringeva ad una sorta di *apartheid* in conformità con le scritture,[14] ma nello stesso tempo esse dovevano vegliare sulla purezza alimentare e sessuale, organizzavano le mense per la celebrazione del Sabato ed erano responsabili dell'educazione dei figli. In questa sfera l'influenza femminile potrà assumere peso e incisività.

Il consolidamento della cultura ebraica, attraverso la memorizzazione e le continue interpretazioni della Legge, favorito da quello che Goitein definisce «original setting» arabo non poteva non lasciare traccia nei secoli successivi alla dominazione araba; gli ebrei siciliani continuarono a parlare arabo fino alla fine del XV secolo. Le ricerche di questi ultimi anni condotte negli archivi dell'isola, confermano un'intuizione del Trasselli: l'arabo rimase lingua viva tra i giudei siciliani fino al 1492. Il fenomeno di grande interesse per i linguisti, comportava

la *pateressa* sembra ovvio riferire il termine alla moglie, ma nel caso di iscrizioni su tombe di donne, come nel caso di una certa Alessandra può essersi trattato di donne che effettivamente svolgevano quella funzione. Per il resto sappiamo che nelle comunità ebraiche della diaspora dei secoli successivi non s'incontrano donne che si fregiavano di titoli ma solo *filiae* o *uxores*. C. Colafemmina, *Gli ebrei in Basilicata*, cit.

[13] Anche la recente *Storia delle donne in occidente*, fa appena qualche vago cenno alle donne ebree e al loro ruolo ai tempi biblici a pp. 474-475; per il resto le ebree sono del tutto assenti dalla storia europea. G. Duby-M. Perrot, *Storia delle donne: Il Medioevo*, Laterza 1990, pp. 472 sgg.

[14] L'obbedienza della donna era secondo G. Flavio il risultato del potere dato da Dio all'uomo. *Ibidem*, p. 475.

l'uso di un lessico originale costituito di vocaboli di un dialetto magrebino trascritto in caratteri ebraici o, di vocaboli siciliani arabizzati e trascritti in alfabeto ebraico. È ormai documentato senza ombra di dubbio che gli ebrei siciliani usassero fino all'espulsione tre lingue: l'ebraico, l'arabo, il siciliano. Notai ebrei ed esponenti del ceto dirigente della comunità erano favoriti dalla conoscenza delle lingue e talvolta scelti come *turchimanni* cioè interpreti ed esperti in «utraque lingua arabica videlicet et latina».[15]

Il siciliano era conosciuto dagli uomini e usato dalle donne per indicare oggetti di uso comune, cibi, oggetti d'arredamento, indumenti e capi del corredo della sposa. L'uso di questa lingua è attestato da intere frasi pronunciate da ebrei in diverse occasioni e riportate dai notai: ingiurie, accuse, proteste, promesse. In aramaico, secondo una tradizione canonica venivano redatte parzialmente le *ketubbot*, i contratti matrimoniali ai quali venivano allegati gl'inventari dotali trascritti in arabo misto al siciliano con caratteri ebraici, talvolta tradotti in latino presso notai cristiani. Quello che vogliamo ribadire è questo fenomeno di riappropriazione della lingua ebraica come segno dell'affermarsi della tradizione giuridico Talmudica nel diritto privato ebraico e specie nel diritto matrimoniale.

Nella società araba urbana, le donne dovevano trovare nel silenzio, la sottomissione, il pudore e la riservatezza la loro vocazione. Nel *Gittin* del Talmud si legge: «l'uomo immorale permette alla moglie di andare e venire nella strada con il capo e le spalle nude e di lavarsi con gli uomini. La Torà raccomanda di divorziare da una simile moglie».[16] Di contro troviamo contratti matrimoniali che consentono alle donne una straordinaria libertà di scelte attive e di divieti: scelta del luogo dove vivere, della casa, il rifiuto di sposarsi per seguire i mariti, della poligamia, o della convivenza con altre donne, schiave o serve. I casi di poligamia più numerosi nel periodo dell'Islam saranno più rari nei secoli successivi quando gli ebrei cercheranno di evitarne la frequenza anche per non essere bersaglio degli attacchi cristiani.

Una lettera della *Genizzah* che risale pressappoco al 1025, ri-

[15] H. Bresc-S. D. Goitein, «Un inventaire dotal de Juives Siciliens (1479)», in *Melanges d'Archeologie et d'histoire*, Roma 1970, t. 82, pp. 903-917.

A. Giuffrida-B. Rocco, *Documenti giudeo-arabi nel XV secolo a Palermo*, in *Studi Magrebini*, vol. VIII (1976), pp. 53-110.

C. Trasselli, *Sulla diffusione degli ebrei e sull'importanza della cultura e della lingua ebraica in Sicilia particolarmente in Trapani e Palermo nel secolo XV*, in «Bollettino del Centro di Studi filologici e linguistici siciliani», II, 1954, pp. 376-383; C. Roth, *The History of the Jewish family of Italy*, Philadelphia 1946, p. 82.

[16] Talmud Bab. *Gittin* 90.

portata da diversi storici (Gil, Goitein) racconta la storia qualunque di una famiglia qualunque che può essere assunta come paradigma del rapporto coniugale nella famiglia ebraica. Joseph B. Samuel giudeo andaluso di Denia scrive da Palermo a Damsis nel delta del Nilo (centro di commercio del lino) a Isma'il B. Barhùm Tahirtis appartenente ad una famiglia impegnata nel commercio internazionale tra il Maghreb e l'Egitto. Joseph Samuel che si era stabilito e sposato in Egitto, dopo un naufragio, decide di stabilirsi in *Siqillya* a Palermo dove possedeva un'altra casa come base per i suoi spostamenti in Occidente. Prima di partire, come era consueto in questi casi nelle famiglie ebraiche, aveva lasciato alla moglie «a bill of divorce fearing the vicissitudes of fate», nel caso malaugurato della sua morte. Ora egli chiede tramite gli amici alla donna se desidera seguirlo e se è disposta a questo cambiamento, conoscendo la comune riluttanza delle donne ebree a raggiungere i loro mariti in altre città lasciando il paese dove godevano della protezione «dei padri o dei fratelli»; era dunque molto difficile per una donna ebrea sposata sradicarsi dall'ambiente familiare; la sua vera famiglia era quella dei padri e non quella nucleare. Egli riferisce che la città era minacciata dagli attacchi nemici (probabilmente qualcuno degli attacchi bizantini all'isola), che la sua «piccola casa» era stata demolita da un uomo di Barqa, ha una vertenza con costui ma non ha soldi e non può iniziare un processo. L'uomo ricorda all'amico che la seconda rata del *mohar* (dono matrimoniale che per consuetudine doveva essere pagato alla donna in caso di divorzio o di morte del marito) era di dieci *dinar*; elenca all'amico una serie di crediti da esigere con i quali avrebbe potuto provvedere agli alimenti per il figliolo. «Se essa – scrive Joseph – accetta il divorzio, ogni anno manderò gli alimenti per il ragazzo. Se preferisce non accettare il divorzio tratta prudentemente con questo affare in modo che merita il mio ringraziamento. Chiedile se è disposta a stabilirsi con me in Sicilia... In nome di Dio io non ho scritto il documento di divorzio perché non l'amo, ma perché temevo la punizione del Creatore». La morte violenta, annota Goitein, era considerata una punizione per un peccato.[17]

[17] La lettera tradotta integralmente dall'ebraico in inglese è riportata da S. D. Goitein in *Sicily and Southern Italy in the Cairo Geniza documents*, in ASSO, n.68, 1971, pp. 21-23. È anche citata da M. Gil in riferimento alla notizia sulla situazione di anarchia che c'era a Palermo intorno al 1025. La città viene indicata genericamente come *Siquilliyya* ma da altri documenti esaminati dai due storici si deduce che si trattava della capitale dell'isola. «This town» – è scritto – «is menaced by enemy attack». Nei documenti della *Genizzah* Palermo viene pure indicata come *Sicily* o *Madinat Siquilliyya* (capitale), o *Al Medina* e *Madini* sono gli abitanti della città. In arabo veniva chiamata *Balarm*, cit., p. 10.

Naturalmente non tutti i mariti ebrei dovevano essere così innamorati della propria moglie, anzi alcuni approfittavano della lontananza per prendersi un'altra donna essendo consentita in questi casi la poligamia. La sacralità della famiglia era tuttavia un fatto indiscutibile, come pure la dignità e il rispetto per la donna cui si lasciava la possibilità di non condividere la vita avventurosa dei mariti. In un accordo di fidanzamento trovato tra i documenti della *Genizzah* una ragazza pretende che il suo futuro marito non lasci Fustat per andare a lavorare altrove senza il suo consenso: prima di mettersi in viaggio avrebbe dovuto depositare la seconda parte del dono matrimoniale e le somme necessarie per il mantenimento durante la sua assenza.[18]

Le donne viaggiavano molto poco nel Medioevo e correvano meno rischi degli uomini, questo spiegherebbe anche perché in parecchi contratti del XV secolo si precisi ancora che le donne non potendo recarsi in altri paesi per i loro affari, nominavano dei procuratori di loro fiducia. La vicenda narrata nella lettera è tanto più rara in quanto i legami matrimoniali erano meno forti dei legami di sangue. «A man», scrive Goitein, «regarded as his family first and fore most the large one into which he was born and only secondarily the small one founded by himself».[19] I legami di sangue con la famiglia d'origine erano dunque molto forti, tuttavia la donna sposata veniva sradicata dal suo ambiente e doveva accettare di entrare in un altro. La parola ebraica *mishpahah* si riferisce alla famiglia patriarcale allargata dove figli e figlie dovevano accettare le decisioni dei padri; nessun matrimonio tuttavia, poteva essere organizzato senza il consenso degli sposi che veniva precisato nelle *ketubbot*. Se si pensa che i matrimoni tra parenti e non, venivano combinati quando i futuri sposi erano fanciulli, si può immaginare quale valore avesse il loro consenso. L'uomo raggiungeva la maggiore età a tredici anni, la donna a dodici anni e mezzo.

I secoli della *Genizzah* registrano tendenze e controtendenze tipiche di una società che subisce profondi mutamenti. Nel contratto matrimoniale poteva essere inclusa la clausola che impediva al marito di prendere un'altra donna nonostante la poligamia fosse ammessa.

[18] S. D. Goitein, *Mediterranean Society*, University of California, Press Berkeley Los Angeles, London 1978, III, p. 144. Questa regola è presente anche nelle comunità rabbiniche franco-renane medioevali i cui statuti integrarono le ordinanze di rabbini renani che prescrivevano il consenso delle spose ai mariti che desideravano partire per motivi di studio. A. Grabois, *Écoles et Structures sociales des communautés juives dans l'Occident aux IX-XII siècles*, cit., p. 951.

[19] S. D. Goitein, *The Jewish family of the High Middle Age...*, cit., p. 720.

Il concubinaggio con schiave poteva avvenire solo col consenso della moglie e il processo di divorzio era spesso iniziato dalle mogli. Naturalmente parliamo delle ebree delle classi medie alle quali erano lasciati spazi di gestione economica e familiari, che subiscono l'influsso della società urbana musulmana senza tuttavia perdere il senso della tradizione e della continuità. Non infrequente era il caso, sottolinea Goitein, delle mogli maltrattate che riguardava indifferentemente sia l'ambiente musulmano che cristiano.[20] Tuttavia il forte legame che la sposa, nonostante l'inevitabile *sradicamento*, manteneva con il suo clan familiare induceva il gruppo parentale a farsi carico di compensare le umiliazioni intentando processi ai mariti recidivi che nel migliore dei casi avrebbero prima o poi lasciato libera la donna consegnandole il dono matrimoniale. In una società che muta il nuovo e il vecchio si mescolano: i matrimoni fallivano per contrasti tra due clan, per incompatibilità di carattere tra gli sposi o anche per insoddisfazione sessuale. La famiglia ebrea rimarrà per secoli patriarcale ma la donna potrà far valere le sue ragioni; nei contratti matrimoniali si parlerà oltre che di affari di amore e rispetto. La posizione della donna ebrea rimaneva contrassegnata dall'ambiguità e dalle contraddizioni di un'età di transizione, dall'Alto al Basso Medioevo si rivelerà importante l'influenza dell'ambiente esterno nel determinare una maggiore o minore restrizione degli spazi femminili. Di fronte all'incertezza e al fluttuare degli atteggiamenti delle autorità più o meno liberali nei confronti dei giudei dell'isola, secondo le opportunità politiche e la pressione più o meno forte del clero isolano, troveremo le donne talvolta su posizioni di chiusura e di forzato recupero dei costumi arcaici, talaltra disposte a cedere alle pressioni dell'ambiente esterno cercando forme di mediazione e integrazione. Alla pressione o meglio alla repressione le donne risponderanno rafforzando l'endogamia e il levirato, di congiunture storiche favorevoli approfitteranno rifiutandole e recuperando gli spazi negati.

In questa intermittenza di comportamenti, poiché erano in gioco scelte esistenziali fondamentali, rimane imprescindibile l'esigenza del rafforzamento dell'identità culturale del gruppo, minacciata dai violenti tentativi cristiani di assimilazione e quella di assicurare la continuità tra le generazioni. Questo compito era affidato alla donna che attraverso la procreazione e la trasmissione dell'eredità spirituale garantiva il perpetuarsi di valori millenari che avrebbero fatto degli ebrei della diaspora una nazione e un «popolo senza territorio».

[20] *Ibidem*.

Secondo il Milano la «Sicilia Normanna era divenuta la regione di tutta l'Italia di maggiore concentrazione di ebrei e forse anche quella dove questi godevano delle maggiori condizioni di vita».[21]

Questo *concentramento* aveva una sua ragione d'essere nella posizione geograficamente ed economicamente strategica dell'isola vicina al Nord Africa e alla Grecia. Il diritto per le comunità giudaiche di disporre di una propria giurisdizione in materia di rapporti civili e in particolare nel diritto matrimoniale, non era sempre pacifico; in età bizantina esse erano riuscite a ritagliarsi propri spazi giurisdizionali anche se in materia di obbligazioni, tutela e successioni avevano cercato di adattarsi al diritto romano.[22]

Ad un rescritto del 1160 del vescovo Aiello di Catania, risale la concessione ai giudei di avere secondo le loro consuetudini un tribunale rabbinico.[23] Tale decisione appare singolare solo se confrontata con la politica ecclesiale dei secoli successivi che apparirà contrassegnata da un'inversione di tendenza; in quella particolare fase storica appare invece perfettamente coerente con la politica di Stato multietnico dei re Normanni.

Nel periodo svevo la progressiva infeudazione di città sedi di comunità ebraiche a vescovi e altri ecclesiastici da parte della corona, comportò una riduzione della sfera giuridica e degli spazi di autonomia giurisdizionale delle Giudecche. L'invadenza del potere feudale sul diritto familiare e matrimoniale ebraico produrrà insorgenti e progressive forme di conflittualità che lo Stato sarà chiamato spesso a dirimere. Gli ebrei erano tiranneggiati o tutelati secondo il fluttuare degli eventi, l'intensificarsi del particolarismo politico di baroni, vescovi e città demaniali che li esponeva alle *angarie*, o il rafforzamento dello Stato che garantiva loro lo status di «servi regie camere peculium» prezioso del sovrano.

Possiamo presumere, in assenza di dati certi che, in situazioni politiche di frammentazione del potere, caratterizzate da maggiore pressione fiscale e controlli repressivi, in materia di matrimonio, divorzio e poligamia, le comunità giudaiche avessero evitato un eccessivo allentamento dei vincoli familiari per non subire sentenze ostili e precostituite. I re aragonesi rafforzarono i tribunali interni delle giudecche che amministravano la giustizia secondo il codice rabbinico,

[21] A. Milano, *Storia degli ebrei in Italia*, Einaudi, 1963, pp. 90-95.

[22] M. Gaudioso, *La comunità ebraica di Catania nei secoli XIV e XV*, Ed. Giannotta, pp. 6 sgg.

[23] Il vescovo stabiliva che «Latini, Graeci, Judei et Saraceni uniusquisque secundum legem suam judicetur». Il Gaudioso riprende la notizia da De Grassis, *Catania sacra*, *ibid.*, p. 48.

ma nel contempo istituirono i tribunali cristiani, la cosiddetta *Curia judeorum* che istruiva i processi civili e penali non contemplati dalle leggi rabbiniche. Il terreno di maggiore contestazione tra Stato e gerarchia ecclesiastica era quello del diritto di famiglia ebraico per la stretta comunione tra elemento religioso ed elemento politico-giuridico.[24] Nel 1392 gli ebrei di Siracusa ottennero che il maestro di legge Gaudio Castellano «poza costringiri et terminari secundu la ligi musayca» e che «di loro dotarii per auctoritate regia si diya iudicari in omni casu secundu lu tinuri, et comandamentu di la ligi musayca...».[25] L'anno successivo re Martino stabiliva che nelle cause di matrimonio i giudei potessero appellarsi a quattro sapienti e a dodici segretari della Giudecca di Palermo «caput et melior omnibus aliis aliamis predicti regni».[26]

Nel 1395 la creazione del *Dienchelele* giudice supremo di tutte le Giudecche dell'isola veniva in qualche modo a istituzionalizzare l'autonomia giurisdizionale dei giudei in materia di diritto civile; nello stesso tempo la nomina di un giudice ordinario cristiano «protettore dei giudei» con giurisdizione sulle cause non decise secondo la legge mosayca ma di fatto con la possibilità di interferire in essa, veniva a ridimensionare la prima concessione che poteva sembrare eccessivamente permissiva.[27] La giurisdizione ecclesiastica nel corso di tre secoli apparirà sempre più intollerabile ai giudei che preferivano essere «servi regie camere»; l'autorità dei sovrani aragonesi si farà progressivamente più incisiva nel bloccare l'invadenza dei vescovi provocando conflitti di competenza.

Nel 1326 il vescovo di Mazara doveva provare di fronte alla *Magna Curia* il suo diritto di «cognoscere de iniuriis facientibus contra fidem et diffamationem matrimonii... punire Iudeum vel Iudeam, Christianum vel Christianam qui adulterium committunt». La stessa iniziativa veniva presa dal vicario della chiesa Maggiore di Palermo che con documenti e prove testimoniali dimostrava la sua giurisdizione sui giudei Palermitani.[28]

[24] *Ibidem*.

[25] G. e B. Lagumina, *Codice Diplomatico...*, cit., I, pp. 107-108.

[26] *Ibid.*, p. 140. Nel documento si specifica «quod si aliqua questio seu lis ducitur inter judeos aliquos dicti regni ad invicem racione matrimonii... et predicti judei... senciant se gravatos per eorum iudicem in loco ubi fuerit... valeat appellare et aliam partem evocare coram quattuor sapientibus et duodecim secretariis dicte Aliame Panormi...».

[27] *Ibid.*, pp. 166-169. Vedere inoltre E. Ashtor, *Palermitan Jewry in the fifteenth century...*, cit., p. 220.

[28] G. e B. Lagumina, cit., I, pp. 42, 47, 50, 58, 62, 64. A Marsala, a Palermo, a Catania e a Messina, in città che erano sedi di grosse comunità ebraiche, i conflitti di questo genere rivelano la tendenza delle autorità statali a frenare e limitare il potere ecclesiastico.

Un processo del marzo 1333 in cui sono implicate delle donne sarà la causa di un conflitto di competenza tra tribunale laico e tribunale ecclesiastico. La Curia annulla una sentenza del vicario della chiesa Maggiore di Palermo nella quale si condannavano al pagamento di dieci once una certa Nasa vedova e la figlia Ysua «ancille de Panormo» per avere offeso Flora, figlia di Raimondo Neofita. Il conflitto si risolse a favore della chiesa di Palermo.

A pochi anni dall'espulsione nel 1489 l'arcivescovo di Messina continuava ad esercitare la sua interferenza sulla comunità ebraica pretendendo di esigere diritti sulla «licenza di repudio». La lettera del viceré de Acugna si commenta da sola: «vui vi intromectiri voliri cognosciri di li cerimoniy et observanciy di loro ligi mosaica et puniri quilli Iudei contraveninu ad tali ligi non advertendo chi tali cognicioni et punicioni specta a li prothi de quissa Iudeca y succedente casu adnui preterea li inferiti altra indebita novitate per haviri la licencia da vui di repudio vi fachiti pagari per dari tali licencia da cui una unza et da cui plui oy mino secondo vi potiti accordari cum quilli adimandano tali licencia contro la antiqua observancia ex quo antiquitus non si pagava cosa alcuna per haviri tali licencia maxime chi lu mastru notaro di la dicta Iudeca havi in quisto tucto lo travaglio».[29]

Le donne erano restie a rivolgersi ai tribunali ecclesiastici mentre nutrivano maggiore fiducia nelle corti reali che spesso decidevano in materia matrimoniale; infatti nel XV secolo alcune richieste di divorzio vengono inviate ai tribunali laici. La situazione giurisdizionale permarrà ambigua e contraddittoria per tutto il Quattrocento.

Le ebree timorose dell'intransigenza delle corti rabbiniche che preoccupate di preservare l'integrità dei gruppi giudaici di fronte alla *acculturazione* cristiana, imponevano regole di stretta osservanza del codice rabbinico, si appellarono direttamente alla giustizia sovrana.

Nel 1490 il viceré de Acugna ingiungeva agli ufficiali della comunità messinese di emanare, nonostante «alcuni indebiti protesti», (probabilmente da parte ecclesiastica), la sentenza di divorzio tra Salamuni Amar e sua moglie «secundo la dicta ligi mosayca».[30]

[29] *Ibid.*, II, p. 439.
[30] *Ibid.*, II, p. 513.

Parte II

Il matrimonio

Crescite, Multiplicamini,
replete terram.

Genesi

1. *Tipi di matrimonio e rapporti familiari*

Per una donna sessualmente matura il matrimonio e la procreazione erano obblighi morali e religiosi. Nel quadro della *mishpahah* cioè della famiglia patriarcale ebraica, il matrimonio assumeva una valenza antropologico-giuridica, come vera e propria alleanza tra clan familiari. A dodici anni e mezzo secondo il diritto rabbinico la donna era considerata fisicamente matura, legalmente emancipata e in grado di contrarre matrimonio; era ovvio che le famiglie progettassero per le figlie matrimoni «produttivi» e alleanze utili. Ai tempi della *Genizzah* si rivela costante la tendenza a lasciare alla donna, se non proprio la libertà di scelta del partner, almeno la possibilità di rifiutare le scelte altrui. A dodici anni era facile per una ragazzina approvare la scelta matrimoniale dei genitori, specie se motivata dall'obbiettivo di assicurare il suo benessere materiale, ma non era infrequente il caso del rifiuto: il consenso della sposa doveva essere esplicito e riportato nella *ketubbah*.[1]

Un costume che gli ebrei siciliani avevano in comune con gli arabi era il matrimonio endogamico; in Sicilia fino al Quattrocento si combinavano matrimoni tra cugini patrilineari e matrilineari. Nei secoli della *Genizzah* considerazioni di vario genere giustificavano la scelta di matrimoni endogamici: proteggere la donna facendola rimanere in un ambiente familiare evitandole in giovane età il trauma della separazione e dello inserimento in un clan estraneo, salvaguardare il patrimonio per evitare la frammentazione, preservare l'onore della famiglia.[2] Famiglie ricche e potenti delle comunità più importanti nel quadro di strategie matrimoniali e alleanze politiche con-

[1] S. D. Goitein, *The Jewsh family of the High middle age*..., cit., p. 721. Precisa sull'argomento l'autore: «No girl who had come of age could be married without her consent formally given in the presence of two trustworthy witnesses acknowledged by the courts».

[2] *Ibid.*, p. 727.

trattavano matrimoni tra fanciulli dello stesso o di altri clan. Tuttavia la fanciulla di età inferiore a dieci anni che fosse stata sposata o impegnata a qualcuno non di suo gradimento, poteva dopo i dodici anni, rifiutare il partner. Di fronte a due testimoni veniva pronunziata la rinunzia che le consentiva di scegliersi liberamente un altro uomo.[3]

I matrimoni endogamici non erano meglio riusciti degli altri, osserva Goitein, e pur praticando l'endogamia gli ebrei della *Genizzah* non la davano per scontata; tendeva a prevalere l'idea che un matrimonio infelice tra sposi estranei si potesse più facilmente sciogliere d'un matrimonio tra parenti.[4]

L'endogamia, rappresentando un valore arcaico, non impensieriva tanto le autorità rabbiniche che anzi vedevano favorevolmente il perpetuarsi di un costume che distingueva gli ebrei dai cristiani; altra cosa era il matrimonio endogamico e non tra fanciulli vietato in Sicilia dal *Dienchelele* Joseph Abanafia nel 1399; re Martino concede il placet alla sua richiesta «Ki nullu Iudeu di lu dictu regnu non ausi spusari sive inguagiari mugleri si non ki faza noczi incontinenti et spusi consumandu matrimoniu ki di lu contrariu consequiria multu inconvenienti».[5] I matrimoni non consumati da quel momento erano proibiti; bisognava frenare un abuso che offriva ai cristiani motivo di scherno e d'ironia.

Le autorità del *Talmud* proibivano ai genitori di scegliere per le figlie minori un marito, ma la massima non fu seguita durante il Medioevo nonostante lo stesso Maimonide diffidasse i genitori ebrei dal perpetuare una simile pratica di matrimoni tra fanciulli perché i saggi disapprovavano e tante comunità si opponevano. Tale costume era giustificato solo nel caso di orfane senza mezzi che a otto o nove anni venivano maritate e mantenute dalle suocere fino alla maggiore età.

Donne benestanti ebree o cristiane erano solite lasciare nei testamenti legati per il «maritaggio di un'orfana» perché consideravano utile compiere prima di morire atti di pietà e opere meritorie. I giudei Siciliani continuarono a praticare il matrimonio «arabo», cioè l'unione con la cugina patrilineare, tipico delle famiglie di notabili ma, come precisa Bresc, alcuni esempi mostrano «que l'endogamie du group juif n'est plus axée exclusivement sur le mariage «arabe».[6] Esemplare è il caso della famiglia Xunnina di Palermo, (l'autore ri-

[3] L. da Modena, *Historia dei riti ebraici*, cit., p. 94.

[4] S. D. Goitein, *The Jewish family of the High middle age...*, cit., p. 727.

[5] G. e B. Lagumina, *Codice Diplomatico*, cit., I, p. 201. Vedere anche H. Bresc, *Un monde Mediterranéen...*, cit., pp. 684 sgg.

[6] H. Bresc, *Un monde Mediterranéen...*, cit., p. 685.

porta l'albero genealogico), in cui nel corso del XV secolo si verificarono unioni endogamiche patrilineari e matrilineari tra fanciulli. Perna Xunnina a otto anni è sposata al cugino Simone il quale intenta causa di fronte al viceré contro Michilono Xunnina, tutore della bambina e suo parente, per un grosso debito non pagato. Si legge nel documento: «Adhiens nostre maiestati conspectum fidelis suus cammere nostre Simon Xunnina iudeus de Panormo nobis exponit quod ipse habet in sponsam Pernatam Xunninam etatis annorum octo, cui est tutor Michilonus Xunnina eius avus maternus, cuius tutoris incuria et negligencia non satisfit eidem pupille sponse ipsius exponentis de quodam pingui et satis magno debito ad quod tenetur et est eidem pupille obligatus quidam Daniel Xunnina eius patruus et nepos dicti Michiloni tutoris...».[7]

Erano le più ricche famiglie delle comunità siciliane che sceglievano matrimoni endogamici come i Binne di Termini, i Chandarello di Sciacca, i Cuyno di Trapani.[8]

Alla fine del secolo la pratica endogamica non sembra così diffusa, le donne dimostrano maggiore indipendenza nella scelta dei partners che spesso sono originari di comunità distanti dalla loro; ebrei di Termini Imerese sposano donne di Caltabellotta, ebrei di Trapani donne di Sciacca o di Palermo e viceversa.

La specificità del matrimonio ebraico risalta anche in ordine alla pratica del «levirato» o del «sororato»: il costume giudaico che consente all'uomo o alla donna rimasti vedovi senza figli di sposare il cognato o la cognata.[9] Il secolo XV segna l'allentamento di questi vincoli, le donne chiedono frequentemente il «repudio» dai cognati per sposare liberamente, utilizzando sottili cavilli giuridici, e sposano uomini estranei ai due clan di appartenenza. Un caso di levirato è documentato a Sciacca nel 1467: Siminto Ginni parte per un viaggio, in sua assenza muore la moglie e ritornando egli sposa la cognata Ricca *puella pulcella*. Nel contratto matrimoniale si precisa che essendo costei «parva» (di età inferiore ai dodici anni) doveva «servire eidem Siminto de rebus licitis et honestis...». I beni della

[7] ASP, *Protonotaro del Regno*, reg. 46, c. 335*rv*, 22 Maggio III Ind. 1455. Il documento è discusso in H. Bresc, *Un monde Mediterranéen...*, cit., p. 687.

[8] ASTI, *Notai defunti*, not. G. Bonafede, vol. 12833, 3ª Unità, 10 Dicembre X Ind. 1431.

ASS, *Notai defunti*, notaio G. Liotta, vol. 3, c. 45, anno 1442.

[9] In una traduzione secentesca dall'aramaico si legge: «Si habitaverint frates simul, mortuus fuerit unus eorum absque prole non nubet uxor defuncti foras viro extraneo, sed levir eius ingreditur ad eam capiat eam in uxorem pretet officium leviri erit primogenitus quem pepererit, surget nomine fratris». J. Seldeni, *Uxor ebraica seu de nuptiis et divortiis ex jure civili id est divino et Talmudico veterum ebraeorum libri tres Francofurti* MDCLXXIII, p. 56.

prima moglie gli sono restituiti dalla suocera e dal fratello della bambina mentre Siminto s'impegna a rimettere «illam quantitatem dictorum bonorum de qua non dederint racionem eidem».[10]

Endogamia e levirato nati come artifizi per proteggere la posizione socio-economica della donna e per evitare la dispersione delle doti, erano sentiti dalle donne come ostacoli allo scioglimento di matrimoni infelici. Le rotture tra famiglie comportavano lo scioglimento del legame matrimoniale e viceversa, le famiglie facevano e disfacevano, gli sposi subivano i loro condizionamenti. Erano strategie familiari e maschili di controllo cui la donna poteva sfuggire interrompendo il legame col divorzio.[11] La fanciulla sposando abbandonava la sua famiglia per completare l'educazione presso quella del marito; rimaneva legata ai parenti affettivamente ma giuridicamente e di fatto era parte integrante di un gruppo a lei estraneo. Questa condizione imponeva alla donna sposata l'obbligo morale di una doppia lealtà psicologicamente difficile da sostenere. La *Genizzah* mostra un forte legame tra fratelli e sorelle, una specie di sindrome «brother-sister» che Goitein indica come elemento specifico della famiglia ebraica durante i secoli dell'Islam e condensa nella massima di una donna yemenita: «A husbund I can get, children I can bear, but a noble brother, where can I find him?».[12]

La donna sposata continua ad aiutare con i suoi risparmi i fratelli o il fratello da cui dipendono le prospettive di sicurezza, di un futuro che può diventare incerto e minaccioso in caso di divorzio o di morte del marito. È proprio in questi frangenti che la donna si rifugia, dopo aver recuperato la dote, a casa del padre o del «nobile fratello». È un singolare intreccio di rapporti familiari che effettivamente molti testamenti di ebrei consentono di confermare: sorelle e fratelli che non si dimenticano donandosi reciprocamente come legati oggetti o vestiti e mantelli personali. Valgano per tutti, il caso di Vito de Chalifi di Sciacca che nomina erede universale il figlio Busacca, tutrice la moglie Milesa lasciandola libera di risposarsi, nel qual caso Joseph Balam sarebbe stato tutore del figlio, eredi particolari le

[10] ASS, *Notai defunti*, notaio A. de Messana, vol. 20, c. 75*rv*, 29 Gennaio 1467.

[11] H. Bresc ha sottolineato la specificità del matrimonio ebraico rispetto a quello cristiano: «L'endogamie permise par un sistéme de valeurs originals, archaique (dans le sens chronologique seulement) et menacée sans doute par l'acculturation à un monde latin qui ne la pratique que marginalement, le divorce... le levirat et la poligamie, le mariage de jeunes enfants... constituent fortement l'originalité du mariage juif sicilien, mais l'est surtout la gestion du droit familial livre de tout intervention clericale qui le separe du monde chréstian. L'autorité des protes suffit en effet é legitimer mariage et divorce». H. Bresc, *Un monde Mediterranéen*..., cit., p. 686.

[12] S. D. Goitein, *The Jewish family*..., cit., p. 723.

sorelle Suctuta e Gaudiosa;[13] quello di Brachono de Bracha di Termini che «legat Channe sue *carissime sorori* uxori Minto de Nisar pro jure recognicionis unciam auri unam»; di Vita Agarien che «legavit Chodal eius sorori rindellum unum»; di Minachem Romano di Trapani che nomina eredi universali le sorelle Misuda e Gaudiosa e lascia alla moglie Sicta solo tre once e un «carratello di vino».[14]

La sindrome fratello-sorella si traduceva in un intenso legame di reciproca solidarietà che comportava uno spostamento nelle relazioni con gli affini rispetto alla famiglia cristiana: al classico burrascoso rapporto suocera-nuora, si sostituiva la rivalità tra la sposa e la sorella del marito. I documenti non consentono di verificare se non un'ampia solidarietà, una specie di tacita complicità tra donne dello stesso gruppo familiare e secondariamente nei confronti di altri parenti.

Le donne nei testamenti dispongono dei loro beni con estrema indipendenza preferendo talvolta ai mariti le sorelle e i nipoti in linea femminile.[15] La libertà di testare, il potere di disporre pienamente della dote e del *mohar*, dono matrimoniale del marito, in caso di divorzio o di sua morte, offrivano alla donna l'opportunità d'intervenire nella gestione del patrimonio di famiglia e, compensando la sua inferiorità giuridica, finivano per assegnarle «almeno sul piano virtuale una forza superiore a quella del marito».[16]

La notevole mobilità interna tra le Giudecche segnalata dagli studiosi, la presenza nelle città costiere di ebrei *barbarosi* dell'area del Maghreb, di maltensi, o spagnoli, consentiva alle donne di poter rifiutare il matrimonio con i cugini o il levirato. Non mancavano le occasioni d'incontro tra giovani durante le cerimonie religiose in sinagoga, le feste da ballo nelle abitazioni durante i matrimoni; nonostante la storiografia continui a rafforzare l'immagine di una donna ebrea silenziosa, discreta, votata al sacrificio e alla sottomissione in un sistema familiare immutato per secoli, i documenti ufficiali e gli atti notarili del Basso Medioevo inducono se non a rovesciarla almeno ad illuminarla meglio attraverso figure femminili che

[13] Il Chalifi ordina l'inventario dei suoi beni in una scrittura ebraica mentre redige il testamento presso un notaio cristiano alla presenza di sette testimoni che firmano al margine del documento in caratteri ebraici. Essi sono: Levi Sagictuni, Brachonu de Mazara, Maymuni de Sabatinello, Sabuto de Siragusa, Xanguel Summato, Joseph Balam, Xanguel Galta.

ASS, *Notai defunti*, notaio G. Liotta, vol. 21, c. 54*rv*, anno 1466.

[14] ASTI, *Notai defunti*, notaio G. Bonafede, vol. 12831, 5ª Unità, 8 Settembre XV Ind. 1421-1422.

ASS, *Notai defunti*, notaio A. de Messana, vol. 20, cc. 85*rv*, 86*r*, 24 Marzo 1467.

AST, *Notai defunti*, notaio G. Miciletto, vol. 8587, c. 34*r*, 21 Gennaio XII Ind. 1434.

[15] Vedere nota 7 parte II.

[16] R. Bonfil, *Gli ebrei in Italia nell'epoca del Rinascimento*, Sansoni, Firenze 1991, p. 222.

s'impongono per la loro personalità dai contorni netti come vere e proprie protagoniste. Le donne ebree siciliane amavano il lusso, i gioielli, le feste.

I giudei di Sciacca nel 1483 chiedono e ottengono dal viceré di permettere che nonostante la scomunica «possano fare danchi e gauyo infra loru masculi et fimini... di potiri solaczari et fari danchi tanto homini comu fimini tucti insieme».[17]

Ballare non era considerato scandaloso neppure in periodo di scomunica; la concessione era certo eccezionale e la richiesta rivela quanto i giovani ebrei temessero di perdere occasioni privilegiate d'incontro. Giovani vergini ma anche vedove non sfuggivano queste occasioni; la vedovanza, come abbiamo notato, non era un dramma ed erano più spesso le donne a seppellire i loro mariti che non viceversa. Figura singolare quella della vedova che si risposa due o tre volte e perde spesso la tutela dei figli. Sui primi venti documenti notarili esaminati riguardanti donne ebree dieci sono vedove. Si risposavano anche gli uomini sia ebrei che cristiani ma certo stupisce una percentuale così elevata di donne risposate. Alla radice del fenomeno ci possono essere motivazioni di carattere culturale, economico, demografico. Alla vedovanza non si addiceva necessariamente la sobrietà, la compostezza, la riservatezza, il lutto perenne e tutti quei *clichés* comportamentali imposti alla donna cristiana.[18]

In Sicilia nel Quattrocento gli alti tassi di mortalità in giovane età erano la norma come in altri paesi; gli uomini più soggetti a rischi di incidenti mortali delle donne, che dai venti ai quarant'anni erano vittime del fenomeno che gli studiosi di demografia definiscono «sovramortalità», per via di gravidanze e parti. Altra fascia di età soggetta a maggiori rischi era quella che andava dalla nascita ai dieci anni; in tempi di carestia è notorio, venivano più nutriti i maschi delle femmine. Superate queste fasi critiche la donna aveva maggiore probabilità di sopravvivenza in un ambiente protetto, con ritmi di vita quotidiana regolati da norme igieniche, religiose e rituali dove pochi erano incidenti e imprevisti.

[17] G. e B. Lagumina, *Codice Diplomatico...*, cit., II, p. 320.

[18] Citiamo qualche esempio. ASS, *Notai defunti*, notaio A. Giuffrida, vol. 9, c. 45*r*, 2 Aprile III Ind. 1454. Sisa ex moglie di Vito de Partanna sposa Lucio de Tonnina e gli porta in dote oltre a una certa somma di denaro, orzo e frumento.

Notaio A. de Messana, vol. 20, c. 50*r*, 28 Novembre XV Ind. 1466. Ricca, vedova di Manuele Balam di Sciacca, nomina procuratore il fratello Salamone lu Medico dovendo contrarre matrimonio con David Cuyno giudeo di Trapani «dictum matrimonium firmandum et perficiendum». Notaio P. Verderame, vol. 10, c. 32*rv*, 2 Novembre VI Ind. 1456. Asesa di Caltabellotta vedova di Brayono de Budo si risposa con Lucio de Nifusi di Giuliana e alla morte di costui con Leone Cuvilu.

Le ebree erano nella maggior parte dei casi provviste di dote, e una volta vedove, appetibili per quei maschi che nel matrimonio vedevano la possibilità di allargare la sfera d'influenza sociale della famiglia e di mettere mano sui patrimoni dotali. S'incontrano di frequente vedove impegnate nel recupero delle doti, o di beni ereditari usurpati dalle famiglie dei mariti, veri e propri clan in cui i complicatissimi intrecci di interesse svelano storie «d'ordinaria follia». Si potrebbe scrivere una storia del recupero delle doti.

> I tuoi puri hanno da sempre avuto tal costume:
> fidanzarsi con gli sponsali, consacrarsi con
> l'anello, rallegrarsi sotto il baldacchino
> nella gioia nuziale.
>
> AMITTAI DA ORIA[19]

2. *Fasi del matrimonio*

Il matrimonio si esplicava in una serie di fasi distanziate l'una dall'altra anche di diversi anni. All'impegno dei futuri sposi di fronte al notaio alla presenza dei rispettivi genitori e dei testimoni, in cui veniva stabilita l'entità della dote della sposa, seguivano il fidanzamento e la consacrazione religiosa con la quale i due diventavano legalmente marito e moglie pur non potendo avere rapporti sessuali, infine le nozze vere e proprie. Il fidanzamento poteva durare anche diversi anni; in Sicilia è documentato, come abbiamo visto, il caso della bambina ebrea sposata a otto anni, Perna Xunnina e qualche caso di vergine divorziata. Durante questa fase intermedia, la sposa riceveva anelli o altri doni dallo sposo; dopo aver bevuto entrambi dalla stessa coppa ed essere benedetti erano legalmente sposati. Durante le nozze vere e proprie veniva trascritta in aramaico la *ketubbah*, gli sposi erano ancora benedetti e la sposa veniva condotta a casa del marito. Ognuno di essi organizzava una distinta processione verso la *muschita* in due Sabati consecutivi. In età moderna si passò direttamente dalla promessa (dopo un certo periodo di tempo) alla cerimonia nuziale.[20]

[19] C. Colafemmina, *Nozze nella Oria ebraica del secolo IX*, Amministrazione Comunale Oria, Assessorato Beni Culturali, Civica Biblioteca de Pace Lombardi. L'autore traduce e commenta dall'ebraico il poemetto di Amittai da Oria che offre interessanti notizie sulla cultura ebraica nell'Italia Meridionale e sulla presenza di dotti rabbini appartenenti alla famiglia stessa.

[20] S. D. Goitein, *The Jewish family*..., cit., p. 725. Notizie più dettagliate sull'argomento sono riportate in *Mediterranean Society*, cit., III. A questa opera faremo riferimento per le notizie di carattere generale.

Le *chortas* dello sposo e della sposa (come sono chiamati i cortei in un documento proveniente da Sciacca), nelle comunità dove era consentito dai Proti, si svolgevano nei cortili delle *muschite* perché gli ebrei, riferisce il documento, «sunt remoti a consortio xristianorum», protetti da sguardi indiscreti, lontani dalle maldicenze e dalle maligne curiosità dei cristiani. In qualche comunità era proibito «chortare» per evitare la mescolanza di sacro e profano in luoghi dove «debent fieri orationes et sacrificia ad honorem dei et ad expiacionem peccatorum». Tali limitazioni erano accolte con proteste, vertenze e citazioni in giudizio, data la tradizione di organizzare i festeggiamenti nei cortili delle *muschite*.[21]

La prima fase della procedura matrimoniale era indicata col termine *Shidduqin* domanda di matrimonio, vero e proprio contratto scritto in cui venivano fissati i preliminari sul corredo, sulla dote e pattuita la *ketubbah*. L'impegno scritto aveva valore legale, la sua violazione comportava il pagamento d'una multa; il recedente in realtà pagava metà della multa registrata, se però nel documento veniva aggiunta la formula «senza transazione», doveva essere pagata l'intera somma e solo in tal caso si otteneva la risoluzione del contratto. Alle trattative presenziavano lo sposo e la famiglia della sposa o entrambe le famiglie. Veniva fissata l'entità del *mohar* pagabile in due rate, di cui l'ultima in caso di divorzio, l'entità della dote e la data delle nozze. La sposa direttamente o tramite rappresentanti poteva inserire clausole contrattuali a lei favorevoli: il marito non avrebbe preso altre donne in casa o tenuto serve e concubine; a lei spettava la scelta del domicilio e della casa, in caso di morte senza prole la dote sarebbe tornata alla sua famiglia. Delle prime si ha notizia attraverso le lettere della *Genizzah*, l'ultima clausola solamente è presente nei contratti dotali del XV secolo redatti presso notai cristiani. Al contratto veniva allegato un foglio con l'elenco dei beni della sposa controllato nei minimi particolari dallo sposo il quale a sua volta offriva uno o più anelli il cui valore era compreso nella prima rata del *mohar*. La seconda fase è quella dei *qiddushin* o *Erusin*, cioè la consacrazione; lo sposo si rivolgeva alla sposa con la formula «tu sei consacrata (*meqoddeshet*) a me con questo anello, secondo la legge di Mosè e d'Israele»,[22] i due non erano più fidanzati ma a tutti gli effetti, anche giuridici, marito e moglie, s'impegnavano a vivere insieme an-

[21] ASS, *Notai defunti*, notaio A. de Messana, vol. 20, cc. 64*v*-65*r*, 9 Gennaio XV Ind. 1467. L'altro documento è la *ketubbah* pubblicata da Bresc-Goitein, *Un inventaire dotal de Juives Siciliens*, cit., p. 913. In tutta l'isola si continuava come a Palermo a «disponsare in faciem Muschite».

[22] C. Colafemmina, *Nozze sulla Oria ebraica*..., cit., p. 54.

che se non consumavano il matrimonio e da quel momento solo il divorzio poteva separarli. Alla sposa veniva consegnata la prima parte del *mohar* in denaro, o anelli d'oro e d'argento o altri preziosi, veniva preparato il corredo nei minimi dettagli, si fissava la data per il rito nuziale e per la redazione della *ketubbah*. Alla cerimonia dell'anello era presente un *hassan* che benediceva la coppa di vino da cui bevevano i due sposi per suggellare e consacrare l'unione. Se questa fase era combinata con l'ultima, quella del *nissu'im*, gli sponsali avvenivano durante le nozze vere e proprie quando la sposa era condotta a casa del marito e i due erano lasciati soli sotto la *huppah*. Il vino veniva versato da un calice grande in uno più piccolo, bevuto dagli sposi che «post ternam delibationem» infrangevano la coppa pronunciando la frase «Se ti dimentico o Gerusalemme si dissecchi la mia destra»; tutti gl'invitati gridavano il *besimantob* (buon augurio) e spargevano «triticum super eorum capite ter» dicendo «crescite multiplicamini».[23]

La *huppah* o *chuppa* l'antica tenda a capanna nella quale veniva accolta la sposa rimase il simbolo del rito matrimoniale ebraico e l'inizio della coabitazione; nel Medioevo era un baldacchino costruito con stoffe raffinate e intessute d'oro, riccamente addobbato e piantato nel cortile della *muschita* o semplicemente tenuto con aste sul capo degli sposi.

In un'incisione tedesca del XVIII secolo si vede la processione della sposa velata sotto il baldacchino sostenuto da bambini, preceduta da musici che battono i *timpana* e seguita da altre donne. Lungo la strada si cantava, si danzava e si portavano rami di mirto; le processioni si svolgevano in due Sabati successivi e si dirigevano alla *muschita* dove erano lette lezioni esemplari della Bibbia come la storia di Rebecca, i cantori recitavano poemi e composizioni nuziali composti per l'occasione, gli sposi ricevevano le sette benedizioni di cui l'ultima densa di richiami utopici e di aspettative future:... «Fa o Signore Dio nostro che si odano presto nelle città della Giudea e nelle strade di Gerusalemme voci di letizia e voci di gioia, voci di sposo e di sposa,

[23] Notizie sul matrimonio ebraico si trovano nella parabola di S. Matteo e nel commento di R.W. Stewart che descrive le lampade usate durante le processioni della sera: stracci di lino attorcigliati, continuamente imbevuti di olio e posti su un piatto di rame legato con una pertica. Altre notizie si trovano in P. Medici, *Costumi e riti degli ebrei*, con l'aggiunta di una lettera di Nicolò Stratta, già rabbino ebreo, Venezia 1746. Inoltre Goar, *Rituale Graecorum*, trova delle similitudini tra riti nuziali ebraici e greci in C. A. Garufi, *Ricerche sugli usi nuziali del Medioevo in Sicilia*, Ed. il Vespro, Palermo 1980, cita il brano dal *Rituale Graecorum* di Goar dove è spiegato il significato del calice infranto dopo la «delibazione degli sposi». «Scippus vitreus post ternam delibationem fractus... ut nubentium vel spectantium animos, ad fragilitatem et brevitatem humani cuisque gaudi ad instar vitri effracti cito citius praeterituri contemplandam invitent», p. 21.

canti giocondi di sposi dal loro baldacchino, e di giovani dal banchetto della festa. Benedetto sii Signore che fai gioire lo sposo insieme con la sposa». Quest'ultima benedizione era quella «deductionis in thalamum» di cui si parla nel più volte citato testo seicentesco del Seldeni: «Rite adhibehatur tam in domo epularis illa, ubi laetitia seu convivium nuptiale celebrabatur, ubi thalamus erat, in quem sponsa deducenda, idque sive ea sponsae patrisve esset sive sponsi quem in alio quovis loco ex more huic rei praestituto. Nam recentioribus judaeis locus benedictionis fere est atrium sinagogae».

A Palermo è documentata nel XIV secolo la presenza di mimici cristiani pagati durante le feste nuziali per dare maggiore solennità alla celebrazione del rito, una consuetudine ratificata e confermata nel 1393 da re Martino e dal duca di Monblanc.[24] Durante la settimana dei festeggiamenti c'erano banchetti separati a casa degli sposi, s'iniziava col bagno rituale della sposa che tingeva i capelli con zafferano, mentre le donne di casa e le ragazze tingevano mani e piedi con l'henné. La sposa ebrea siciliana metteva in testa il *fazzolu*[25] più elegante che possedeva e veniva truccata, profumata, ingioiellata con belletti e profumi offerti in cofanetti dallo sposo con l'abbigliamento completo di *frontale* che fungeva da diadema sui capelli più o meno prezioso secondo le possibilità economiche.[26] Veniva portata in giro per raccogliere gli auguri tra canti d'amore, grida di gioia e battimani seguita dalle ragazze agghindate e ingioiellate, riceveva doni dallo sposo e tutti gettavano monete in segno augurale, si ballava si cantava e si gustavano *cubaita* e *sfinci*.[27] Le processioni in Sicilia

[24] Si legge nella concessione regia: «Expositum fuit nobis humiliter pro parte universitatis Iudeorum dicte urbis quod in nupciis festis et aliis eorum solemnitatibus veniunt et venire consueverunt gratis et ex eorum solucione mimici christiani ad festinandum de arte sive eorum officio inter ipsos Iudeos pretextu eorum officii...». G. e B. Lagumina, *Codice Diplomatico...*, cit., I, p. 145. Spesso istrioni e mimi si travestivano da monache e preti improvvisando recite satiriche per allietare le feste nuziali di cristiani o di ebrei. Naturalmente una così stretta familiarità tra i due gruppi etnici creava problemi alle autorità che tuttavia mostravano tolleranza per tali consuetudini.

[25] Il *fazzolu* presente in diversi inventari dotali siciliani era un velo di forma quadrangolare che le donne ponevano sul capo, spesso di seta, bordato con fili d'oro e adorno di perle.

[26] Il Seldeni descrive nei dettagli l'abbigliamento degli sposi ebrei: «sponsi corona sive aurea sive argentea sive ex sale tosto formata atque sulphure depicta, sive rosea, sive mirtia sive oleagina. Sponsae erat corona aurea seu aurata scilicet forma urbis auree seu turrita qualis deum matri vulgo tribuitur. Sed haec pro vario sponsorum conditionis discrimine aliter atque aliter se habuisse necessum est... Nos etiam vocamus vestem illam seu pannum qui solet expandi super caput sponsi sponse ac tenetur quattuor vectibus tempore nuptiali Chuppam... thalamum vero sponsalitium etiam dixere Chaldei... Velamina sponsorum sindones sunt acupicte quibus appenduntur monilia cura». J. Seldeni, *Uxor ebraica...*, cit., pp. 129, 140-141.

si svolgevano al tramonto del sole tra vicoli e viuzze delle Giudecche illuminate da fiaccole e rallegrate dai *joculatores* che suonavano «tubas zammarias et guidemas secundum ritum saracenorum».

Gli sguardi indiscreti dei cristiani violavano la riservatezza di queste cerimonie private che per essere fastose erano soggette a controlli rigidi, fiscali. Le leggi suntuarie dei sovrani aragonesi colpirono il lusso dei riti nuziali e in particolare l'uso per gli ebrei delle fiaccole e dei *jocularia* soggetti al pagamento delle tasse; i maestri di *sciurta* del quartiere del Cassero a Palermo, approfittavano per estorcere loro denaro, era lecito avere solo «par unum tantum tubarum» e se ne avessero preteso di più avrebbero pagato un supplemento da concordare col gabelloto della città al quale si pagava anche la tassa per i *joculatores*.[28] In periodi di maggiore libertà i cristiani a Palermo facendo ala alle processioni nuziali ebraiche allietate da canti e balli potevano godersi lo spettacolo del corteo della sposa a cavallo quando costei veniva da un'altra città; iniziava con bimbi che portavano fiori e torce accese, seguivano i maggiorenti che circondavano lo sposo e infine la sposa su un cavallo bardato a festa con gli altri invitati.[29] I riti si concludevano con la consumazione notturna del matrimonio; la madre della sposa dormiva nella stessa casa per esporre la mattina successiva il panno sporco del sangue della deflorazione. I matrimoni avvenivano soli-

[27] La *cubaita* doveva essere un dolce diffuso tra i giudei siciliani, perché negli inventari figurano pentole «per fari cubaita»; «caldaria ut dicitur di fari cubaita» è scritto in un documento del 1466. ASS, *Notai defunti*, notaio P. Verderame di Caltabellotta, vol. 13, 17 Novembre IX Ind. 1462. Li *sfinci* sono delle frittelle tradizionali siciliane che in parecchie famiglie si preparano ancora oggi in occasione di festività come S. Martino, l'Immacolata, S. Giuseppe.

[28] Secondo lo Starrabba *zammaria* è voce araba che corrisponde a cornamusa come pure *guidema* che è una specie di chitarra usata anche durante i funerali. Per l'uso di questi strumenti e dei *joculatores* in Sicilia si pagava la gabella. Nel *Quaderno* delle Pandette doganali del 1312 riportato dall'autore, si legge: «Nullus audeat habere tubas nec joculatores, zammarias et guidemas secundum ritum saracenorum in nuptiis nisi per cabellotum cabelle predicte et solvat cabelloto predicto pro dictis joculatoribus tarenos quattuor et infra pro ut melius convenire potest cum cabelloto predicto; dummodo quod habeat par unum tantum tubarum et si plures tubas habere voluerit, solvat ultra dictos quattuor tarenos vel quantitatem pecunia qua convenerit cum dicto cabelloto ipsi cabelloto tarenum unum pro quolibet pare tubarum». R. Starrabba, *Di un documento riguardante la Giudecca di Palermo*..., cit.

Su Agrigento si possono controllare le notizie dei Lagumina, vol. I, 22 Settembre 1266 doc. XXIV e 28 Giugno 1392 doc. LXXXVI. Il più illuminato sovrano, nei confronti degli ebrei siciliani fu sicuramente re Martino che diffidò i maestri di sciurta dal vessare i giudei «Quod cum Judei ipsi tam mares quam femine in eorum sollemnitatibus nupciarum soliti ad huius modi nupciarum sollempmia noctis tempore cum lumine se conferre magistri excubiarum sive xurte quarterii cassari dicte urbis querentes vias et modo extorquendi pecuniam a Iudeos...». La disposizione è che i giudei possano «sub uno lumine se conferre», Lagumina, cit., I, p. 130. I giudei osservavano certe solennità notturne oltre che per le nozze, per i parti. Doc. XXXVIII, p. 38.

[29] A. Milano, *Storia degli ebrei in Italia*, Einaudi, Torino 1963, pp. 556 sgg.

tamente in primavera e in autunno in periodo di luna crescente, i giorni preferiti erano i mercoledì e i venerdì per le vergini e i giovedì per le vedove, lontani da altre ricorrenze o festività. Gli ebrei siciliani tenevano molto ad osservare la solennità dei riti nuziali ma non sempre disponevano di possibilità finanziarie adeguate. A Catania dopo la cerimonia dell'anello «secundum legem mosaycam» entro otto giorni i giudei erano tenuti a «uxorem desponsare seu transducere certam sollempnitatem servando». Brachone Maimuni catanese, ottenuto dal re Alfonso il privilegio di poter sposare un'altra donna «cum retencione prime» (uno dei pochi casi di poligamia documentati in Sicilia), nel 1459 chiede al viceré Durrea il permesso di sposare, anziché a Catania dove esisteva la consuetudine degli otto giorni di solennità, nel paese della sposa dove bisognava rispettare solo la prescrizione mosayca che prevedeva la cerimonia dell'anello. La sua richiesta è motivata dal timore «excomunicacionis more iudeorum virtute consuetudinis et observancie sive statuti quem vel quod inde viget in dicta civitate Cathanie inter judeos ipsos ibi contrahentes». A parte il caso di Brachone che era al suo secondo matrimonio, altri giudei della città siciliana a quanto pare, ricorrevano all'espediente di contrarre matrimonio «per solam imposicionem anuli servando iuxta legem mosaycam» in altri paesi, ritornando poi ad abitare nella città «sine aliqua molestia». Brachone è doppiamente favorito dal viceré perché gli è consentita la poligamia e perché evita le enormi spese dei riti nuziali che le autorità comunitarie prescrivevano come consuetudini «da tempo immemorabile osservate».[30]

Desiderio dei genitori ebrei era che la figlia entrasse «in una casa benedetta», che diventasse «la signora della casa» che fosse «madre di tanti figli che studiavano la Torah e seguivano i suoi comandamenti», come si legge in alcune lettere della *Genizzah*. Iniziava per la donna la lotta contro il pericolo dei parti, lotta per la sopravvivenza; lei avrebbe acceso ogni settimana i lumi la sera sul Sabato, preparato i pani per la mensa e la benedizione, avrebbe accudito e conservato gelosamente la sua *ketubbah* per sé e per i propri eredi e se fosse rimasta vedova, avrebbe tutelato i figli minori imparando ad amministrare il patrimonio della sua famiglia preservandolo dagli assalti dei parenti.

Certi rituali del matrimonio ebreo si sono mantenuti inalterati per secoli; si sono modificati lentamente dal Medioevo all'età moderna i *clichés* della buona moglie ebrea e la sua psicologia di fronte ad un'istituzione che nel corso del tempo s'inseriva in contesti sto-

[30] G. e B. Lagumina, cit., II, p. 4.

ricamente mutati. Se vogliamo dunque vedere del matrimonio ebraico gli aspetti diacronici possiamo notare che esso subisce un processo inverso rispetto a quello cristiano; questo assume sempre più veste e rilevanza religiosa, quello si secolarizza e mondanizza progressivamente.

Secondo la legge ebraica per la validità legale del matrimonio bastava la presenza di due testimoni. Nel caso di forestieri il cui stato personale fosse ignoto, i giudici verificavano che non ci fossero impedimenti religiosi o civili. Esistevano nelle comunità appositi registri anche se non tutti decidevano di registrare. Nel caso in cui il notaio della comunità conoscesse gli sposi come accadeva nella maggior parte della giudecche siciliane, la presenza dei testimoni era solo un fatto formale.

Dai tempi della *Genizzah* e della «rivoluzione economica» gli aspetti religiosi del matrimonio diventarono sempre più marginali, lasciando spazio alle preponderanti ragioni economiche. Solo le sette benedizioni del *qiddushin* davano configurazione religiosa ad una cerimonia che per il resto non avveniva sempre in sinagoga. Inoltre pur nella diversità dei tempi e dei luoghi, accanto alle motivazioni economiche emergono nel matrimonio le ragioni del cuore, del sentimento. Le lettere della *Genizzah* registrano frequenti rotture di promesse di matrimonio concertate dai genitori e poi rifiutate dalle fanciulle desiderose di scrollarsi da una millenaria quanto ingombrante tradizione di tutela che bloccava la loro libertà sentimentale.

In una lettera un giovane ebreo palermitano rappresentante di affari di ricchi mercanti siciliani in Egitto, dà notizia del suo matrimonio con una orfana, domestica di una grande famiglia, invece che con una delle figlie del ricco padrone egiziano come era negli auspici; forse sottolinea Goitein «it was she who had taken the first step».[31]

La società della *Genizzah* traccia il profilo di donne meno impegnate all'esterno e con minori responsabilità nella organizzazione della vita economica rispetto al periodo arcaico, ma con più consapevolezza degli spazi privati individuali che la notevole mobilità sociale apriva nella gestione della famiglia e degli affetti familiari. Rimane invariato il rispetto delle tradizioni culturali, ma esse acquisiscono la coscienza che non sono obbligate a censurare desideri e impulsi affettivi, sono più pronte a confrontarsi e scontrarsi con un retroterra culturale di limiti e costrizioni che non appare più normale. I segni del mutamento della condizione femminile ebraica, che si connota per una sua specificità nel contesto della società mediterranea

[31] S. D. Goitein, *Mediterranean Society*..., cit., III, p. 73.

araba e cristiana, appaiono con anticipo rispetto ad altri paesi dell'Europa che solo nel XIII secolo registravano lievi cambiamenti nel mondo delle esperienze femminili e delle norme giuridiche che le regolavano. La donna ebrea si avviava gradualmente ad una indipendenza economica e sociale rivendicando spazi matrimoniali e familiari in contrasto con un diritto restrittivo che i dottori della Legge avrebbero voluto lasciare inalterato. Ma in questa ricerca di spazi non c'è forza dirompente, cupa aggressività, la donna non tradisce il suo proprio ruolo di sposa e di madre ebrea che ama la vita dono di Dio al di là delle tragedie della storia contro ogni violenza e amarezza e tale amore deve trasmettere intatto alle generazioni future. «Una madre non deve disperare mai», scrive una poetessa ebrea. «Deve elevare la sua pura anima oltre il dolore universale per crescere le sue creature in speranza e in fiducia... per godere in tranquillità di spirito ogni bellezza e per insegnare ai figli la poesia dei rivi e delle erbe, dei voli e dei nidi. Allevare per la gioia. Allevare per la bontà!».[32]

[32] Di Augusta Osimo Muggia autrice di queste e altre poesie si è occupato G. Luzzato, *Gli ebrei italiani, l'Umanitaria e il messaggio di una mamma*, in *Rassegna Mensile d'Israele*, 1970. Scritti in memoria di Attilio Milano, p. 257. Luzzato sottolinea l'amore per la vita come componente fondamentale della concezione ottimistica ebraica, un amore che «passa come un brivido attraverso tanta parte dell'espressione ebraica di tutte le generazioni sotto tutte le latitudini».

La «ketubbah»

Parte integrante dei riti nuziali è la *ketubbah*, il contratto matrimoniale redatto dal notaio ebreo della comunità in modo solenne alla presenza di parenti e amici degli sposi. La sposa riceve ufficialmente il documento che dovrà custodire come cosa preziosa perché da esso dipenderà la sua indipendenza economica e la possibilità di operare scelte autonome. La *ketubbah* è rimasta nei secoli il simbolo della continuità di una tradizione matrimoniale i cui riti sono rimasti inalterati per secoli.

L'importanza di documenti di questo tipo per la ricostruzione della vita familiare medioevale e della condizione femminile, in un contesto che pur rimanendo patriarcale è soggetto al flusso degli eventi storici, è notevole. Sh. Goitein ha dedicato all'argomento gran parte della sua opera sulla società mediterranea e sugli ebrei del periodo arabo, servendosi di *ketubbot* selezionate tra i famosi documenti della *Genizzah* di Fustat in Egitto. Questo materiale documentario ha prodotto, come sappiamo, una revisione storiografica che ha consentito di mettere a punto e illuminare molte questioni circa il ruolo economico degli ebrei mediterranei nell'Alto Medioevo, di chiarire i rapporti tra ebraismo mediterraneo e islamismo, tra ebraismo e mondo cristiano, di dar ragione di certe «sopravvivenze» arabe nella cultura ebraica siciliana del Basso Medioevo, di sottolineare lo spessore della condizione femminile nei diversi contesti antropologici. Lettere, sentenze, contratti matrimoniali, del mondo della *Genizzah* confrontati con il materiale documentario degli archivi siciliani che in questi anni sta venendo alla luce, consentono di verificare le sopravvivenze culturali e le costanti di comportamento della famiglia ebraica siciliana medioevale di cui la donna era il perno e il nucleo aggregativo. Quanto poi l'ebrea siciliana avesse corrisposto a queste aspettative, è quello che valuteremo attraverso voci e testimonianze femminili sommesse, coperte il più delle volte da quelle maschili dominanti, ma vive quanto basta perché l'eco possa ancora giungere e il segno non vada disperso.

Purtroppo la perdita degli archivi ebraici dopo l'espulsione del 1492 che avrebbero consentito una ricerca più efficace e immediata, rende avventurosa la ricerca storica su fonti, sia linguisticamente che culturalmente, mediate dalla presenza e dalle sovrastrutture della società cristiana. Ma la ricerca storica è sempre un'avventura più rischiosa e incerta quando si cerca di dar voce a chi dalla storia ufficiale è stato emarginato come l'ebreo e la donna. È come portare a galla un materiale sommerso ma tanto prezioso che vale la pena d'immergersi anche in un mare torbido e tempestoso.

In Sicilia come altrove quando si celebrava un matrimonio gli sposi registravano in ebraico-aramaico su pergamena una *ketubbah*, di cui una copia restava agli atti degli archivi comunitari, un'altra era solennemente consegnata alla sposa. Secondo il diritto matrimoniale ebraico allo sposo spettava il pagamento del *mohar*, il dono matrimoniale metà del quale era consegnato alla sposa durante le nozze, l'altra metà in caso di morte, divorzio o ripudio.

La *ketubbah* tradizionale comprendeva la somma simbolica di duecento *zuzim* per la vergine, di cento per la vedova o la divorziata, la *nedunyah*, dote della moglie che il marito riceveva assumendone la responsabilità dell'amministrazione e infine la *tosefet* che egli corrispondeva alla sposa di sua spontanea volontà.

Il *mohar*, secondo alcuni, sarebbe stato un modo per frenare i divorzi, dato che veniva versato alla moglie all'atto dello scioglimento del matrimonio.[1]

Più che del simbolico *mohar*, la vera contro-dote portata dal maschio è l'aggiunta *tosefet* la cui prescrizione risale ai tempi post biblici, il cui valore è rapportato a quello della *nedunyah*. Sia l'una che l'altra dipendevano dalle condizioni economiche degli sposi e il loro ammontare complessivo doveva essere chiaramente calcolato nello strumento dotale che è appunto la *ketubbah*. La *nedunyah* ebraica, beni e corredo della sposa, nel Medioevo finisce per assomigliare sempre più alla *dos* romana data la rarità dei casi in cui il *mohar* veniva corrisposto e cioè lo scioglimento del matrimonio. È ovvio quindi che attorno alla dote portata «dalla casa dei Padri» della donna, ruotasse il gioco degli accoppiamenti e delle strategie matrimoniali, specie quando si contrattavano oggetti e beni di grande valore.

Nelle *ketubbot* siciliane le somme di denaro erano una componente importante della dote che doveva essere come prescritto, «seu in roba quod in pecunia». Il matrimonio aveva dunque un fondamento patrimoniale e l'indipendenza economica della donna era assicurata dai beni della sua famiglia; era insomma un'alleanza concretizzata da

[1] Le regole del *mohar* si trovano in *Esodo* XXIII 16; *Deuteronomio* XXII 29. Un interessante saggio sull'argomento è quello di E. Pacifici, *Nozze ebraiche secondo il rito in uso presso la comunità israelitica di Roma*, Firenze 1984.

un accordo economico tra due gruppi parentali in cui la parte più debole andava giuridicamente tutelata dai rischi di un'unione che poteva trasformarsi in una spiacevole avventura. La donna, è specificato nella *ketubbah*, acconsente e accetta la nuova condizione maritale, il marito dichiara di assumersi tutta una serie di responsabilità materiali, morali e sessuali e di offrire adeguate garanzie con i suoi beni.

In Sicilia solo recentemente sta venendo alla luce qualche *ketubbah* originale in aramaico e giudeo-arabo, scampata alla distruzione degli archivi delle comunità ebraiche. Un raro esemplare tradotto dall'aramaico in siciliano è stato trovato qualche decennio fa da due studiosi siciliani, Rocco e Giuffrida, tra i fascicoli processuali della Corte Pretoriana di Palermo che contengono alcuni inventari dotali anch'essi in giudeo-arabo. Il documento è la copia tradotta in siciliano e forse riassunta di una *ketubbah* originale redatta da ebrei di Palermo nel 1483.[2] Esso è stato prodotto, a quanto pare, nel corso di un processo civile tra ebrei come atto extragiudiziale da una delle parti presso la Curia del Pretore di Palermo a cui gli ebrei ricorrevano quando si trovavano nell'impossibilità di risolvere le vertenze presso i loro tribunali.[3] La presenza di una *Curia tactana judeorum*, cioè di un tribunale giudaico, è documentata in Sicilia, come pure la presenza di uno o più notai che in ogni comunità redigevano i contratti matrimoniali e altre *scripture ebraiche* cui si fa spesso riferimento in atti di notai cristiani.[4] A Trapani negli anni 1432-1436 era notaio Salamone de Chirchena, a Termini Imerese nel 1422 custodiva l'archivio e registrava i documenti Angilono Maltense.[5] La

[2] Del documento abbiamo fatto una trascrizione approssimativa data la difficoltà di individuare il significato di alcuni vocaboli siciliani utilizzati dal notaio ebreo Benedetto de Girachi che, avrà avuto problemi non indifferenti per tradurre il testo dall'aramaico in siciliano e nel rendere, passando da una struttura linguistica ad un'altra, il contenuto delle frasi e i termini equivalenti. La *ketubbah* è in possesso dell'ebraista Benedetto Rocco alla cui generosità devo la possibilità di leggerla e citarla in questo lavoro.

[3] ASP, *Corte Pretoriana*, vol. 9, fasc. 3. Queste indicazioni si trovano nel saggio di B. Rocco-A. Giuffrida, *Documenti giudeo-arabi nel XV secolo a Palermo*, cit., p. 93.

[4] A Sciacca nel 1457 giudici della *Tactana Judeorum* erano: Samuele de Chandarello, Siminto de Bulfarachio e Jacob de Galiono; ad essi viene chiesto da Xibiten de Nuchilla di terminare un processo «secundum deum et justiciam» altrimenti si sarebbero rivolti al conte di Caltabellotta «domino dicte judaice» per avere giustizia secondo la legge di Mosè e i *capitoli della Tactana*.

ASS, *Notai defunti*, notaio A. Giuffrida, vol. 9, 2 Dicembre VI Ind. 1457, cc. 30*v*-31*r*. In quegli stessi anni notai della comunità erano Xibitello Taormina «notarius inter judeos terre Sacce», Gaudio de Bulfarachio di cui si dice che aveva redatto una *ketubbah* oggetto di contesa tra Salajono Bambali di Palermo sposo di Stella de Garieni e la madre di costei vedova di Musuto de Garieni *barbaroso*. Ibid., 4 Marzo V Ind. 1456, c. 50*rv* e 21 Novembre VI Ind. 1457, cc. 28*v*-29*r*.

[5] AST, *Notai defunti*, notaio G. Miciletto, 17 Settembre XII Ind. 1433, c. 18*rv* e 21 Gennaio XII Ind. c. 31*r*. ASTI, notaio G. Bonafede, vol. 12831, 5ª Unità, 8 Settembre V Ind. 1421-1422.

ketubbah di Palermo del 1483 era stata redatta da Benedetto de Girachi che traduceva scritti in *arabicu* e in *latinu* e registrava gli atti della Corte giudaica della città. I contraenti sono Efraim Xifuni figlio di Muxa ed Ester figlia di Donatu Aurifichi. Dopo l'indicazione del giorno *Die Mercuri*, del mese *Marchaxiren* e l'anno secondo il calendario ebraico di *creazione mundi* e l'indicazione geografica del luogo, Efrain «di sua menti et di sua spontanea voluntati» chiede a Ester «siimi pi mugleri secundu la ligi di Moyse profeta e Israel» e promette di servirla, onorarla, vestirla, alimentarla, «et usari» con lei, cioè di avere rapporti sessuali regolari «secundu li figlioli di Israel cum loru mugleri». Ester consente e dichiara la dote «chi li purtau cum ipsa di la casa di so patri in la casa di quisto so maritu sponsu», cioè «robba et paramentu», una somma di denaro, e «plegi (garanzie) di la donationi supra quattru braza di terra». Alla dote Efraim fa un'aggiunta «pi aviri sua virginitati». Si specifica poi che la somma complessiva è «in tari tucti auru di lu cugnu lu quali si spendi in la insula di Sichilia». Efraim assume «lu risicu» (il rischio) di questa *ketubbah* e la responsabilità finanziaria dei beni ricevuti impegnandosi a dare garanzia con tutti i suoi beni presenti e futuri, mobili e immobili, «persina a lu mantellu chi portu supra li spalli cum tucti gravicii et forticii»; accetterà tutti i figli che nasceranno da Ester, i quali in caso di morte saranno eredi di quanto è stato dichiarato «secundu su usu di Palermo».[6]

Questa formula rimase invariata per secoli e fu usata da tutte le comunità ebraiche con qualche variante dovuta alle consuetudini locali. L'abbiamo confrontata con un formulario tradotto dall'ebraico in latino nel XII secolo e con un altro in uso in Libia agli inizi del 900, tradotto in italiano. Nella traduzione latina leggiamo dopo le solite indicazioni di tempo e luogo, la dichiarazione dello sposo: «sponsa sis mihi in uxorem iuxta institutum Mosis et Israelitarum. Et ego... colam, honorabo, sustentabo, cibabo, alam et vestiam te iuxta morem maritorum Iudeorum qui honorant, sustentant cibant, alunt, vestiunt, uxores suas ut decet. Do etiam tibi, ut virginitatis tuae dotem, argentum CC. zuzorum... qui tibi ex lege competunt; praestiturus etiam tibi alimenta tua, vestimenta tua et quae

[6] Alcune espressioni sono incomprensibili come «chacica spotigava», la cui lettura paleografica è chiara, ma non lo è altrettanto il significato perché nessun vocabolario le riporta. Dal contesto si deduce che potrebbero significare garanzia e ipoteca perché nel documento si dice: «richippi supra di mi et supra li heredi mey supra di mi di pagari e di satisfari di tuctu meglu robba dinari li quali aiu supra lu chelu lu quali accusai e accusirò tantu di *casu causa* chachica spotigava stabilibus mobilibus tucti ti sianu obbligati et ligati appagamentu di questu to cuntractu dotali...».

tibi sufficiant, et concubitum tecum iuxta morem universe terre». Viene poi specificato l'assenso della sposa, indicata la *nedunyah* (dote) e l'aggiunta, «adiecit ille illi in principalis dotis incrementum summam» e infine l'assunzione di responsabilità: «in me recipio prestationem *totius* ipsius dotis... nec in me solum sed etiam in haeredes meos... in omnem substantiam meam pretiosiorem, possessionesque meas qualescumque sub caelo... quae universa pignori sint atque hipotecae doti... Quod et de pallio super humeris meis dictum volo».[7] La stessa formula troviamo in Libia dove nel 1913 fu stabilito che le somme di denaro fossero indicate in lire italiane. Trascriviamo la formula di una *ketubbah* di ebrei di Tripoli la cui datazione rispetta lo stile ordinario ebraico; lo sposo dichiara alla sposa: «siimi sposa secondo la legge di Mosè e d'Israele ed io con l'aiuto del cielo, lavorerò per te, ti onorerò, ti alimenterò, ti manterrò, ti sostenterò e ti rivestirò, così com'è dovere dei buoni mariti israeliti che lavorano per le proprie donne, le onorano, le alimentano, le mantengono, le sostengono con giustizia costante. Io mi impegno di sopperire col mio denaro ai tuoi alimenti, alle tue vesti e ai tuoi bisogni e a conoscerti secondo il costume di tutta la terra. La fidanzata qui presente ha accettato di diventare moglie del suo fidanzato qui presente. Egli le ha scritto come dovario *mohar* della sua verginità la somma di duecento *zuzim* d'argento a lei dovuti, ed essa ha apportato un corredo al quale egli ha aggiunto del suo». Segue l'indicazione al solito della dote, dell'aggiunta e la dichiarazione: «Io assumo su di me e sui miei eredi dopo di me, la responsabilità e la garanzia di questo atto di *ketubbah*, destinando al suo pagamento tutti i beni che posseggo e che verrò a possedere, mobili e immobili e persino il mantello che ho sulle spalle: tutti costituiranno garanzia e ipoteca per il pagamento di questo contratto di *ketubbah* fino all'ultimo centesimo. Il tutto non in forma indeterminata e generica ma in forma precisa e secondo le prescrizioni de Dottori... Tutto è giusto, perfetto, corretto, vero, esatto, valido».[8]

La formula varia leggermente se si tratta di vedova, ripudiata, vedova senza figli, ripudiata dal cognato *leviro* o di figlia delle nozze illecite di un *Kohen*.

La prima *ketubbah* siciliana pubblicata insieme al relativo inventario da H. Bresc-S. D. Goitein che si riferisce al matrimonio di Yanna vedova di Joseph de Caltagirone e di Xibiten Xaul di Cac-

[7] J. Seldeni, *Uxor ebraica seu de nuptis et divortiis*..., cit.

[8] M. Moreno, *Gli ebrei in Libia, usi e costumi*, Roma, Sindacato italiano Artigrafiche. L'edizione è a cura del Ministero delle colonie e l'opera di Cohen è annotata e tradotta da M. Moreno.

camo, risale al 1479. Si tratta più che altro di un contratto dotale nel quale Ricca madre della sposa s'impegna a corrispondere al genero «omnia illa bona et arnesia descripta et denotata in quodam memoriali litteris ebraicis scripto manu Graciano velut mediano pubblico...». Lo sposo Xibiten a sua volta s'impegna a «capere, tractare, tenere et habere in eius legitimam uxorem ipsamque disponsare in faciem muschite judeorum iuxta musaycas leges dictasque dotes regere et conservare et in casu dissolucionis matrimonii restituere dicte dotanti...». Inoltre egli avrebbe prestato «alimenta necessaria» ai figli di Yanna, Angilella, Milisa e Gabriele.[9] L'inventario dotale con l'elenco dettagliato del corredo e altri beni della sposa veniva registrato in una pergamena a parte. La *Mishnah* (nel capitolo *ketubbot*) stabilisce che il marito ha l'usufrutto dei beni della moglie. Tra questi bisogna distinguere quelli inalienabili e non ipotecabili che vanno restituiti in caso di dissoluzione del matrimonio con un indennizzo se deteriorati; i beni parafernali che vanno restituiti nello stato in cui si trovano. I primi sono indicati col termine *Conbarzel* che significa «gregge di ferro», cioè immutabili, i secondi sono i *mullugh* beni di mungimento i cui frutti possono essere goduti senza intaccare il capitale.[10]

Il marito si assumeva le responsabilità economiche derivanti dalla *ketubbah* fornendo come garanzia i suoi beni, anche *il mantello che portava addosso*; il debito dotale infatti dopo la sua morte aveva la priorità sugli altri e la donna poteva rivalersi nei confronti di eventuali eredi; per questa ragione, in caso di vendita di immobili da parte del marito occorreva la presenza e il consenso della moglie. Questa prassi è presente nei documenti della *Genizzah* ma è anche confermata da diversi contratti notarili del Quattrocento.

Ma la *ketubbah* aveva un valore oltre che giuridico-legale ed economico, sentimentale, simbolico, era una specie di amuleto custodito gelosamente dalla sposa, per proteggere sé e la propria famiglia, in un posto segreto, spesso diverso dalla casa di abitazione; talvolta passava in mani estranee e per recuperarlo si facevano veri e propri processi.[11] Le clausole finali variavano secondo i luoghi e le circostanze, non abbiamo termini di paragone se non indiretti, faremo perciò riferimento ai contratti dotali registrati presso i notai cristiani.

[9] H. Bresc-S. D. Goitein, *Un inventaire dotal de Juifs siciliens...*, cit., p. 913.

[10] Cfr. nota 8.

[11] Un episodio del genere è riportato in un documento della comunità di Andria (Puglia) citato in C. Colafemmina, *Documenti per la storia degli ebrei di Puglia, nell'Archivio di Stato di Napoli*. Regione Puglia Assessorato alla Cultura. Istituto Ecumenico «S. Nicola», Bari 1990.

Una *ketubbah* originale in pergamena compilata nel 1457 a Caltabellotta dove esisteva una fiorente e attiva comunità ebraica, è stata scoperta di recente negli archivi spagnoli, affidata allo studio dell'ebraista B. Rocco.[12] «Chi volesse tradurla per intero in una lingua moderna», ha detto recentemente lo studioso, «occorre che sia competente in ebraico, aramaico, giudeo-arabo e in siciliano» sottolineando la specificità dell'ebraismo siciliano che difficilmente studiosi di altre nazioni, compreso Israele, possono cogliere nella sua complessità. Il primo rigo in ebraico della *ketubbah* è una citazione biblica (Prov. 18,22 e 19,14): «Chi ha trovato una sposa ha trovato un tesoro e ha ottenuto la compiacenza del Signore. Casa e ricchezza sono l'eredità dei Padri, ma la sposa è un dono del Signore».

Questa stessa citazione si trova all'inizio di una *ketubbah*, proveniente dal fondo della *Genizzah* e citata da Goitein, che risale all'XI secolo: «He who has found a wife has found happiness and obtains favour from the Lord».

Lo storico sottolinea che nei documenti si evitava spesso di scrivere il nome di Dio, per cui i funzionari ebrei eliminavano la parola Signore sostituendola con frasi come «obtains favour and a propitious hour».[13]

Le coordinate spaziali e temporali della *ketubbah* di Caltabellotta sono in aramaico e in ebraico i nomi dei contraenti Mar ya[<]aqob figlio di Rabbi Yomtob e Marat Mas[<]udah figlia di Mar Mardokey. Segue poi il formulario che conosciamo in aramaico seguito dall'inventario dotale in giudeo arabo misto al siciliano; in aramaico è la conclusione, in ebraico le firme dei testimoni che chiudono il contratto.

Il fatto che il documento avesse un fondamento economico imponeva che si stabilissero delle clausole, alcune generali, altre specifiche, che pur variando secondo le esigenze o le condizioni della coppia o le consuetudini locali, in alcuni dettagli rimasero sostanzialmente immutate nei secoli. I contratti matrimoniali della *Genizzah* contenevano clausole relative alla dote che, in caso di morte della moglie senza figli, doveva essere rimessa tutta o per metà alla sua famiglia; altre avevano lo scopo di tutelare la donna che poteva, ad esempio, pretendere l'impegno dal marito di non sposare un'altra donna, di non prendere una schiava o una serva senza il suo con-

[12] B. Rocco, *Le tre lingue usate dagli ebrei in Sicilia dal sec. XII al sec. XV*, in «Italia Judaica», 1995, pp. 355-369.

[13] S. D. Goitein, *Mediterranean Society*, cit., III, p. 108. Le *ketubbot* venivano arricchite solitamente con versi biblici: «Another way of blessing the young couple was to adorn its marriage contract with telling yerses from the Bible».

senso, di non partire per lunghi viaggi senza il suo permesso e senza aver predisposto tutto per il suo mantenimento. Non sappiamo se queste clausole fossero inserite nelle *ketubbot* siciliane; quelle dotali furono senz'altro mantenute, le altre relative alla poligamia si resero gradualmente inutili data la possibilità per l'ebreo siciliano di prendere un'altra moglie solo eccezionalmente. In alcuni contratti matrimoniali della *Genizzah*, gli accordi economici tra le parti comportavano che si chiarissero i compiti e i lavori che la moglie avrebbe svolto nella vita matrimoniale. La donna apparentemente era beneficiaria di vantaggi economici, dice Goitein, perché riceveva il dono matrimoniale, poteva ereditare o ricevere altri doni; in realtà essa doveva servire il marito come prescrivevano dettagliatamente i dottori della Legge, lavorare per lui e confezionargli vestiti, sostenerlo nei suoi affari. Nei contratti, tuttavia, veniva precisato a garanzia della donna a chi dovessero spettare i suoi guadagni personali; molto dipendeva naturalmente dagli accordi e dalle condizioni economiche degli sposi. Nel XII e XIII secolo si fecero più frequenti i casi di donne che lavoravano non solo a filare, come facevano anticamente, perché la clausola contrattuale dei guadagni si fece sempre più diffusa.

La formula dei tempi Talmudici era: «il suo cibo contro il lavoro delle sue mani»; nel periodo della *Genizzah* era il vestiario invece che doveva essere fornito al marito se la donna desiderava tenere i suoi guadagni.[14] L'importanza del contratto nuziale, la solennità della trascrizione e della consegna richiedevano che le *ketubbot* fossero scritte in pergamena e molto curate esteticamente; per questo erano affidate a scribi che usavano il corsivo e artisti che si sbizzarrivano in disegni geometrici, floreali o in raffinati arabeschi.

Tuttavia l'unica *ketubbah* originale in caratteri ebraici, proveniente da Caltabellotta, stilata il 18 di *Tebet* del 1457, di cui disponiamo, è semplice, curata solo dal punto di vista grafico.

[14] S. D. Goitein, *Mediterranean Society*, cit., III, pp. 133-134.

La dote e le norme di diritto familiare

Attorno alla dote girava il carosello dei personaggi femminili e maschili, di figlie e genitori, di mogli e mariti, parenti, la dote è il motore di intrecci familiari, di accordi patrimoniali, scintilla di conflitti, vertenze, proteste, ossessione dei genitori con tante figlie femmine, arma segreta delle donne in punto di morte, strumento delle vedove, conforto delle orfane e orgoglio delle ricche.

Negli archivi siciliani non troviamo *ketubbot* ma contratti dotali simili a quelli di sposi cristiani, stipulati per dare rilevanza giuridica *erga omnes* all'assegnazione di dote di genitori, nonni, zie e prozie alla sposa. La dote ebraica comprendeva tradizionalmente un corredo composto da almeno due letti completi, di cui uno di seta e l'altro bianco con relative *cortine* di seta o bianche che circondavano il letto matrimoniale e proteggevano la *privacy* degli sposi da sguardi indiscreti. Non erano solo lenzuoli, coperte e *cortine* a costituire i *lectos*, l'aggettivo che li accompagna nei formulari notarili del tempo è *fornitos cum fornimentis solitis*. Cosa fossero questi «fornimenti» è specificato nel testamento di Gaudiosa vedova di Salamone Commissu di Sciacca che lascia alla nipote Stella *pro eius maritagio* un letto completo composto da: «faciam unam materacii cum travirserio, par unum lintheaminum, cultram unam, duas interulas unum doblectum, duas tobalias, dubleria duo, tria guardanappa, duas caxulas et alia bona minuta pertinentia ad dictum lectum».[1] Anche in questo documento come in altri di Sciacca, i testimoni sono ebrei e firmano in caratteri ebraici. Se questi oggetti si moltiplicano per due o per tre secondo il numero dei *letti* si capisce bene perché, dato il notevole valore del corredo, le famiglie impiegassero molto tempo prima di poter saldare i loro debiti dotali.

Componente importante delle doti siciliane erano le somme di denaro sempre menzionate nei contratti secondo una peculiarità del mondo mediterraneo prima del Quattrocento. La dote, si precisa, doveva essere «seu in roba quod in pecunia».[2] Il matrimonio veni-

[1] ASS, *Notai defunti*, notaio P. Randazzo, vol. 27, c. 52*v*, 21 Novembre 1485.

[2] ASS, *Notai defunti*, notaio A. Liotta, vol. 11, c. 53, 1 Marzo XV Ind. 1435. La dote consisteva in «assegnare lecta duo fulcita, cortenam unam albam et in pecunia unce quattuor».

va contratto «more judeorum» e la dote assegnata «computata porcione tradente sponse contingente jure nature et consuetudinis dicte terre»; le consuetudini variavano da comunità a comunità e anche se la nota comune era l'assegnazione delle somme di denaro in alcuni contratti sono specificati anche i beni immobili. I contraenti sono di norma i genitori dotanti della sposa o i parenti più vicini e lo sposo da solo o con i genitori. Non fanno parte di questi atti gli inventari dotali che come sappiamo erano redatti minuziosamente in giudeo-arabo e allegati alla *ketubbah*.

Il 15 Dicembre del 1466 veniva stipulato a Sciacca un contratto dotale tra il rabbino Nissim appartenente alla nota famiglia dei Sagictuni che avevano gestito per un certo tempo l'importante *Yeshibah* della Comunità, la prima in tutta l'isola, e la famiglia Bulfarachio, per il matrimonio di Gaudiosa Sagictuni e Muxa Bulfarachio. A dotare la sposa sono il padre Nissim, la madre Gracia e l'*avia materna* Ricca de Benedicto. Gaudiosa riceve: «lectos tres novos dotales unum de serico et duos albos more judeorum assignandos fornitos cum fornimentis solitis et consuetis». Ogni letto comprendeva coltri di seta ricamate «ad luppinellos plenos», «ad rosis de culoris», «ad unda». La nonna descrive dettagliatamente dal notaio la coltre che doveva completare ciascun letto e assegna insieme ai genitori della sposa una *cortina* del valore di 5 once oltre a 10 once in denaro. Denaro e *robba* sarebbero stati rateizzati «infra annos proximos futuros» secondo gli accordi delle due famiglie. Il rabbino s'impegna alla consegna della dote per la «porcione sibi contingente de dotibus paternis» e per la parte di dote legata alla sposa dalla prozia Stella de Minachem illustre fondatrice insieme al marito David della *Jeshibah* di Sciacca nel 1447.[3] Testimoni sono tre rampolli delle nobili famiglie cristiane della città: Nicolò Peralta, Antonio de Amato e Orlando de Orlando.

Nei contratti dotali relativi alle ebree di Caltabellotta, sono indicati come parte integrante della dote i beni immobili. Gazella per il suo matrimonio con Brayono de Bulfarachio eredita dal nonno Jacob de Asesi «raubas, in pecunia unciarum auri decem... et domos duas» che essa riceve dalla nonna Perina e dagli altri eredi. Il con-

Goitein ipotizza che l'uso di dotare le spose con somme di denaro oltre che con il corredo risalga al Basso Medioevo e si sia diffuso nel Mediterraneo e in Egitto per influsso dei giudei provenienti dall'Europa. S. D. Goitein, *The Jewish Family*..., cit., p. 723.

[3] ASS, *Notai defunti*, notaio Amato de Messana, vol. 20, c. 54*r*, 15 Dicembre XV Ind. 1466. Altro contratto dello stesso tipo è quello tra Siminto Ginni e Ricca figlia di Gaudiosa vedova di Mardoch Lu Mastru. Si tratta in questo caso dell'applicazione della legge sul Levirato, perché Siminto era rimasto vedovo di una sorella della sposa. *Ibid.*, 29 Gennaio 1467, c. 75.

tratto non offre altre informazioni ma rimanda per i dettagli alla «Chituba facta inter dictum Brayonum et dictam Gazella jugales».[4]

Dato il notevole valore delle doti, era difficile che i dotanti rispettassero le scadenze e ciò costituiva motivo di vertenze tra le parti. Il modo più immediato per reclamare i propri diritti era la protesta di fronte al notaio per invitare la parte inadempiente a mantenere i *pacta sponsalia* o per diffidarla dal compiere atti lesivi di diritti acquisiti.

A Caltabellotta il 3 Maggio del 1463 Busacca de Budo dichiara di dover ancora ricevere dopo sei anni di matrimonio, dalla suocera Gaudiosa vedova Azara, «mataracium unum novum purpurignum cum eius travirserio consimili et lintheamen unum novum nec non et in pecunia tarenos duodecim restantes assignacionis docium». Il fatto che la suocera avesse promesso in dote all'altra figlia una casa che, invece credeva «obligata dicto Busacca» a garanzia del debito «de dicto restante docium», era stata causa di contestazione. Gaudiosa è diffidata dallo arrecare «dapnum preiudicium» al genero che «vult petere predictas dotes... per curia dicti secreti» (il maestro secreto della città aveva la giurisdizione sui giudei della locale comunità). La risposta della donna è decisamente negativa: «respondit et dixit quod non tenetur eidem Busacca in aliquo».[5]

In caso di morte del padre durante la minore età della o delle figlie, il fratello maggiore, amministrava l'eredità delle sorelle fino alla costituzione di dote.

Perna de Summato di Sciacca riceve in eredità dal padre *magister* Joseph (i Summato erano famiglie di medici), «catogium unum cum quadam stabula nec non cum parte introytus cortili et etiam unius gisterne» che sono in possesso del fratello Busacca il medico «in escambium et pro confecione docium supradicte Perne eius sororis».

Alla stipulazione del contratto dotale la madre di Perna, Gaudiosa «promisit et convenit dicto sponso presenti et stipulanti ab ea... licta duo videlicet unum de serico et aliud album secundum morem juderorum... nec non in pecunia numerata uncias auri duas et unam cortenam precio unciarum trium extimandam per communes amicos ut moris est in terre Sacce». Si ripete in tutti i contratti la tradizione del corredo costituito da due o tre letti, di cui uno di seta, della *cortina* e della somma di denaro.[6] Dopo il matrimonio con Gabriele de Iubaira, Perna entra in possesso dei beni dotali dando al marito pie-

[4] *Ibid.*, *Notai defunti*, notaio P. Verderame, vol. 10, cc. 123*v*-124, 22 Febbraio VI Ind. 1457.
[5] ASS, *Notai defunti*, notaio P. Verderame, vol. 13, 3 Maggio XI Ind. 1467.
[6] *Ibid.*, notaio A. Giuffrida, vol. 9, cc. 89*v*-90*r*, 21 Giugno 1457.

na potestà di amministrazione e facoltà di «contractare, vendere, emere et alienare, quietare, dissolvere» su tutti i suoi beni compreso un legato della nonna.[7] La particolarità del contratto consiste nel fatto che Perna concede pieni diritti sui beni al marito mentre solitamente per una forma di tutela della donna si stabiliva che i beni dotali non potessero essere usati o ipotecati a garanzia di un debito. Il consenso della moglie in materia poteva essere concesso nel corso della vita matrimoniale di fronte alle corti rabbiniche.

La dote comprendeva talvolta certe quantità di orzo e di frumento; Sisa judea ex moglie di Vito de Partanna sposa in seconde nozze Lucio de Tonnina e tra gli altri beni porta in dote «certam quantitatem ordei et frumenti et pecuniarum» di cui si appropriano gli zii di Lucio, Iuda e Joseph de Sagictono fratelli della madre, per cui gli sposi sono costretti a recuperarli.[8] Questo fatto conferma la prassi comune a molte famiglie per cui i figli avevano un rapporto privilegiato con i parenti della madre e in particolare con i fratelli che esercitavano una tutela indiretta sui nipoti figli delle sorelle.

Le somme di denaro promesse in dote, specie se la sposa era orfana e a dotarla erano i fratelli, venivano rateate di anno in anno e completate entro quattro o cinque anni.

Acha de Amaro di Trapani sposa Nissim Silleni di Mazara, viene dotata dai fratelli Machalufo, Joseph ed Elia de Amaro che oltre al corredo le assegnano sette onze e quindici tari da pagare in cinque anni.[9]

Nel Settembre del 1433 viene stilato a Trapani il contratto matrimoniale tra Ayeti de Iona figlio di Nissim e Sutilculla figlia di Aydone Tera e Maymona una volta sposi. «Secundum mores et consuetudines Iudeorum dicte terre», la sposa riceve parte dei beni familiari a lei spettanti seu «iure nature quam successionis paterne et fraterne». A dotarla è il patrigno *vitricus* che promette per lei allo sposo tre letti «fornitos secundum condiciones dictorum sponsi et sponse» cioè una *cortina* «ut vulgariter dicitur diricto-versa» cioè *double face* diremmo oggi, dieci onze e «tenimentum unum domorum cum quadam apoteca», cotutrice della sposa è la nonna Mermuna di cui è anche erede. Nel contratto si fa riferimento ad una precedente scrittura ebraica, una *ketubbah* redatta dal notaio ebreo Salamone de Chirchena».[10]

[7] ASS, *Notai defunti*, notaio P. Verderame, vol. 11, c. 57, 12 Novembre IX Ind. 1458.

[8] *Ibid.*, notaio A. Giuffrida, vol. 9, c. 45*r*, 2 Aprile III Ind. 1454.

[9] AST, *Notai defunti*, notaio Cerami, vol. 8767, c. 14, 7 Gennaio XV Ind. 1466.

[10] *Ibid.*, notaio G. Miciletto, vol. 8587, c. 18, 17 Settembre XII Ind. 1433.

Stera figlia di Mulchaira vedova di Elia Levi di Trapani per il suo matrimonio con Trixano de David di Mazara, viene dotata dallo zio materno Azarono de Matafiono; la dote comprende tre letti *forniti* e tre onze, anche qui si rimanda per i dettagli alla *ketubbah* redatta in ebraico presso Salamone de Chirchena.[11]

I contratti dotali dei giudei appaiono simili da un punto di vista formale a quelli cristiani, sono diversi nei contenuti che variano da comunità a comunità seguendo le consuetudini locali in alcuni dettagli dell'assegnazione della dote e nel tipo di accordi tra dotante e dotatario. L'impegno, come abbiamo rilevato, veniva assunto dai genitori o altri parenti prossimi della sposa nei confronti dello sposo. Per il matrimonio tra Lucio Sammi di Trapani e Gaiusa figlia di Bisisa vedova di Brachono de Xalomo detto «lu musculiatu», la dote assegnata dalla madre è costituita dai tradizionali «lecta tria fornita» ma senza coperte come prevedeva la consuetudine dei giudei di Trapani che nel documento viene precisata: «pro ut intellegunt inter judeos lecta fornita sine cuperta». La *cortina* è descritta in questa e altri contratti nei particolari, «cortenam unam cum capitibus magno et parvo laborate de sete et cum listis quattuor de seta in capicio». La somma di denaro promessa era di undici onze cioè la quota ereditaria spettante dai beni comuni alla sposa. Bisisa s'impegna a consegnare al genero la dote e la figliola «ad dictum matrimonium carnaliter confirmandum» entro tre anni. La scadenza dei tre anni rispondeva ad una necessità non solo economica, in quanto la sposa non aveva più di nove o dieci anni e Lucio Sammi lo sposo consente formalmente che la bambina rimanga a casa dalla madre fino al raggiungimento dell'età «perfecta ex quo asseruerunt dictam sponsam esse minoris etatis».[12] Tra la stipula del contratto e la consumazione del matrimonio potevano passare diversi anni, infatti in atti di divisione di beni o altro, quando si precisa lo stato civile di eredi sposati, si precisa «contracto matrimonio et consumato».[13]

La data della consegna della fanciulla al marito e il completamento della dote erano spesso motivo di contestazione tra i contraenti. In casi come il precedente di bambine sposate o impegnate, i genitori avevano interesse a tenerle a casa il più possibile. Ad un genitore non adempiente poteva succedere che i Proti della comunità, garanti della legalità, in seguito a regolare denunzia dello sposo s'incaricassero di strappare la figlia ai genitori per consegnarla al ma-

[11] *Ibid.*, c. 69*v*, 8 Dicembre XIII Ind. 1434.
[12] AST, *Notai defunti*, notaio G. De Nuris, vol. 8568, c. 35, 13 Novembre III Ind. 1422.
[13] ASP, *Notai defunti*, notaio P. Goffredo, vol. 1076, 17 Giugno XII Ind. 1434.

rito. È quanto succede a Trapani; lo sfortunato padre è Benedetto de Chabrini che protesta contro Mardocheo Sammi e Iuda Xeba Proti della Giudecca i quali avevano preso la figliola per consegnarla al marito Iuda Nifusi che reclamava i suoi diritti, essendo scaduto il termine concordato nella promessa di matrimonio. Benedetto ribadisce invece che «tempus assignandi sponsam eidem sponso nondum advenit» e che sarebbe stato «utilius ac honestum» che la giovane sposa dovesse «stari et commorari» nella casa paterna.[14]

Il matrimonio tra ebrei di comunità diverse erano frequenti e i contratti venivano stipulati spesso nel paese dello sposo con un rappresentante della sposa. Ricca Balam di Sciacca vedova di Manuel, per stipulare il contratto del suo secondo matrimonio con David Cuyno di Trapani, nomina suo procuratore il fratello Salamone *lu Medicu* «dictum matrimonium firmandum et perficiendum».[15] Lo stesso fa Stera figlia di Natale e Lachayna Cavaili di Sciacca che alla stipula del contratto dotale per il matrimonio con Brachono de Faili di Trapani è rappresentata dal fratello Xamuele il quale s'impegna a consegnare il corredo e la metà di una casa.[16] Sempre a Sciacca è stipulato il contratto dotale per il matrimonio tra Luna figlia di Xalomo *lu mastru* e Merdoch di Augusta. Il padre della ragazza promette al genero tre onze e ventisette tari per una *cortina*, un materasso, un paio di lenzuola, «unum doblerium, unum guardanappa» quattro asciugamani, due «fustaini par unum yadiarum». A quanto pare si trattava di una parte della dote che, come si precisa, doveva essere *defalcata* dalla *chituba*.[17]

L'abitudine delle famiglie ebraiche di costituire alle figlie doti consistenti che corrispondeva alla quota ereditaria sul patrimonio paterno comportava un onere finanziario notevole e dunque l'impossibilità per i genitori di corrispondere ai mariti in una sola volta la dote promessa. Ecco perché i contraenti ritornavano più volte dal notaio per completare la dote rateata in più parti. Sabet *lu mastru* di Sciacca detto *lu Chichiro* non potendo pagare al genero i debiti dotali cioè, «lectos duos conducentes dicto sponso», gli dona «in integrum pagamentum et satisfacionem dictarum docium... unum palacioctum».[18] Due letti completi avevano pressappoco il valore di una casa «palachata».

Gaudiosa vedova di Sirone de Aron membro di questa famiglia di maggiorenti della comunità saccense, nel 1442 dota la figlia La-

[14] AST, *Notai defunti*, notaio G. Miciletto, vol. 8587, c. 105*v*, 5 Settembre XIV Ind. 1435.
[15] ASS, *Notai defunti*, notaio A. de Messana, vol. 20, c. 50*r*, 28 Novembre XV Ind. 1466.
[16] AST, *Notai defunti*, notaio G. Miciletto, vol. 8587, c. 173*r*, Aprile XIV Ind. 1435.
[17] ASS, *Notai defunti*, notaio P. Randazzo, vol. 27, c. 54*v*, 18 Dicembre VI Ind. 1487.
[18] *Ibid.*, cc. 82*v*-83, 27 Febbraio 1485.

chaina per il suo matrimonio con Leone de Anello di Agrigento. La dote comprende un certo numero di arnesi che nel contratto non vengono specificati perché trascritti nella *ketubbah*, una *cortina* del valore monetario di sei once e due tari. Col consenso dei figli David, Bracha, Iacob, cede inoltre al genero una casa terranea con cucina «sibi coniuncta» nel quartiere della *Muschita* «prope ipsam muschitam judeorum»; siccome la casa e la cucina valevano otto once il de Anello ne restituisce due.[19]

Le comunità dell'isola seguivano consuetudini matrimoniali o meglio dotali diverse per alcuni dettagli che pure erano motivo di discussione, di contrasti tra le famiglie e richiedevano lunghi e ripetuti incontri per arrivare ad un accordo definitivo sui tempi, modalità, quantità, luogo dell'assegnazione dei beni dotali. Un detto Talmudico dice: «Non c'è *ketubbah* senza liti» e gli ebrei siciliani non venivano meno a questa massima. La storia che i documenti raccontano, le descrizioni puntuali di oggetti, i colloqui o gli scontri che riusciamo ad immaginare dietro frasi in siciliano che sfuggono al controllo del freddo linguaggio notarile, dicono molto sulla psicologia dei personaggi e sul loro attaccamento alle tradizioni e agli oggetti familiari.

Lo sposo non si interessava solo dei beni immobili ma anche della qualità delle stoffe, dato l'alto valore delle sete e delle manifatture artigiane. Quando i dotanti s'impegnavano formalmente di fronte al notaio a corrispondere allo sposo un certo tipo di corredo si pretendeva che si precisassero colori, misure, tipo di lavorazione e valore monetario. Diamo come esempio un contratto stipulato a Caltabellotta nel 1468. Luna e David Dayna due commercianti della comunità s'incontrano una seconda volta con Joseph de Pulicii di Palermo marito della figlia Janna e con il padre di costui Muxa per ridefinire i dettagli del corredo. Il contratto matrimoniale era già stato stipulato a Palermo città della famiglia dello sposo secondo un costume confermato da altri documenti. I coniugi Dayna avevano promesso «cubilia tria nova fulcita in arnesio seu rauba et in pecunia numerata onze quindici et cortenam unam albam cum eius supra telo» del valore di dieci once col patto che se la *cortina* non fosse stata di gradimento dello sposo gli avrebbero dato le dieci once per acquistarne un'altra di seta. La consegna doveva avvenire per la festa della *murtilla judeorum*[20] come era stato convenuto nella *ketubbah*

[19] *Ibid.*, notaio G. Liotta, vol. 3, cc. 56*v*-57*rv*, 16 Marzo VII Ind. 1442.

[20] La festa della *murtilla* celebrata dai giudei nel mese di ottobre di ogni anno sembra essere una festa esclusivamente siciliana e molto nota ai giudei di tutta l'isola perché di essa v'è traccia in un altro documento proveniente da Trapani del 1457 dove si precisa che durante tale festa gli ebrei leggevano in sinagoga «lu principiu di la Bibia». Il documento notato dal Tras-

ebraica redatta da Benedetto de Gerachi (che conosciamo già come notaio della comunità di Palermo). Nonostante gli accordi, le parti s'incontrano una seconda volta dal notaio Verderame di Caltabellotta per modificarli. Luna madre della sposa col consenso di David promette di dare in dote «in arnesio seu rauba cubilia quattuor nova fulcita» completi di lana per i materassi «et travirseriorum eorum» secondo la tipica lavorazione della «terra» di Caltabellotta. In questa città esisteva infatti una produzione artigianale di tappeti che venivano tessuti dalle donne ebree e cristiane e davano vita ad un fiorente commercio interno ed estero. La stessa Luna era impegnata nella tessitura e nella vendita di coltri e materassi *purpurigni*, una varietà della zona. La data di consegna della dote era stata prorogata alla festa «Pasce azimorum judeorum anni futuri». Lo sposo dichiara di accettare la *cortina* bianca «cum eius supratelo» pretendendo che fosse stimata da comuni amici. Se il valore della *cortina* fosse stato inferiore alle dieci onze, i coniugi Dayna avrebbero dovuto compensarlo con altra *robba*. Corredo e sposa sarebbero stati consegnati a Palermo in occasione della prossima Pasqua. L'ultima assicurazione dei genitori della sposa viene simpaticamente espressa in siciliano: «ita promiserunt eidem sponso presenti et stipulanti predictam dotem factam pro dicta sponsa, ut dicitur di non chila canjari» (di non cambiarla). Una volta a Palermo, la dote sarebbe stata valutata secondo l'usanza della comunità; se la valutazione non avesse soddisfatto tutti, ognuna delle parti avrebbe avuto il diritto di scegliere un amico estimatore di fiducia. Fatto l'accordo la *ketubbah* sarebbe stata riscritta «secundum usum consuetudinem et morem judeorum dicte felicis urbis Panormi».[21] Non deve sorprendere la particolare attenzione dello sposo alla qualità e al tipo dei diversi capi del corredo, non solo per l'intrinseco valore pecuniario ma perché gli ebrei avevano, essendo tintori, tessitori, conciatori, una notevole familiarità con stoffe, coloranti, tipi di lavorazione. Quando i *lecta* erano nuovi veniva precisato, perché spesso si tramandavano di generazione in generazione come pure gioielli, vestiti preziosi, oggetti di rame e d'argento.[22]

selli è stato citato in *Sulla diffusione e sulla importanza della cultura e della lingua ebraica in Sicilia*, in «Bollettino Centro di Studi filologici e linguistici Siciliani», n. 15, Palermo 1986, pp. 377 sgg. Alcune feste di santi della tradizione cristiana dell'isola hanno assunto la denominazione di «festa di la murtilla», come quella di S. Giuseppe a Vita o quella della Madonna «di la murtilla» a Burgio e Villafranca. Non mancano inoltre tra gli atti notarili contratti di acquisto di notevoli quantità di mirto le cui foglie ricche di tannino venivano utilizzate per la concia delle pelli, un'arte che gli ebrei conoscevano bene e nella quale erano apprezzati.

[21] ASS, *Notai defunti*, notaio P. Verderame, vol. 16, cc. 198*v*-200, anno 1468-1469.

[22] S. D. Goitein, *Mediterranean Society*, cit., p. 139. La precisazione si ripete in tutti i contratti matrimoniali dai tempi della *Genizzah* fino al Quattrocento.

Data la solennità con cui veniva registrata la *ketubbah* il giorno del matrimonio, difficilmente i familiari potevano permettersi di disattendere le consuetudini locali o esimersi dall'assegnare ufficialmente agli sposi i canonici *lectos* e le somme di denaro. Un caso singolare si verifica a Sciacca nel 1486. Xilomo lu Mastru vedovo sposa Gaudiosa vedova di Joseph de Manueli, combinano il matrimonio dei rispettivi figli Joseph e Luna e s'impegnano per una dote di «lectos duos secundum observanciam judeorum terre Sacce» e dieci once registrate nella *ketubbah*. Dopo qualche giorno i due vedovi s'impegnano di fronte al notaio cristiano a consegnare agli sposi «lectum unum tantum» e col loro consenso precisano «quod confissio facienda in dicta chitubà solucionis et assignacionis integre quantitatis docium erit *ficticia et simulata*...».[23] Le dieci once sarebbero state ripartite in due rate pagabili in tre anni. Xilomo promette di «alimentare dictos sponsum et sponsam per annos quattuor» con la condizione che il figlio sarebbe rimasto ad aiutarlo «in eius apoteca». Tali matrimoni incrociati avevano lo scopo di salvaguardare i patrimoni delle famiglie e di evitarne la frammentazione. Data la stretta parentela e la fusione dei beni era sembrata superflua l'assegnazione dei tradizionali due letti agli sposi che comunque per un fatto formale di rispetto della tradizione locale andava registrata nella *ketubbah*.

Una delle clausole più diffuse dei contratti prevedeva che in caso di morte della donna, la dote tornasse ai suoi parenti, naturalmente sorgevano vertenze e controversie in cui si distinguono particolarmente le ricche vedove. Dopo tre anni dal matrimonio fra Salajomo Bambali di Palermo e Stella figlia di Sutilayali vedova di Musuto Garieni *barbaroso* di Sciacca, sorge una controversia tra suocera e genero. Un'*apodixa* rilasciata dal notaio Gaudio de Bulfarachio attestava che la dote consisteva di due letti, un mulo del valore di tre onze che sarebbero stati restituiti alla madre della sposa in caso di morte o di matrimonio sterile. Alla morte di Stella, Sutilayali incarica il fratello Vito Garieni (si tratta evidentemente di un matrimonio endogamico) di recuperare il mulo o le tre once com'era stato concordato nell'*apodixa* in ebraico. Se si fosse iniziato un processo, gl'interessati avrebbero prodotto testimoni «et alias probaciones faciendi et sentenciam audiendi unum vel plures procuratores loco sui substituendi et de recepto apochas faciendi contractus quascumque».[24]

23 ASS, *Notai defunti*, notaio P. Randazzo, c. 50*v*, 11 Gennaio 1486.
24 *Ibid.*, notaio A. Giuffrida, vol. 9, cc. 28*v*-29, 21 Novembre VI Ind. 1437.

Quando nel contratto non si specificava per accordo tra le parti che i beni dotali dovessero ritornare alla famiglia della moglie in caso di matrimonio senza prole, la dote veniva divisa tra il marito e i parenti della donna. A Palermo Riccuna figlia di Manuele Farachi e moglie di Chaymi Silem muore senza figli e secondo la consuetudine la sua *chituba* viene divisa tra il padre e il marito.[25]

Nella maggior parte delle *ketubbot* del periodo della *Genizzah* era invece inserita la clausola che solo la metà del corredo sarebbe ritornata alla famiglia. Prima con la legge Babilonese-Iraqiana e poi tra i Karaiti finì per prevalere la regola della restituzione dell'intero corredo della donna premorta al marito senza figli, ai suoi parenti.[26]

Una volta ricevuta la dote la ragazza veniva esclusa dall'asse ereditario. Ianna di Caltabellotta figlia di Rayamino de Saragusa alla morte di costui riceve in eredità come dote «cubilia tria nova dotalia et cortenam unam pretii unciarum quinque et in pecunia numerata uncias quinque». Il valore complessivo della dote è di dieci once e per completarla il testatore-padre aggiunge due giumente e un mulo, mezzi di trasporto preziosi. Il documento è raro perché il testatore oltre al solito cafiso d'olio lascia un altro legato per la *muschita* della comunità, «vestimentum unum de villuto pro Thorà seu Theura», ma soprattutto perché i testimoni sono tutti ebrei e firmano in giudeo-arabo. Il notaio annota in casi del genere i nomi tradotti che sono in ordine: Xibiteni Patuano, magister Sadia Faccos, Brayono de Bulfarachio, Xangueli Summatu, Sabatino de Graciano, Xangueli Cummissu.[27]

Joseph de Cafisi di Caltabellotta raccomanda nel suo testamento ai figli maschi eredi, Muxa Xibiteni e Sadia di sposare la sorella Lisa e di assegnarle in dote «cubilia duo nova fulcita» e due onze. A Ricca figlia della prima moglie Nesa assegna due onze e un letto appartenuto ad un'altra sorella morta.[28] Alla morte del marito la donna recuperava la sua dote: Regina vedova di Muxa de Benedicto e sua seconda moglie, riceve dal marito «integram raubam» e un «carratello di vino» se fosse rimasta a Caltabellotta invece di trasferirsi a Palermo sua città natale.[29] Agnese seconda moglie di Covino de Galiono di Sciacca riceve per disposizione del marito «omnia vestimenta sua» e tre once.[30] Sita moglie di Farachio de Lazaro per di-

[25] ASP, *Notai defunti*, notaio A. Aprea, vol. 798, c. 27, IV Ind. anno 1425-1426.

[26] S. D. Goitein, *Mediterranean Society*, cit., vol. III, p. 143.

[27] ASS, *Notai defunti*, notaio P. Verderame, vol. 14, cc. 39*rv*-40, XIII Ind. anno 1464-1465.

[28] *Ibid.*, cc. 91*v*-92, VII Ind. anno 1473-1474.

[29] *Ibid.*, cc. 19*v*-21*rv*.

[30] ASP, *Notai defunti*, notaio F. Giuffrida, vol. 1380, cc. 167*v*-168*rv*, 30 Gennaio XIII Ind. 1479.

sposizione testamentaria del marito dovrà riprendersi il corredo cioè le tele e i lenzuoli da lei stessa ricamati.[31] I debiti per dote avevano la precedenza sugli altri. Charufa vedova di Ioseph Habudaram di Palermo «tamquam creditrix pro eius dotibus sive chituba», sollevò «excepcionem... in curia felicis urbis Panormi» perché era creditrice di venti onze, e poté rivalersi nei confronti dei beni di una certa Caterina vedova di Artale de Anselmo a sua volta creditrice dello Habudaram. Le due donne «ad infrascriptam concordiam, convencionem, transacionem devenerunt», e Caterina dovette dichiararsi debitrice della ebrea per diciotto onze che sarebbero state date «per cathaminum videlicet quolibet anno uncias quattuor et taremos XV ab hodie in antea numerando».[32]

Anche Ricca vedova di Manuel Sinena fatto l'inventario dei beni del marito «in presencia honorabilis Petri de Amore iudicis ydiote curie preture felicis urbis Panormi, pro tribunali sedentis...» dichiara «se creditricem fore dicte hereditatis in eius dotibus sive chituba», di avere rinvenuto i beni che le spettavano, e precisa di avere la precedenza su altri eventuali creditori.[33]

Notizie indirette sulle doti si trovano nei testamenti. I genitori si preoccupavano di assicurare alle figlie femmine una dote fin dalla fanciullezza per cui le bambine orfane difficilmente si trovavano esposte alla miseria o all'abbandono completo. Tutelare la donna economicamente era obbligo morale particolarmente avvertito dalle famiglie. Bambine orfane di uno dei genitori sono indicate nei testamenti del genitore superstite come eredi universali e preferite ai figli più grandi sia maschi che femmine. Betsena de Chandarello «puella impubere» di Sciacca è erede universale del padre Xamuel per disposizione testamentaria, tutti i beni «mobili e stabili» ereditati sarebbero serviti per il suo matrimonio e se non avesse avuto figli, i beni inalienabili sarebbero andati alla *muschita* della città.[34] I Chandarello ricca e potente famiglia della comunità saccense, i cui membri furono *maggiorenti* e giudici spirituali, in conflitto con il clan dei Sagictuni-Minachem banchieri e rabbini, per evitare la dispersione dei patrimoni dotali praticavano i matrimoni endogamici come altre famiglie dell'isola. Xanguel e Busacca de Chandarello sono infatti figli di Sadoc e Sagia, Xibiten figlio di Busacca sposa la cugina figlia di Xanguel di cui egli è nipote e genero come viene specificato in un documento.[35]

[31] ASS, *Notai defunti*, notaio A. Giuffrida, vol. 9, cc. 91*v*-92.
[32] ASP, *Notai defunti*, notaio G. Randisi, vol. 1151, cc. 119*v*-120*rv*, Aprile IV Ind. 1461.
[33] *Ibid.*, c. 131*r*, 4 Aprile 1461.
[34] ASS, *Notai defunti*, notaio A. Giuffrida, vol. 9, c. 158*rv*, 20 Giugno VI Ind. 1457.
[35] *Ibid.*, notaio G. Liotta, vol. 3, c. 45*r*, anno 1442.

Quando i futuri coniugi redigevano con atto pubblico la promessa di matrimonio, stabilivano la data delle nozze, le clausole sulla destinazione della dote e sceglievano il regime patrimoniale. La legislazione consuetudinaria siciliana medioevale contemplava il regime «secundum morem latinorum» e quello «secundum morem grecorum» o alla «grichisca», l'uno a comunione dei beni, l'altro a regime dotale.[36] Anche gli ebrei pur avendo le loro norme si adattarono alle consuetudini locali scegliendo uno o l'altro dei due regimi. La scelta specificata solo in pochi contratti dotali, si desume dai testamenti da vertenze per divisioni di beni o arbitrati. In un contratto dotale del 1473 è citata la consuetudine «quod natis filiis bona confunduntur et tripartiuntur quorum bonorum una tertia debetur patri, altera matri et reliqua filio vel filiis». Gli sposi sono Elia Tavormina e Gracia Abbati che insieme alla madre Lachaina dotante promette in dote al marito la parte di eredità ricevuta alla morte del padre: due letti «more judeorum», cinque onze, il prezzo cioè di una *cortina* «more judeorum extimata», una casa «solerata cum quadam apoteca» di cui lo sposo prende simbolicamente possesso «pertactum penne... notarii loco corporalis possessionis» secondo l'uso del tempo. Nei contratti dove il regime patrimoniale non è specificato, si deduce dal contesto o dalle clausole. Ad esempio, dove si conviene che i beni della sposa in caso di morte o di matrimonio senza prole tornino alla sua famiglia è evidente che il regime scelto è a separazione dei beni.[37]

Simecha e Joseph Binne di Termini avendo scelto al momento del matrimonio il regime alla latina, mettono insieme i loro beni. Alla morte di Simecha, per la divisione dell'eredità sorge «aliquam discordiam seu controversiam» tra i membri della famiglia Binne e i figli del primo matrimonio della donna, che si risolverà con l'arbitrato del famoso medico ebreo di Palermo Moisi Chetibi. L'atto di divisione contiene preziose informazioni sulle conseguenze, in materia di diritto successorio, che derivavano dal regime alla latina. Anche in questo caso è specificata la consuetudine vigente in tutta la Sicilia «quod constante matrimonio... vel natis filiis omnia bona confunduntur et unum corpus efficiuntur quorum bonorum una tercia debetur patri altera matri reliqua vero filio vel filiis».[38] Alla morte di uno dei coniugi se si trattava di successione intestata, il superstite aveva diritto ad un terzo, i figli a due terzi. Tale consuetudine rimase

[36] C. A. Garufi, *Ricerche sugli usi nuziali del Medioevo in Sicilia*, cit., p. 27.
[37] ASS, *Notai defunti*, notaio A. Liotta, vol. 25, c. 33, 25 Ottobre 1473.
[38] ASTI, *Notai defunti*, notaio G. Bonafede, vol 12833, 3ª Unità, 10 Dicembre I Ind. 1431.

in vigore nelle città siciliane per tutto il Medioevo.[39] Il regime patrimoniale alla latina non si accordava con le consuetudini ebraiche né con lo spirito della *ketubbah*, il contratto matrimoniale comprendeva oltre l'indicazione della dote tutta una serie di clausole tendenti a garantire alla donna l'indipendenza economica per compensare la sua inferiorità sociale, consentendole di gestire in modo autonomo i beni specificati nel contratto che i familiari assegnavano alle spose secondo le possibilità. Tali beni erano separati dal resto del patrimonio familiare e restituibili alle donne in caso di divorzio o di morte del marito. Il matrimonio «ad morem grecorum» cioè a regime dotale sembra invece compatibile con le consuetudini ebraiche. Xanono de Bracha, ricco commerciante di Termini, che aveva contratto matrimonio alla greca con Contissa «judea sua carissima uxore», nel testamento le restituisce la dote, un'onza d'oro a lei promessa «in dotario» e «pro jure recognicionis et serviciorum», «clamidem, gunnulinum unum usitatum ipsius testataris, item tangirum unum novum eris, item carratellum unum quasi dimidium plenum vini, item saccum unum cubilis et dimidiam carpetam».[40] Vita Agarien di Sciacca nel suo testamento nomina erede universale Iacob figlio suo e di Perina; se questi fosse morto «in pupillari etate» e più tardi, «sine liberis de suo corpore», l'eredità sarebbe andata a suo fratello Acha, e la terza parte dei beni spettante al ragazzo «jure consuetudinis terre Sacce de bonis communibus inter eundem testatorem et dictam Perinam et dictum pupillum» sarebbe stata divisa tra Perina e il cognato.[41] Non si riesce a comprendere cosa spingesse gli ebrei a scegliere il regime a comunione dei beni piuttosto che quello alla *grichisca* che consentiva alla donna un potere contrattuale maggiore. È probabile che il bisogno di adeguarsi a questa come ad altre consuetudini cristiane fosse prevalso su altre considerazioni, tanto più che il divorzio, in seguito al quale la donna avrebbe dovuto mantenersi con la sua dote, non era più nel Quattrocento un fenomeno così generalizzato da richiedere in via preventiva alla donna la scelta del regime dotale. È possibile che la scelta del regime patrimoniale rispondesse invece a ragioni di opportunità o d'interesse economico risultando conveniente alla coppia in caso di notevole disparità tra i patrimoni la scelta della separazione o

[39] C. A. Garufi, *Ricerche sugli usi nuziali...*, cit., p. 94. Lo studioso riporta documenti relativi al XIII e XIV secolo, ma numerosi atti notarili del XV secolo confermano che la consuetudine era osservata in tutta l'isola.

[40] ASTI, *Notai defunti*, notaio G. Bonafede, vol. 12829, 1ª Unità, 9 Novembre V Ind. 1411-1412.

[41] ASS, *Notai defunti*, notaio A. de Messana, vol. 20, cc. 85*rv*-86*r*, 24 Marzo 1467.

della comunione dei beni. La vicenda di Ester e di Moise de Namahan di Sciacca, chiarisce alcuni aspetti della questione. David Namahan prima di morire aveva stipulato dal notaio ebreo un atto di donazione al nipote Moise di tutti i suoi beni; dopo la sua morte Ester sua vedova inizia un procedimento di nullità della donazione perché secondo la consuetudine dei cristiani i beni dei coniugi erano in comune. Il giudice ebreo «non judicando secundum legem et morem Iudeorum» dichiara nulla con sentenza la donazione ed Ester si riprende i beni che lascia in eredità ai suoi parenti. Morta Ester, Moise in forza di una lettera viceregia nella quale si specificava che la consuetudine della comunione dei beni tra coniugi non era valida per i giudei ma per i cristiani, ritornò in possesso dei beni dello zio. La vicenda è illuminante sia per quanto riguarda gli aspetti giuridici della questione sia perché chiarisce meglio la mentalità collettiva e l'atteggiamento degli ebrei nei confronti delle regole della società cristiana. Sembra quasi che i giudici ebrei tendessero a conformarsi alla normativa cristiana abbandonando in certi casi quella ebraica mentre le autorità cristiane, quando non entravano in gioco interessi pubblici, richiamassero le autorità comunitarie all'osservanza delle norme ebraiche. In un mondo in cui la certezza del diritto era di là da venire, le situazioni si complicavano per gli ebrei che tuttavia riuscivano, in condizioni giuridiche apparentemente confuse, a trarre le leggi dalla loro parte secondo le opportunità. La materia di diritto successorio era comunque controversa e affidata alla discrezionalità dei giudici ebrei. Ester come altre donne siciliane dell'isola è attaccata al patrimonio familiare, tende a disporne autonomamente privilegiando la sua famiglia e per questo si appella alle norme cristiane più convenienti in quel momento.[42] Gli equivoci comunque sorgevano quando la scelta del regime patrimoniale non veniva preventivamente fatta. Abbiamo iniziato questo capitolo sottolineando che le doti sono le vere protagoniste di vicende intricate, di complessi intrecci che potrebbero costituire ricca materia per storie romanzate e saghe familiari. Primi attori sono i vedovi che risposandosi coinvolgono nelle loro scelte, con una buona dose di calcolo opportunistico, ma forse per un protezionismo tipicamente ebraico, i loro figli bambini o adolescenti. Gaudiosa de Bulfarachio di Sciacca e Machalufo Minix di Cammarata, entrambi

[42] G. e B. Lagumina, *Codice Diplomatico...*, cit., I, p. 557. Il documento scritto in un siciliano concreto ed efficace precisa che la donna adduceva come motivazione «la dicta donationi non diviri né putiri haviri locu... quia consumato matrimonio per coppulam carnalem omnia bona viri et uxoris confunduntur».

vedovi, si sposano scegliendo il regime a comunione dei beni; la donna assegna al secondo marito i beni ereditati dal primo «omnia eius bona ubicumque apparencia et existencia». A sua volta Luna de Sabatinello figlia di Gaudiosa viene promessa a Busacca Minixi figlio di Machalufo e riceve in dote «lectos duos» e due onze ereditati sui beni del padre; sposa e dote sarebbero stati consegnati entro sei anni perché evidentemente Luna era ancora una bambina. Elia de Sabatinello altro figlio di Gaudiosa s'impegna invece a sposare Perna «pulcella» altra figlia di Machalufo il quale promette a Gaudiosa «stipulanti pro dicto Elia filio suo... lectos duos in rauba et uncias duas...» anche questi da consegnare entro sei anni. Elia avrebbe ricevuto dalla madre «omnia bona contingentia... ex successione paterna... facto inventario». Beni di egual valore «equivalentia» avrebbe dato Machalufo a Busacca al momento delle nozze con Luna. Inoltre il vedovo di Cammarata «submictens» alla pena della scomunica, accetta di vivere a Sciacca con i due figli e di non «recedere pro habitando ad alium locum sive terram». Dopo nove mesi Amuroso Minixi procuratore del fratello Machalufo, si reca a Sciacca per ulteriori accordi con la cognata Gaudiosa; vengono confermate le rispettive doti messe in comune e precisate alcune clausole consuetudinarie saccensi: «idest si quis ipsorum premoriatur alteri supervivens habeat partem bonorum secundum consuetudinem terre Sacce». Se i figli di Gaudiosa avessero rifiutato di sposare i figli di Machalufo «quod teneantur ad alimenta dicto Machalufo qua idem Machalufus eis prestiterit», nel caso in cui «matrimonia ipsa» fossero andati «ad effectum» o i figli di Machalufo fossero venuti meno alla promessa di matrimonio, e in caso di morte di uno dei figli di Gaudiosa, Machalufo non avrebbe avuto «nulla alimenta».[43]

[43] ASS, *Notai defunti*, notaio G. Liotta, vol. 23, cc. 36v-37, 22 Ottobre 1486.

La «nedunyah», la seta e i «lectos fornitos»

La parte più interessante della *ketubbah* è la *nedunyah*, l'inventario dotale, allegato al documento e rilasciato alla sposa dal notaio della Giudecca. La lingua usata in Sicilia per la trascrizione della *nedunyah* era il giudeo-arabo, ricco di vocaboli siciliani arabizzati che indicavano in modo più efficace gli oggetti comuni della civiltà materiale. Tra gli atti dei notai consultati non abbiamo rinvenuto inventari di questo tipo, che venivano depositati negli archivi delle comunità per essere utilizzati nel corso di cause civili. Né i contratti dotali notarili contengono elenchi di oggetti, ma solo l'indicazione dei beni immobili, il numero dei letti completi e accenni generici ad *arnesia et raubas*.

La *ketubbah* tradizionale in aramaico restò nei secoli un fatto rituale e religioso importante, un ossequio alla tradizione, la *nedunyah* subì invece adattamenti a luoghi e circostanze.

«La *ketubbah*» scrive Goitein «the husband's obligation was religious law, the nedunyah... was a matter of pratical wisdom and local custom».[1]

La *nedunyah* aramaico-ebraica comunque corrispondeva agli inventari dotali, cioè all'elenco delle varie voci del corredo della sposa siciliana che è sempre stato indicato col termine generico di *robba*. Secondo una consuetudine secolare il corredo veniva esposto in una stanza, stimato da donne esperte che di ogni voce registravano il valore in moneta alla presenza dello sposo che, se soddisfatto, esprimeva il suo consenso. L'uso del *mohar* gradualmente scomparve, per la rarità del divorzio, «conditio sine qua non» perché il dono matrimoniale venisse consegnato alla moglie dal marito. Il contratto dotale faceva fede come quello cristiano dell'impegno che la famiglia della sposa si assumeva nei confronti del marito; l'inventario dotale con l'elenco dettagliato dei gioielli d'oro e d'argento, di oggetti di

[1] S. D. Goitein, *Mediterranean Society*..., cit., III, p. 123. Lo storico precisa che il trattato della *ketubbah* occupa una delle parti più estese del *Talmud* mentre non esiste una regolamentazione per la *nedunyah* che, nel periodo della *Genizzah*, pur essendo ancora molto influenzata dalla antica legge, rifletteva il variare di situazioni e derivava da accordi tra le parti e da consuetudini locali.

toilette, vestiti e biancheria, coppe d'argento, utensili per cucina, servizi da tavola e di piatti, rimaneva nelle mani della sposa o dei suoi genitori. Essendo fonte di obbligazioni, le scritture matrimoniali erano giuridicamente valide anche per le autorità cristiane che, in occasione di vertenze per restituzioni di dote o altri processi, potevano chiederne la traduzione dallo ebraico in latino o in siciliano ai notai ebrei notoriamente colti ed esperti nelle lingue. Sono perciò eccezionali nei registri dei notai cristiani i contratti seguiti da inventari. Uno di questi in *filcza* è presente tra le pagine di un contratto dotale di ebrei di Palermo pubblicati da H. Bresc e S. D. Goitein.[2] Gli autori non mancano di notare «une similitude profonde de la vie materielle» tra ebrei e cristiani confrontando l'inventario ebraico con un altro cristiano. Tale somiglianza contrasta con la specificità culturale e linguistica testimoniata dall'uso dell'originale linguaggio giudeo-arabo che è oggetto di studio di esperti ebraisti[3].

Due altri inventari dotali di Palermo tradotti dal notaio ebreo Benedetto di Gerachi in latino, sono stati trovati tra i fascicoli processuali della Corte Pretoriana e affidati allo studio dell'ebraista B. Rocco che ne sta curando l'analisi linguistica.[4] Si tratta di copie di due inventari dotali, prodotti come prove in un processo civile, tradotti da uno dei notai della Giudecca e comparati per la soluzione della vertenza. Le doti messe a confronto da «Benedetto di Geraci notaru di la Judeca felicis urbis Panormi» sono quella assegnata da Jacob Susi ad Achina Balbu sposo della figlia Channa e quella che Busacca de Minixi aveva assegnato a Manueli Rabi Iacob marito della figlia Ricca, a cui aveva fatto riferimento come valore monetario il Susi quando nel contratto matrimoniale assunse l'impegno di assegnare al genero la dote. Dal confronto risulta che la dote di Channa quantitativamente e qualitativamente era inferiore a quella di Ricca e in un terzo documento sono elencati i beni mancanti nell'inventario di Channa.[5] Questi due inventari insieme a quello pubblicato dal Bresc, sono gli unici in giudeo-arabo che si conoscano fi-

[2] H. Bresc-S. D. Goitein, *Un inventaire dotal de Juifs siciliens* (1497), cit., pp. 904 sgg.

[3] *Ibidem.*

[4] La Corte Pretoriana era un tribunale di prima istanza, che giudicava in materia di diritto civile, al quale gli ebrei si rivolgevano quando non riuscivano a risolvere i conflitti di interesse attraverso la «curia» della Comunità. Tra i fascicoli processuali del fondo della Corte, all'Archivio di Stato di Palermo, sono stati anche recuperati fogli con annotazioni in caratteri ebraici prodotti in occasione di queste vertenze, pubblicati da B. Rocco-A. Giuffrida, *Documenti Giudeo Arabi nel sec. XV a Palermo*, citata.

[5] Ho avuto la possibilità di prendere visione di questi rari documenti per la gentilezza di Monsignor B. Rocco che ne sta curando l'aspetto linguistico. Non si conosce la data dei due inventari che sono comunque da riferire al XV secolo.

no a questo momento. La loro importanza sta non tanto nella differenza materiale tra oggetti del corredo e beni della *nedunyah* ebraica rispetto alla dote delle donne cristiane, quanto nel rilievo che a quest'ultima attribuiva l'ebrea, come simbolo culturale della sua autonomia, e strumento per rivendicarla, autotutelandosi economicamente, anche nei confronti della nuova famiglia. Nell'inventario di Ricca sono indicati capi di vestiario di seta damascata o intessuta d'oro e argento, ornamenti per i capelli, sciarpe di seta con ornamenti d'oro e argento, biancheria, diademi d'argento dorato, materassi, lenzuoli, cortine, coperte lavorate a strisce con seta e oro, servizi da tavola, piatti di rame, boccali, contenitori vari, candelieri. Il valore totale è indicato in tari duemiladuecentocinquanta. L'inventario dotale di Channa contiene capi di biancheria anche intima, capi di corredo e alcuni oggetti, ma manca dei capi di vestiario più preziosi che arricchivano la dote di Ricca. Alla fine è indicato il valore in once ottanta e si precisa che il documento è una copia dell'originale registrato *in la cutubba* dal notaio Busacca Maltisi e custodita nell'archivio comunitario. La contestazione e la richiesta di comparazione deve essere sorta perché la dote di Channa era stata valutata ottanta once mentre quella di Ricca più lussuosa e con oggetti preziosi, solo duemiladuecentocinquanta tari corrispondenti a settantacinque once. I documenti della *Genizzah* attestano che si usava registrare nella *ketubbah*, non il valore reale della dote ma il doppio per ragioni di prestigio familiare: «A ketubbà written at Saladin's time (1190)», scrive Goitein, «contains this note: the oufit can be reclaimed only at half the evaluation listed».[6] Questo comportava che in caso di contestazione si dovesse verificarne il valore reale.

Le informazioni più interessanti di questi inventari dotali sono quelle sull'abbigliamento delle donne, sui gioielli, il tipo di stoffa usata per i diversi indumenti e persino i punti dei preziosi ricami di lenzuoli e coperte di cui daremo notizie più dettagliate. La valutazione del corredo veniva fatta da gente esperta prima delle nozze e mostrata agli invitati. Fino agli anni cinquanta-sessanta, nei paesi dell'interno dell'isola, era viva nel popolo la tradizionale festa precedente le nozze durante la quale si metteva *la robba sposta*. Gl'inventari dotali erano più o meno fastosi ma contenevano tutti, secondo una successione tradizionale gioielli, vestiti, letti completi di cortina, oggetti e utensili da cucina in rame o in metallo.

Informazioni indirette provengono da testamenti, restituzioni di doti, recupero di beni ereditari. Nei testamenti le madri ebree la-

[6] S. D. Goitein, *Mediterranean Society*..., cit., p. 127.

sciano alle figlie o alle nipoti i loro gioielli, gli oggetti personali, vestiti e ornamenti che erano di materiale molto resistente. Le donne che non avevano figlie, dovendo lasciare in eredità indumenti e oggetti del dotario che si tramandavano per generazioni, privilegiavano le sorelle e le nipoti, scarsa attenzione è riservata alle nuore, molta alle nipoti figlie dei figli o delle figlie.

I corredi delle spose alimentavano tra l'isola e i paesi del Maghreb un fiorente commercio che, concentrato in città come Mazara e più tardi Trapani raggiunse la sua massima espansione negli anni della *Genizzah* fino al XIV secolo. Siracusa e Demone erano invece famose per la produzione dei tappeti e per la seta di qualità pregiata esportata in tutti i paesi mediterranei e usata anche come moneta, mentre una varietà più corrente chiamata *làsin* serviva per tutta una serie di manifatture.[7] Per una sposa ebrea, avere un corredo dignitoso, significava poter enumerare una serie di capi di biancheria di seta nuovi o usati. La seta vero e proprio *status symbol*, era usata per le più originali creazioni di veli, vestiti, sciarpe, lenzuoli, cortine, raffinate applicazioni su tessuto di lino, pregiati intrecci con filo d'oro e di argento. «La soie, lux democratisé», scrive Bresc, «dès l'epoque arabo-normande represente l'essentiel de la parure nuptiale, elle apparaît dans tous les inventaires dotaux».[8] Per questo in periodi di minore produzione e di crisi del settore rimase un punto d'onore per le famiglie poter disporre di indumenti o di biancheria di seta nei corredi, anche a costo di forti indebitamenti; nel XV secolo indebitarsi per i corredi delle figlie era condizione ordinaria. La difficoltà stava nel reperimento e nel costo della materia prima più che nella manifattura in cui erano esperti uomini e donne. A Palermo come a Messina nel Trecento erano famosi i *rindellari* e *sitaroli* ebrei che filavano tessevano e confezionavano veli e tessuti di seta; altrove come a Sciacca o ad Erice gli ebrei avevano il monopolio della confezione di preziosi ricami di seta e oro e di *cortine* di letto con il baldacchino.[9] Di seta e ricami con pizzi erano i lenzuoli come quel «par linteaminum sete glande ad quattuor teles cum riticellis in medio a

[7] S. D. Goitein, *Sicily and Southern Italy in the Cairo Gheniza documents*..., cit., pp. 9-33. «Sicily and Southern Italy together with Tunisia were the Manchester and Lancaster of the High Middle Ages», dice Goitein e aggiunge: «This is evident not only from the lists of trousseau of Jewish brides in Egipt and other countries».

[8] H. Bresc, *Un Monde Mediterraéen*..., cit., p. 198.

[9] *Ibid.*, pp. 200-202. Persino la moglie di un rabbino palermitano chiedeva ad un giudeo di Catanzaro di insegnarle «artem texendi bellutum plenum cum pilo et inbrucatum de auro et inbelluctatum». Il documento citato dal Bresc si trova in ASP, *Notai defunti*, notaio Aprea, 836, 26 Aprile 1432.

lu gruppu di Santu Franciscu cum frinzis ad buctuncellis».[10] La descrizione dettagliata nei documenti delle applicazioni di pizzi e dei punti usati darebbe ampia materia di discussione agli esperti di ricamo. Una *cortina* è descritta con le misure: «longitudinis cannarum viginti quattuor et latitudinis cannarum duarum»;[11] un'altra tipica del trapanese «cum capitibus magno et parvo laborate de seta cum listis quattuor de seta in capicio», valutata quattro onze.[12]

La fantasia degli artigiani ebrei si sbizzarriva nella creazione di sontuosi baldacchini con sete bicolori «ut vulgariter dicitur diricto-versa», di *cortine* bianche «et in la fagata ritigelli et lazi di sita virdi cum buthum di horu», o *cortine* di pizzo. Le *cortine* potevano essere di tela «cum eius fachata de serico sine suprachelo» o «supratelo» e «cum eius supratelo», cioè, se non intendiamo male con l'impalcatura e la copertura in alto o con la parte superiore scoperta, cioè senza baldacchino.[13]

L'industria tessile siciliana comprendeva, cappelli, tappeti per usi vari, cuscini, mantelli da donna, copriletti di cotone o di broccato di seta. Le donne contribuivano ad alimentare un artigianato di lusso; splendidi tessuti a strisce di seta e lino importato dallo Egitto, venivano intrecciati con fili d'oro e argento e utilizzati per vestiti e biancheria per la casa.[14]

Nonostante la graduale crisi del settore tessile siciliano a partire dal XIII secolo, la tradizione del letto completo di seta nei corredi delle spose ebree, rimase viva per tutto il Medioevo, grazie ad una sorprendente ripresa nel Quattrocento dell'arte delle seterie.[15] Nell'isola si lavorava anche cotone di ottima qualità usato per le stoffe dei materassi tessuti da esperte *charere* (tessitrici), colorati da tintori ebrei, e per le calde *cuttunine* imbottite di cotone e trapunte.

I *materacia* e i *travirseri* (guanciali) erano distinti secondo la provenienza: *siracusani* o *ad gectum siracusanum*, *purpurigni* (forse dal tipo di lavorazione e colorazione) di Sciacca e Caltabellotta,[16] *mar-*

10 ASP, *Notai defunti*, notaio sconosciuto spezzone 282, c. 62, 1456.

11 AST, *Notai defunti*, notaio G. Miciletto, vol. 8587, c. 88, 21 Marzo Ind. 1434.

12 *Ibid.*, notaio G. De Nuris, vol. 8567, c. 130, 4 Settembre 1422 e vol. 8568, c. 35, 13 Novembre III Ind. 1425.

13 ASP, *Notai defunti*, notaio Giacomo Randisi, vol. 1151, cc. 126-129, 4 Aprile 1461; ASS, *Notai defunti*, notaio P. Verderame, vol 16, cc. 198*v*-200*r*, 1468-1469.

14 S. D. Goitein, *Sicily and Southern Italy*..., cit.

15 H. Bresc, *Un Monde Mediterranéen*..., cit., p. 196.

16 Non è chiaro perché i materassi di Sciacca si chiamassero *de purpurigno*; non pare che il termine si possa riferire solo al colore perché in un documento si parla di *materacia tres, duo ut dicitur purpurigno, aliud maltisi*; deve essere stato un particolare tipo di lavorazione oltre che di colorazione. ASS, *Notai defunti* di Caltabellotta, notaio P. Verderame, vol. 11, Dicembre VII Ind. 1459.

salesi o *a lu gectu di Marsala*, *maltesi* o *ad lavuri mautisi*. A Caltabellotta *materassi, cutre*, e *cortine* erano lavorate in gran quantità e vendute a Palermo e in tutta l'isola.[17] Le *cutre* erano bianche, ricamate a *butungella* o ad *luppinellos plenos*, ad *rosis de culoris* o di seta colorata.[18] Nella *nedunyah* di Ricca de Minixi sono indicate: *coperta tuta di sita jalna listata cum listi XXVI di horu, autra listata cum listi VIII di sita, cuxxini sfilati intorniati cum ritigelli cum chummi di sita, cuscinu sfilatu cum frinza di sita zarca di naca*. Vi sono dettagliatamente descritte tovaglie da tavola bianche, a righe o di seta, per le mani e i piedi, e asciugatoi vari: *tobaglia de confitari, infuglictata contrataglu, tobaglia de spichali, di sita contra taglu cum frinzi di sita, tobaglia de muentillo per cerimonii*, asciugamani per il corpo e *tobaglia di pedi, tobaglia di livatu*.[19] I cuscini lavorati a *filet* e ricamati *cum rosecti di sita intornu* sono numerosi; la seta è onnipresente come tessuto principale o predominante, come ricamo o applicazione a frangia. Persino le coltri per i lettini dei bambini erano di seta come la *cultricellam de serico rubeo pro pueris*, o *cultricellam unam parvulam de serico ialino et rubeo ad opus puerorum*, di un lungo inventario di ebrei di Palermo.[20] Il termine *tobalia* indicava la biancheria per diversi usi: *tobalias de facie, de collo, de pedi, de percha, de tabola, de mensa* e persino *tobalias de serico pro muro, de spichali, de cannistro*. A Trapani troviamo coltri bianche ricamate *ut vulgariter dicitur a lavuri plenu*, a Sciacca lavorate *ad lazum cum sponciis ad undam* che costavano nuove, sette o otto once.[21]

Del corredo faceva parte anche la biancheria intima genericamente indicata, come nella dote di Channa Susi con *mutanni*, ma non si capisce bene se il termine si riferisce alla biancheria intima in ge-

[17] La coppia Luna e David Dayna aveva una specie di monopolio nel commercio di questi preziosi capi del corredo. Luna tesseva personalmente i materassi *de purpurigno* ma vendeva anche *cutre e cortine*. Il 16 Settembre del 1457 i due acquistano per cinque once *cultram albam novam ut dicitur abuctuni*, il 22 Novembre successivo vendono per due once una *cortina* bianca a Petro de Chulla. Il 25 Gennaio 1461 sempre Luna vende a Nicolò de Paulo una *cortina* di seta usata per quattro once. Il 30 Dicembre del 1462 David e Luna vendono dodici canne di *materacii purpurigni*. Anche i De Graciano di Caltabellotta comprano da Jacob de Mangiono *cultram albam novam ut dicitur a buctunellu* per quattro once. Nel documento si precisa che le coperte erano richieste a Palermo. Citiamo nell'ordine i documenti: ASS, *Notai defunti* di Caltabellotta, notaio P. Verderame, vol. 13, c. 77, 30 Dicembre 1462, vol. 12, cc. 10, c. 65*r*, 26 Settembre VI Ind. 1457; cc. 48, 22 Novembre 1457; vol. 12, cc. 101, 25 Gennaio 1461; vol. 11, 8 Dicembre 1458.

[18] *Ibid.*, notaio Amato de Messana, vol. 20, c. 54*r*, 15 Dicembre 1466.

[19] Sulle due *nedunye* cfr. nota 5 p. 3.

[20] ASP, *Notai defunti*, notaio G. Randisi, vol 1151, cc. 126*rv*-129*rv*, 4 Aprile 1461.

[21] AST, *Notai defunti*, notaio G. Miciletto, vol. 8587, cc. 117, 17 Ottobre 1435; ASS, *Notai defunti*, notaio A. Giuffrida, vol. 9, cc. 58*r*-59*r*, 9 Maggio 1454.

nere o alle mutande che portano oggi le donne. La biancheria intima maschile era indicata con lo stesso termine che comprendeva però camice e brache. In un inventario di Trapani del XV secolo sono indicati *paria duo de mutandis videlicet camisias duas et bracas.*[22] Della dote ereditata da Stella di Sciacca fanno parte ad esempio: *duas interulas* cioè due indumenti intimi che potremmo considerare camice o mutande.[23] Non mancano mai nei corredi cuscini e cuscinetti di diversa foggia e lavorazione all'uncinetto, ricamati, a strisce o con fregi d'oro intorno e con diversi *chummi di sita*. Questi oggetti posseduti la cui raffinatezza abbaglia ma nello stesso tempo stupisce perché contrasta con lo stereotipo della famiglia ebrea umile e umiliata, c'introducono nella casa ebrea con i suoi arredi, che a distanza di secoli trascinano il flusso delle emozioni, delle sofferenze, di tante ambizioni represse.

[22] *Ibid.*, c. 31, 28 Dicembre 1433. Interessanti osservazioni sull'uso delle mutande e delle brache nel Medioevo si trovano in S. Tramontana, *Vestirsi e travestirsi in Sicilia*..., cit., pp. 134-138.

[23] ASS, *Notai defunti*, notaio A. Randazzo, vol. 27, c. 52, 21 Novembre 1485.

Parte III

La vita quotidiana e gli spazi delle donne: i quartieri, le case, gli arredi

Nonostante le stratificazioni del tempo e i contesti urbanistici profondamente mutati, alcune città siciliane non riescono a dissimulare le tracce dei quartieri ebraici medioevali la cui struttura ripete ovunque le medesime relazioni spaziali caratterizzate da quello strano miscuglio di contestualità e di non appartenenza o di contrapposizione. Basta scorrere i registri notarili siciliani dove si fa cenno alla *ruga* o alla *platea magna* per cogliere quella similarità di scelte e di comportamenti che quasi ovunque, sia nelle città portuali che nei paesi dell'interno dell'isola, risponde alla esigenza ebraica di cercare gli spazi vitali dentro il tessuto urbano e sociale inserendovisi e distinguendosi nel contempo. Ovunque agglomerati di case concentrate prevalentemente in un quartiere, si dispongono attorno a cortili e cortiletti che partendo dal centro fisico e spirituale della *muschita*, si affacciano anche su vicoli bui e stretti, talvolta coperti dalla *sikifa*. I quartieri si estendono orizzontalmente lungo assi viarii principali che si ramificano a loro volta in labirinti di piccoli assi secondari. La *ruga* costituisce il centro commerciale di case e *apoteche* che si allarga solitamente nella *platea judeorum*.

Le Giudecche siciliane, non formando dei ghetti, non hanno limiti definiti, ma si sfrangiano come nebulose negli spazi ospitanti, rimanendo a contatto con il potere politico o religioso quasi nel tentativo di scrutare i mutamenti di strategie politico-culturali, gli umori religiosi, nel timore di improvvise esplosioni di intolleranza.

La Giudecca siciliana non si configura come entità spaziale con una specifica tipologia urbana, ma come aggregato culturale-religioso. È stata notata dagli studiosi di urbanistica (La Franca), come tipicamente ebraica l'indifferenza ai luoghi e alla loro fisicità, risultato di una perenne condizione esistenziale di «erranza» che temporalizza, lo spazio nell'idea di «passaggio» e il luogo nell'utopia del «ritorno». È una precisazione che condividiamo, l'ebreo può vivere infatti nella stessa casa separato dal cristiano da un muro, da una parete e sentirne il respiro senza coltivare la stessa memoria del luogo o percepire la presenza se non come differenza. L'angolo ebraico di un cortile comune rimane un mondo impenetrabile, lo stesso suolo, le pietre, le vie simbolizzano categorie mentali divergenti. Gli stessi oggetti della cultura materiale sono carichi di simboli etico-religiosi che rivelano una intelligenza diversa delle cose.

La casa è per le donne ancor più che per gli uomini simbolo del raccoglimento spirituale, della conservazione del patrimonio antropologico, dell'intimità che coltiva la propria perenne diversità; il cortile misura lo spazio come prolungamento della vita sociale delle famiglie che vi si affacciano. La donna ebrea può nella casa mantenere la sua identità, riprodurre i modelli della tradizione senza la maschera dell'indifferenza esibita che nasconde le paure. La casa ebrea appare esteriormente come tante altre dell'epoca; ma se le pareti, gli oggetti posseduti, condensano l'odore e il respiro di chi le possiede, a maggior ragione questo vale per gli ebrei la cui intensità spirituale sembra essersi concentrata sulle rarissime tracce architettoniche (muri, architravi, portali, atrii) che la violenza degli uomini più che del tempo ha risparmiato. Le carte notarili parlano di case *solerate*, *susu e jusu* con *cammara e sala*, con *catogii* e solai costituiti da grotte e fosse per le granaglie. Molto precisi nella descrizione sono i notai di Trapani; le case che si affacciano sui cortili sono fornite di *puthei* per l'acqua, *pile* per lavare il bucato, *cloache* per l'acqua sporca e la latrina. Più pretese ha il *tenimentum domorum palachatum* o *terraneum in parte palachatum* o «quoddam palaczoctum consistens in domibus quattuor, duobus de suptis et reliquis de super existentibus cum communitate cuiusdam cortilis puthei pile et cloace».[1] Un vero palazzo nel Cassero, la *domus* dei Xunina di Palermo, viene venduta per venti onze al milite palermitano Federico de Diana nel dicembre del tragico 1492. Il notaio la descrive con dovizia di particolari, cinque «corpi», due terranei con due ingressi e tre «solerate superiori», una camera «cum fenestra ad colupnam» e una sala anch'essa con finestra «ad colupnam» con ripostiglio che si apriva sulla camera attraverso un'apertura. Una scala immetteva nei solai dove c'era il forno.[2] La casa confinava con quella altrettanto ampia che Ricca Dinnar, il mese precedente, aveva donato al de Diana. Alcune case dalle raffinate finestre a bifora richiedevano l'abilità non di semplici muratori ma di esperti intagliatori. Iacu Susi chiede a mastro Nicolao de Mazara di restaurargli una casa in «iudayca Termarum», gli avrebbe fornito «lapides terram et aquam et li marammi durrupati», al re-

[1] Citiamo come esempi: AST, *Notai defunti*, notaio Andrea Polito (Mazara), vol. 2816, cc. 84*v*-85*rv*, 26 Maggio 1492; notaio G. Miciletto, vol. 8587, c. 5, 11 Maggio 1432 e 16 Novembre 1435; ASS, notaio Amato de Messana, vol. 20, cc. 5*v*-6, 17 Settembre 1466; *ibid.*, notaio A. Giuffrida, vol. 9, cc. 126*v*-127*rv*, 15 Maggio 1456 e c. 144*r*, 31 Maggio 1456; ASP, notaio F. Giuffrida (Sciacca), vol. 1379, c. 20, 4 Settembre 1478.

[2] ASP, *Notai defunti*, notaio Matteo Fallera, vol. 1753, c. 629*r*, anno 1492-1493, XI Ind.

sto avrebbe provveduto il «mastro» alla cui abilità si richiedono «duas finestras a colonna de petra intaglata, una cum la iorlanda et reliquam sine et cum li thinti». La casa sarebbe stata provvista di «catusi pro gisterna» di «canale incastratu cum lu astricu» di solide mura riempite «de calchina de intru et di fora... factis et expeditis et canniatis...».[3] Le case all'esterno ricalcano i modelli delle abitazioni nobiliari arricchite di stemmi e decorazioni di palmette, colonne, ghirlande di pietra intagliata e colorata.

Quando il tenimento superava i sette *corpi* era *computato domo palachata* e talvolta serviva da *hospitium o fondaco* per accogliervi i forestieri; ingressi decorati da portali di pietra e colonne intagliate si trovano ovunque nelle comunità isolane; come la casa e *apoteca* del medico Busacca de Sagictono costruita a Caltabellotta da maestranze locali che si impegnano in un contratto a fare su un muro «fenestram unam ad voluntate dicti magistri Busacce cum eorum arcagiis et culopna et capitellu, quem murum prefati fabricatores debent facere palmichutu». Busacca avrebbe fornito «cartuni calchina terra rina et aqua et omnia necessaria ut dicitur per fari ponti a la dicta maramma...».[4] A Trapani Muxa lu Presti possedeva « domos duas... collaterales vocatas la cammara e la sala intus duo cortilia communia cum usu et comunitate dicti cortilis puteorum pilarum et cloacarum».[5] Certi ebrei di Mazara vendono un tenimento «consistentem in corporibus tribus cum cortili puthei et pila cum duobus introitibus et exitibus comunitate alterius cortilis».[6]

Sia le case semplici con un piano terra e un primo piano, quelle modeste con *catogio e stabula* per gli animali, o quelle in parte *palachate* per gli ebrei benestanti, tutte erano fornite di lavatoio, cloaca e *gisterne* per raccogliere l'acqua piovana o di sorgente per le abluzioni e il bagno rituale delle donne. Coloro che non possedevano *gisterne*, andavano al bagno pubblico che costituì sempre un grosso problema per le Giudecche siciliane a motivo della vicinanza con le abitazioni dei cristiani e per le loro continue contestazioni. Le autorità locali concedevano agli ebrei i bagni pubblici «pi mundificacioni di loru fimmini» ma poi le rimostranze della gente portavano alla revoca della concessione. A Marsala Andrea Chiaramonte aveva decretato l'abolizione dei *balnea* degli ebrei e solo nel 1402 fu con-

[3] ASTI, *Notai defunti*, notaio G. La Tegera, vol 12843, c. 138*r*, 2 Dicembre 1462, XI Ind.

[4] ASS, *Notai defunti*, notaio P. Verderame, vol. 15, cc. 207*v*-208, 8 Giugno 1467-1468.

[5] AST, *Notai defunti*, notaio Andrea Polito (Mazara), vol. 2816, cc. 10*v*-11, 23 Ottobre IX Ind. 1491.

[6] *Ibid.*, notaio Cerami, vol. 8767 cc. 118*v*-119, 13 Aprile II Ind. 1469.

cesso «locum et lavatorium consuetum in quo eorum mulieres mundificari hactenus consueverunt».[7] Per ovviare tali inconvenienti gli ebrei più ricchi che disponevano di ampi sistemi di raccolta idrica, mettevano a disposizione della comunità le loro abitazioni (non sappiamo se dietro pagamento) che in seguito lasciavano in eredità alla Giudecca.

A Salemi Lucio de Xaro lega alla comunità «quandam domum... deputatam ad balneum judeorum dicte iudayce» che fu causa di una lunga vertenza, tra l'erede Caim de Xaro proprietario della parte superiore della casa che raccoglieva l'acqua piovana, i proti e i giudici della Giudecca, che si risolse nel 1446 con una solenne transazione alla presenza del luogotenente del Giudice Universale dei Giudei dell'isola Iosue Rubi.[8]

Il cortile connota i quartieri e le case ebraiche che vi si affacciano, è lo spazio comune materiale e spirituale, è l'*erub* che di tante famiglie ne fa una sola rendendo lecita la circolazione di oggetti e cibi che per la proibizione sabbatica non sarebbe possibile trasportare «da una giurisdizione all'altra». Il cortile è lo spazio comune funzionale che tutela la ritualità privata. Le famiglie che vi si affacciano depositano simbolicamente nella *muschita* un pane simbolo del comune possesso; così pure quelle che si affacciano sulla stessa via creano l'*erub mhio'òt* (associazione delle vie). In Sicilia i quartieri ebraici non erano come i ghetti circondati da mura; la vicinanza di famiglie di altre etnie costringeva gli ebrei a fittizi contratti di locazione che consentivano l'uso di case altrui per i fini sabatici. Così avveniva nelle giudecche dell'Africa del Nord e così avveniva anche in Sicilia.

I *balnea* rendono riconoscibili e identificabili i quartieri e le case ebraiche, li connotano nella loro specificità, li distinguono da contesti simili e introducono nell'intimità della casa con le sue regole igienico-religiose. Agli stipiti delle porte di casa incisi su pergamena e chiusi nella *mezuzà* i versetti dello *Shema Israel* sono appesi an-

[7] F. Lionti, *Le Magistrature presso gli ebrei di Sicilia*, in A.S.Sic. N.S. (1884), p. 343.

[8] BCSA, *Notai defunti*, notaio Palmerino de Guisardo, 29 Novembre X Ind. 1446. L'eredità di Lucio è oggetto di contestazione tra Caim figlio del testatore, il proto Busacca de Aidomo, Muxa de Xibiliano giudice, Lia Fadali consultore, i quali col consenso e alla presenza di Xamuele de Mayoes luogotenente di maestro Iosue Rubi giudice universale dei giudei, arrivano ad una transazione. Caim si impegna a riparare per dieci anni il bagno; se nel frattempo fosse riuscito ad acquistare un'altra abitazione «aptam et congruam» per il prezzo di tre once e quindici tari sarebbe diventato proprietario della prima; se invece scaduti i dieci anni non vi fosse riuscito, avrebbe pagato le tre once e quindici tari alla giudecca per acquistare «aliam domum pro balnea». Finché la somma non fosse stata pagata, i giudici avrebbero continuato a servirsi dei *balnea* precedentemente legati.

ch'essi a distinguere la casa ebraica dentro la quale sacro e profano trovano la loro perfetta compenetrazione quotidiana ed esistenziale.

L'ebrea si aggira tra mura sempre pulite e disinfettate; imbiancare le abitazioni era cura abituale, quasi obbligo, in occasione di matrimoni che iniziavano proprio con la pulizia generale degli ambienti e in particolare del talamo nuziale con le preziose cortine. I letti erano costruiti con robuste tavole sostenute da *trispides* di ferro, quattro assi per i letti matrimoniali, due per i lettini. Particolarmente pregiate le «tabolae de lecto vinicianae» che i siciliani acquistavano barattandole con altre merci da mercanti della città lagunare.[9] I materassi erano pieni di paglia o di morbida lana di pecora come pure i *travirseria*; accanto ai letti «bancum unum de lecto cum suo bankicto» o «cassectam unam de capicio»[10] o «bancatas de cubile», come sono indicate le cassepanche dove si riponeva la biancheria, o le cassette dove si conservavano «certi quinternioni» di carta, documenti importanti della casa. Negli «scrigna fereata» le donne riponevano soldi, gioielli e le loro preziose *ketubbot*. I legni più usati per le cassepanche grandi e piccole erano noce, pioppo, pino o abete. Mobili rustici semplici ma robusti adornavano la casa ebraica e nascondevano autentici tesori dello artigianato femminile, tele, sete, *cutre* ricamate, *cuttunine* di ricchi corredi che si tramandavano per diverse generazioni. Questa biancheria di lusso non poteva essere esibita se non nell'intimità della famiglia durante la consacrazione dello *Shabbat* o in occasione di eventi che scandivano la vita della famiglia ebraica come nascite, circoncisioni, matrimoni. Il gusto per il bello e gli oggetti raffinati, il senso estetico ebraico si concentra più su gioielli e preziosi scrignetti che li contengono o decorazioni di libri e altri oggetti, piuttosto che sugli arredi delle case che rispecchiano la semplice cultura contadina viva in Sicilia fino ad alcuni decenni fa. Durante i pasti dello *Shabbat* le *tabole de mensa* mobili, poste anch'esse su i *trispi*, erano coperte delle più belle tovaglie ricamate intagliate o arricchite da applicazioni di merletti, le panche rustiche o le sedie genovesi[11] piene di *cuxinetti isfilati*, ricamati e arricchiti «cum pendaglis»; stuoie e tappeti adornavano i muri durante le fe-

[9] ASP, *Notai defunti*, notaio G. Randisi, vol. 1131, cc. 126*r*-131*r*, 1 Aprile 1454. Del baratto di *lignami et tavuli* veneziani con orzo o frumento si parla in un documento di Agrigento: ASA, *Notai defunti*, notaio G. D'Aratro, vol. 6159, cc. 115*v*-116, anno 1470, cit. in A. Scandaliato-M. Gerardi, *Genovesi a Sciacca ed Agrigento nel XV secolo*, in la «Fardelliana», anno 1991, pp. 67-81.

[10] AST, *Notai defunti*, notaio G. Miciletto, vol. 8587, c. 31, 28 Dicembre 1433; oppure ASS, notaio P. Verderame, vol. 13, 17 Novembre 1462.

[11] ASS, *Notai defunti*, notaio N. Randazzo, vol. IV, cc. 433*v*-434.

ste o altre celebrazioni; canestri intrecciati e coperti da *tobalias* contenevano cibi di ogni genere. Sui pavimenti, attorno ai letti, i morbidi *antelecta* di lana lavorati a Caltabellotta o in altre città, i *carpetas* che coprivano i mattoni rossi *di crita*. Illuminavano le camere dai rustici tetti di travi e tavole, modeste candele di cera con «bombicis pro mecchiis candelarum», lanterne o ricchi candelabri di ferro che illuminavano le sontuose tavole da pranzo durante i pasti del Sabato. Il rame rosso e giallo era il materiale più usato per tutti *li stigli* della casa: bacili grandi e piccoli, *erea*, *bucalia* per l'acqua, conche *de ere*, *mortaria de mitallo* o marmorei, *caldaria*, *plactos de piltro*, *iarre* grandi e piccole per l'olio o per il vino, per la farina *quartare*, *stagnatas venetas de piltro*. Alle pareti *chavi* e *cruchecti* per appendere oggetti o panni o la *percha* per i mantelli. La cucina con forno e *cufularu* è posta dentro la casa ma più spesso separata, nel cortile come le «domos duas» di Asisa di Trapani vedova di Ioseph Sinena, «nuncupate la casa grandi e la cuchinella» nel cortile o la casa dove Lachayna de Aron abita a Sciacca col marito Salamone de Anello «terranea» con cucina «sibi coniuncta prope muschita Iudeorum».[12] Dentro vi sono gli attrezzi per la farina e la lavorazione del pane, i *crivi*, la *maylla* o la *ysbriga cum eius sbrigono de abiete* per impastare il pane azimo, lo *scannaturi* di legno, la *cuncuma*, le *stagnatas* per il vino, i *tenelli di legno*, i *secchi cum eius reste*, le olle, i catini per l'acqua. Dentro le *burnie* di terracotta o di maiolica erbe aromatiche, medicinali, coloranti e spezie importate dall'India. Le spezie più usate per i cibi erano: cannella in polvere *pistata* o *incannolata*, noce moscata, cumino, *iuriulena*, *zinziparo* (zenzero), zafferano.[13]

Oggetti di metallo, d'argento e d'oro delle ricche case ebraiche erano produzioni di esperti e raffinati artigiani la cui lavorazione era molto richiesta. Particolarmente pregiati i «mortaria de mitallo» che nei testamenti sono segnalati come doni preziosi.[14]

Negli anni della *Genizzah* quando più consistente era il contributo ebraico alla civiltà mediterranea e mediorientale, il commercio

[12] AST, *Notai defunti*, notaio Cerami, vol. 8766, c. 62, 22 Settembre 1468 e dello stesso anno cc. 75*v*-76*v*, 29 Dicembre II Indizione.

ASS, notaio G. Liotta, vol. 3, cc. 56*v*-57*rv*, 16 Marzo VII Ind. 1442. La casa di Lachayna e Salomone era posta accanto alla *muschita* della comunità di Sciacca la cui costruzione si affaccia ancora su un grande e suggestivo cortile cui si accede da uno stretto vicolo e da una tipica *sikifa*.

[13] ASP, *Notai defunti*, notaio G. Randisi, vol. 1151, cc. 126*r*-131*r*, 4 Aprile IV Ind. 1454.

[14] Perna di Caltabellotta ne lascia, al genero Muxa de Pulvirecta, uno «ponderis circa... rotulorum» come compenso per certi favori ricevuti.

ASS, *Notai defunti*, notaio P. Verderame, vol. 13, 17 Novembre XI Ind. 1462.

ebraico si esercitava in settori quali spezie, coloranti, metalli grezzi per l'industria metallurgica, argento e oro usati per oggetti vari, vasi preziosi e ottone lavorato.[15] Di prodotti dell'artigianato ebraico v'è traccia nei documenti del XV secolo: *taxeas argenteas*, *coterellas de argento* o *par unum de coltelluzi ornati de argento cum una catinella de argento* o *cocharellas de argento* che venivano usati dai commensali per mangiare.[16] Questi oggetti frequenti nei testamenti erano destinati a durare nel tempo e per diverse generazioni. La *taxea argentea* o coppa conteneva il vino che il capo-famiglia durante la cerimonia del *Qiddush* benediceva e beveva per primo passandolo agli altri familiari la sera dello *Shabbat*. Sulla tavola riccamente imbandita il pane preparato dalle donne, il cibo *kasher*, e il sale pronti per la consacrazione iniziale. La sera tra il Sabato e la domenica il vino veniva sparso per terra, i familiari annusavano gli aromi contenuti negli *scrigna argentea* e si pronunziava la benedizione finale.

Per i lavori pesanti come insaponare e lavare la biancheria le donne di famiglie benestanti si servivano degli schiavi di cui in Sicilia v'era un florido commercio quasi completamente monopolizzato da mercanti siracusani e trapanesi. A Sciacca gli eredi di Gaudio de Sadono, la moglie Milicia e la figlia Musuta si dividono i beni compresi tre schiavi, due mori e una femmina negra, Axa, madre dei due servi «aulivastrarum» (olivastri) Machalufo e Busacca; la donna valeva dieci once i figli tredici onze ciascuno.[17] Schiavi di tutte le età, anche bambini, venivano acquistati e allevati presso famiglie ebree e cristiane; la maggior parte di essi proveniva dal Nord Africa, dai monti Barca e i giudei potevano tenerli finché non si fossero convertiti al cristianesimo, nel qual caso i vescovi per legge s'incaricavano di toglierli ai proprietari.[18] La ricca famiglia Ixey di Caltabellotta acquista per dieci once una serva mora di sei anni, Solima, che è causa di una vertenza tra il venditore ebreo di Trapani Busacca de Fadali e l'acquirente Borach il quale scopre che la bimba soffriva di «egritudine occulta, quod habebat premitum et exitum ani cum magno dolore»[19] e vorrebbe restituirla. Casi del genere erano la norma com'era la norma avere servi e serve in comune con altre famiglie. Li-

[15] S. D. Goitein, *Ebrei e Arabi nella storia*, Ed. Jouvence, 1990, pp. 138-139.

[16] ASS, *Notai defunti*, notaio P. Verderame, vol. 13, 17 Novembre XI Ind. 1462; AST, notaio G. De Nuris, vol. 8569, cc.118*rv* 119, 10 Agosto XIII Ind. 1433.

[17] ASS, *Notai defunti*, notaio A. Giuffrida, vol. 9, cc. 43*v*-43*rv*, 23 Dicembre 1457.

[18] *Ibid.*, notaio Amato Bellomo, vol. 19, cc. 33*v*-34*r*, 10 Febbraio 1464.

[19] Sulla schiavitù in Sicilia si può consultare il ricco e documentato lavoro di Giovanni Marrone, *La schiavitù nella società siciliana dell'età moderna*, Edizioni Salvatore Sciascia, Caltanissetta-Roma, 1972, dove si citano atti notarili del XV secolo a Trapani riguardanti anche famiglie di ebrei che possedevano schiavi tra cui i Chilfa, i Sala e i Cuino.

bere dai lavori di casa più pesanti, le ebree potevano dedicarsi a tessere, ricamare e sfilare i ricchi tessuti di lino e di seta dei corredi o aiutare i mariti nella loro *apoteche* e mercerie.

Gli scarni e freddi dati delle carte notarili raccontano vicende di schiavi mori, tartari, circassi o russi venduti o barattati, fuggitivi, affrancati, malati e mutilati ma nulla dicono circa le relazioni tra gli ebrei e i loro schiavi che dovevano quasi certamente ricalcare modelli di comportamento comuni. Gli schiavi come gli oggetti, gli animali, facevano parte del patrimonio della casa ebraica e ne seguivano ritmi e vicissitudini. Un solo vantaggio avevano forse i numerosi schiavi saraceni di ebrei siciliani, quello di poter comunicare con i padroni nella loro madre-lingua, l'arabo. Per il resto la casa, il cortile, il quartiere ebraico esibivano nei confronti delle altre etnie solidarietà culturale e razziale che mascherava le piccole beghe, i conflitti e le incomprensioni familiari di cui ovunque gli schiavi erano spesso muti spettatori, vittime innocenti o complici involontari.

Il tempo delle feste: le ebree si mostrano. Il lusso e il segno

Il tempo delle donne ebree è principalmente biologico legato al ciclo mestruale, alle gravidanze e ai parti, ai periodi di astinenza, è sempre strutturalmente connesso con simbologie, rituali e ritmi religiosi. È il tempo delle feste, delle ricorrenze familiari e collettive, delle pratiche culturali e cultuali che si traducono in schemi comportamentali, in sequenze di gesti relativi all'igiene personale e familiare, alla quantità e qualità dei cibi, alle pause per le orazioni, all'abbigliamento. Ogni evento delle mutevoli circostanze della vita dilata o restringe gli spazi pubblici e privati degli ebrei. Il Sabato, la nascita, la circoncisione, i fidanzamenti e i *pacta sponsalia*, i matrimoni e altre ritualità sono occasioni privilegiate per cogliere la fenomenologia della loro esistenza quotidiana.

La concentrazione demografica nei quartieri medioevali, rendeva frequenti le manifestazioni collettive che si traducevano in una pragmatica dell'apparire in cui erano coinvolti uomini ma soprattutto donne.

Le scarsissime testimonianze iconografiche non aiutano a ricostruire la psicologia femminile attraverso i simboli dell'abbigliamento e della moda, la gestualità degli atteggiamenti, mentre i documenti privati con fitti elenchi di capi di vestiario, richiamano l'attenzione sul valore monetario di mantelli, corsetti, gonnelle, acconciature per i capelli e ornamenti per il corpo inseriti tra i beni da inventariare. Anche il pensiero delle donne morenti va agli oggetti personali, ai vestiti preferiti, alle gioie e alle persone cui vorrebbero destinarle; i testamenti di donne registrati presso notai cristiani sono più rari di quelli degli uomini che disponendo di beni immobili di gran valore e gestendo economie familiari più complesse, avevano necessità di una doppia registrazione notarile. I testamenti di donne rimanevano più facilmente documenti interni della comunità, ma quei pochi di cui disponiamo, aprono alla nostra immaginazione scene di vita dove la cura della persona e del corpo, degli oggetti, il gusto per la decorazione e il colore, la scelta dei tessuti e delle pietre preziose, la completezza dell'abbigliamento, il senso estetico coltivato con naturalezza, denotano una dignità e un orgoglio di cui esse non vogliono essere espropriate. Mogli di mercanti-banchieri, di commercianti o di ricchi artigiani, di medici, gareggiano con le donne cristiane nell'uso di vesti raffinate, di copricapo, di gioielli e diademi, di profumi orientali e unguenti.

Il commercio di panni era molto fiorente nell'isola e non occorreva recarsi nelle maggiori città per acquistare i panni di *Florencia* o di *Londres* più pregiati, o i comuni panni catalani che arrivavano in quantità nei mercati locali. Gli ebrei mercanti all'ingrosso o dettaglianti erano abili nella selezione delle stoffe secondo il tipo di tessitura, la qualità, la lavorazione, il colore, l'adattabilità ai diversi capi di abbigliamento. E quando si trattava di confezionare *clamidi* o tuniche femminili, venivano scelte le migliori qualità di panni di Londra al prezzo di un'onza la canna contro i nove tari dei panni maiorchini. I colori più richiesti erano *celestino*, *azolu*, verde chiaro e scuro, nero per gli abiti di lutto oppure *musti*.[1] Gli Anello di Agrigento o i Minachem di Sciacca erano noti mercanti di panni inglesi e banchieri.[2] Per le loro mogli l'abbigliamento era il mezzo più visibile di distinzione all'interno della comunità e il tentativo più palese di obliare la diversità nei confronti della etnia dominante. Laddove le numerose leggi suntuarie, tendevano, più che a reprimere il lusso in base a principi moralistici, ad affermare la rilevanza dell'abbigliamento come simbolo di distinzioni sociali che andavano mantenute rigidamente contro l'ambizione dei *parvenu*, imponendo differenziazioni nelle vesti e nelle acconciature, le ebree in controtendenza desideravano conformarsi alle mode delle donne cristiane, camuffarsi per non distinguersi osando rivaleggiare per essere riconosciute pari. Spesso si concedevano a prostitute ed ebree stravaganze e lussi vietati alle donne per bene, mogli di militi e *magnifici* cavalieri. Le leggi suntuarie di cui è piena la Sicilia medioevale, come del resto l'Italia, erano un tale groviglio di contraddizioni, permessi e divieti che è difficile tentare casistiche e ordinare materiali

[1] M. Gerardi-A. Scandaliato, *Genovesi a Sciacca e Agrigento nel XV secolo*, cit., pp. 67-81.

[2] I panni venivano barattati con grano, orzo, o altre merci; il frumento e l'orzo dati in pagamento dai clienti servivano per pagare i mercanti genovesi fornitori di panni *de Londres*. Salomone e Xangueli de Anello gestivano una *apoteca* che forniva di panni inglesi tutto il territorio agrigentino, erano ricchi e molto noti. Xangueli nel 1470 fece causa ai giurati della città che avevano concesso ad un privato un terreno edificabile nel quartiere «rabbato seu a lu puczu» di Agrigento che avrebbe potuto nuocere alla sua casa e *apoteca* che aveva intenzione di trasformare in *hospicium*. ASA, *Notai defunti*, notaio G. D'Aratro, vol. 6159, c. 92, 5 Aprile III Ind. 1470. Gli eredi di Salomone saranno protagonisti, negli anni successivi, di una lunga vertenza con le autorità viceregie e con il noto neofita Guglielmo Raimondo Moncada ebreo convertito per il possesso dei beni destinati dal testatore ad una scuola ebraica nella città. Dell'argomento si sono occupati lo R. Starrabba e il F. Secret.

così sfuggenti, specie se si tenta di far luce sulle relazioni sociali tra cristiani ed ebrei, sulla psicologia di questi ultimi e sul perenne conflitto interiore tra conformismo e orgogliosa affermazione della identità.

Nel Medioevo le donne messinesi, a dire del Gregorio, famose per il lusso «dovevano aver cura di trarsi dietro le loro lunghissime code e camminar fastose per le loro teste adornate a maniera di torri».[3] Per le ricche ebree della città che ambivano ad emularle nello stile di vita, nelle fogge del vestire, occorreva tuttavia risolvere il problema del segno distintivo, la nota *Rotella rossa* imposta su qualsiasi tipo[4] di veste e ottenere il privilegio di contravvenire ai divieti prescritti dalle leggi suntuarie, relativi ad alcuni capi di abbigliamento. Si ottenevano privilegi se si ricoprivano ruoli di mediazione tra comunità e società cristiane ufficialmente riconosciuti, o se si prestavano importanti servigi a nobili e sovrani. Le richieste si concentravano sul permesso di non portare il segno e per le donne di usare vesti e mantelli come le cristiane. Non era sempre e ovunque facile; gli agrigentini pretesero che i giudei portassero «la rutella in la banda sinistra taliter chi non si poza ammuchari zoè alla minna sinistra si illu e masculu et si e india hi porti la rutella in testa in la parti davanti supra lu sou mantu subta pena di unu agustaru».[5] Nel gioco delle vanità, per accedere alle mode lussuose del tempo *li officiali* delle giudecche siciliane, *proti e maiurenti*, si muovevano in senso contrario imponendo divieti, preoccupati che le loro donne perdessero il riserbo e la pudicizia che le connotavano anche nel vestire. Chiesero perciò a Palermo l'autorizzazione a poter «dari ordini a tutti iudei di la dicta chitati tantu masculi quantu fimini a lu purtari di li vistimenti zoe di modificarli che vaiano honestamenti vistuti, ed altri ordinacioni concernenti omni honestati».[6] Si doveva

[3] R. Gregorio, *Lusso e maniere di vestire delle donne siciliane nei mezzani tempi* in *Opere Scelte*, Palermo 1847, p. 743.

[4] Quello della *Rotella Rossa* che i giudei erano costretti a portare per disposizione di diversi sovrani, Federico di Svevia e di seguito i sovrani aragonesi, era un problema molto delicato, perché oltre all'umiliazione del segno infamante, uomini e donne, subivano vessazioni dai funzionari preposti al controllo quando la *rotella pro inadvertencia non si mostrassi né parissi*. Perfino i minori di tredici anni che non portavano il segno erano vessati come si ricava da un documento di Trapani: Muxa Xacca proto della Giudecca protesta contro il baiulo Antonio de Vindacio perché aveva «expignorato clamides et vestimenta» di alcuni ragazzi che non portavano *lunam* cioè la rotella. AST, *Notai defunti*, notaio R. Miciletto, vol. 85-87, cc. 130*v*-131, 16 Dicembre 1435. Dell'argomento in generale si è occupato F. Lionti, *La Rotella Rossa*, documenti relativi agli ebrei di Sicilia in A.S.Sic., anni VIII-IX, 1883-1884.

[5] G. e B. Lagumina, *Codice Diplomatico*... cit., I, p. 389.

[6] *Ibid.*, II, p. 14.

veramente esagerare nello sfoggio se alla fine del Quattrocento le autorità giudaiche di Palermo lamentavano aspramente «Chi alcuni Iudei non considerando loro condicioni presummino fari pompa di vistimenti tantu masculi comu fimini portando mustri di siti et eciam ornandosi di iocali et altri ornamenti non pertinenti a Iudei de chi resulta la totali destrucioni di quissa Iudeca et la presumpcioni loro veni a crixiri».[7] Sembra il solito gioco fra apparenza e realtà nel teatro della vita. Leggi suntuarie cristiane o ebraiche sembrano andare nello stesso senso, reprimere il lusso delle donne per evitare sprechi e spudorate gare di esibizione, più preoccupate le prime che le ebree si distinguessero dalle altre nelle vesti, attente le seconde a mascherare, le continue richieste di privilegi in senso contrario, con un rigorismo morale e un'integrità continuamente minacciate.

Messina città aperta alle raffinatezze orientali, «ridotto di crocesegnati» mantenne per tutto il Medioevo la nomea di città elegante cui non poco contribuirono le ricche ebree con il loro lusso raffinato e gli esperti tessitori, di sete e oro, meraviglie del buon gusto esibite in barba a tutte le leggi suntuarie. Coronetto Gerardino ottiene per sé e la famiglia la cittadinanza di Messina, l'esenzione dalla tassa sulla seta, e dalla *Rotella rossa* e «ad maioris gracie cumulum»...»filias indutas clamidem more mulierum cristianarum et prout alique Iudee dicte civitatis ut dicitur ex privilegio speciali fruuntur et gaudent...».[8]

Tra altre ebree c'era Rosa «mogleri di Jacob Conti e le sue due figlie che possano incedere per la città di Messina» e «libere et impune portari mantu a lo usu et costumo lu portano e solinu portari le donne cristiane»;[9] c'è Chanina «mogleri di Liuni Magazeni» che nella stessa «nobili citati et cis menis... poza andari vestita cum mantu a la dicta usanza cristiana»;[10] la moglie e le figlie di Davi Simon «quod debite possint libere, licite et impune» circolare a Messina e in tutto il regno «sine rotella aut signo» e incedere «pallio capite coperto ut xristiane matrone in eodem regno».[11] Le altre ebree messinesi potevano invece andare «per alcuni lochi di la dicta citati coperti cum li manti di loro mariti» purché portassero ben visibile la rotella, fin quando nel luglio del 1476 ottennero tutte di circolare senza il distintivo.[12] Era un continuo alternarsi di concessioni e re-

[7] *Ibid.*, p. 479.
[8] *Ibid.*, p. 501.
[9] ASP, *R. Protonotaro*, vol. 78, c. 156*v*, 19 Gennaio 1476.
[10] *Ibid.*, c. 190*v*.
[11] *Ibid.*, vol. 66, cc. 103*v*-104, 20 Marzo 1469.
[12] G. e B. Lagumina, *Codice Diplomatico...*, cit., II, pp. 186-187.

voche delle autorità secondo le contingenze, gli interessi del momento, il fluttuare delle condizioni economiche, gli umori nei confronti di vicini ora comodi ora scomodi. Le autorità dell'isola di fronte a forme di emulazione finalizzate alla scalata sociale di ceti subalterni o peggio di diversi, si trovarono a dover proibire ciò che avevano consentito e a revocare ciò che avevano vietato. La coscienza ebraica continuava invece a oscillare tra l'aspirazione alla parità e il desiderio di distinzione quando questa non fosse imposta ma scelta liberamente. Le ebree amavano il lusso come le cristiane, i bei vestiti, gioielli ricercati, veli intriganti, ma poterli o meno godere dipendeva dalle politiche familiari, comunitarie o patrimoniali, capaci di aprire spazi di comunicazione sociale anche attraverso il linguaggio delle mode. Restava indiscutibile il controllo su esse esercitato da tutti, ebrei e cristiani di sesso maschile. Il lusso e il segno sono simboli estremi di quella perenne paradossalità che in diversi modi e forme accompagna l'esistenza ebraica nella storia.

«Aurum perlas atque aurifrigia...»

Aurum perlas atque aurifrigia aliaque ad ornatum spectantia tam in vestibus quam in aliis ornamentis.[1]

Col segno o senza le ebree siciliane dal portamento fiero, orgogliose della loro verginità o della loro maternità, non sdegnavano di impreziosire il corpo con morbidi drappeggi di broccati d'oro e d'argento, con fregi d'oro e bagliori di pietre preziose. Mode d'Occidente e d'Oriente affascinavano le donne di tutti i ceti sociali. Nobili e prostitute si lanciavano in acquisti arditi e dispendiosi e stimolavano la creatività di tessitori, sarti, gioiellieri e artigiani. La repressione, si sa, esaspera il desiderio, eccita la fantasia e le autorità con i ripetuti divieti, di fronte alle trasgressioni sempre più diffuse, erano costrette a mitigarli permettendo quanto avevano vietato e riuscendo comunque a produrre parziali aggiustamenti e limitate manovre di controllo per la riaffermazione del valore delle norme. La società medievale antropologicamente strutturata secondo parametri di assoluta sacralità delle norme etiche, di fronte alle numerose deviazioni, appariva attraversata da continue contraddizioni. Le ebree non dovevano vestire lussuosamente ma di fatto potevano, alle prostitute si ordinava, «non audeant apportare in dorso eorum mantum nec madellum buttonos aureos nec argenteos nec perlas frixas nec vairas... nec induere debeant se pannos de scarlata de aureo de Florencia nec de aliquo serico»; di fatto alcune di esse dettavano le regole della moda.[2] Non poteva sradicarsi da un giorno all'altro la moda di arricchire i mantelli con bottoni d'oro e d'argento o di perle, foderati in inverno di pellicce, in altre stagioni di *zendado*, l'uso di stoffe di seta e oro, di scintillanti *zone* sulle tuniche morbide per sottolineare il *vitino di vespa* di flessuose fanciulle. Vergini, mogli, vedove, ricevevano in dote, acquistavano, eredita-

[1] Nel 1272 Carlo d'Angiò in seguito alla protesta delle donne messinesi dovette annullare le leggi suntuarie precedentemente statuite e permettere l'uso di questi ornamenti. P. Lanza di Scalea, *Donne e gioielli in Sicilia nel Medioevo e nel Rinascimento*, in «Delle cose di Sicilia», vol. I, ed. Sellerio, pp. 12 sgg.

[2] BCS, *Libro rosso*, cap. XIII, «De Meretricibus et earum Lenones», in A. Scandaliato, *Società e potere a Sciacca nel periodo Spagnolo: Gli Ospedali della città*, cit.

vano, scambiavano resistenti capi d'abbigliamento o *cose d'oro*, clamidi, gonnelle, mantelli, cappe, corsetti che facevano parte della *robba* del patrimonio di famiglia come anelli, *coronecte* o *gerlandecte*, *bottoniere*, *cajule*, *fazzoli* e *zone*. Tra i beni che Gaudiosa vedova di Giuseppe e Salomone Cuchino, lascia agli eredi troviamo: «una cammisa de donna guarnita de sita et de oro, una cappa de Londres infirrata de fuximectu, una faxa de sita russa item unu curtectu de Florencia virdi cum la testa prisa de villuto nigro, item unu curtectu de panno de Bruges... item una channaca de argento consistente in sissanta aulivecti de argento, una catinella larga de argento cum XXIII peczi de corallo e argento... item un sigillo de oro... item unum parapectu de villutu nigru guarnito de pertri».[3] Questo è uno dei tanti documenti riguardanti ebrei i cui inventari non differiscono circa l'abbigliamento da quello delle coeve donne cristiane; la mania dell'apparire induceva a quei «soverchi ornamenti i quali... avevano come un contagio epidemico l'isola tutta occupata»[4] e non c'erano distinzioni di razze o di classe. Portare vestiti di panni de Londres de Florencia, de Bruges era evidente segno di eleganza raffinata e nonostante le proibizioni, mantelli e cappe erano parte integrante del corredo della sposa ebrea. Portavano la cappa le spose a cavallo seguite dal lungo corteo nuziale e le mogli quando raramente, nei viaggi, seguivano i loro mariti. Questi mantelli a dire del Lanza di Scalea erano chiamati *chapes* in Francia e «soleano essere di drappi costosi e ornati di fregi ricchissimi»[5] e a dire del Gregorio «di sciamito o di drappo d'oro o di seta con più guise di fregiature». Ve n'erano lunghi o corti, *mantillictum*, a colori vivaci, verdi, celesti o scuri, *musticlusi* o *bruni*, di panno di Carcassonne[6] o *panni de Santo Laurenzo*[7] ornati *de frixello*. Quello che non si produceva nell'isola veniva importato dall'estero e l'abbigliamento dava impulso al ricco commercio di tessuti, monopolio di mercanti stranieri che affluiva-

[3] AST, *Notai defunti*, notaio A. Sesta, reg. 8830, c. 41*r*, 25 Settembre 1491, trascritto in «Fonti per la storia del corallo nel Medioevo Mediterraneo» a cura di A. Sparti, Trapani, Museo Regionale Pepoli, 1980.

[4] R. Gregorio, *Opere Scelte*, Palermo, Tip. P. Pensante, 1853, pp. 743 sgg.

[5] P. Lanza di Scalea, *Donne e gioielli in Sicilia nel Medioevo e nel Rinascimento*, vol. I, citata.

[6] ASS, *Notai defunti*, notaio N. Randazzo, vol. VII, c. 188, 1470.

[7] *Ibid.*, *Notai defunti*, notaio A. Giuffrida, vol. 9, cc. 50*r-v*, 4 Marzo V Ind. 1456.

[8] In tutta l'isola erano particolamente attivi i mercanti genovesi che barattavano panni inglesi contro frumento e formaggio siciliani; i tessuti inglesi pur essendo più costosi, cominciarono a soppiantare in Sicilia non solo i panni *catalanischi* ma anche quelli fiorentini, notoriamente pregiati, segno di un tenore di vita elevato. Le stoffe venivano acquistate all'ingrosso in gran parte da ebrei *apothecarii* che li rivendevano al minuto. Sappiamo che ad Agrigento la grossa *apotheca* di panni inglesi di proprietà di Salamone e Xangueli de Anello riforniva la città e il territorio.

no numerosi nell'isola.[8] Anche panni *de belui*[9] e *fustaini* erano usati per tuniche e *clamidi* colorate con fregi o scure per indumenti *de visito* (di lutto) e panni di Perpignano per gonnelle.[10] Una volta importate le stoffe, ebrei esperti *tingituri* si sbizzarrivano nelle tinteggiature, i *rindellari* nella creazioe di elaborati e decoratissimi veli listati d'oro e *custureri* nella fattura di tuniche *caudate*, di ricchi mantelli, gli orafi nel decorare e impreziosire *cajule* e *glimpe*. Non per niente Ruggero II conquistando la Grecia aveva portato con sé nell'isola molti giudei drappieri e *donne di tessere peritissime*.[11] Da capo a piedi ogni indumento femminile, rifinito e decorato richiedeva una particolare perizia che induceva ad una progressiva specializzazione del lavoro. Le donne indossavano tuniche, toghe, *guarnacche* o *dubletti*, leggeri o *infoderati*, secondo le stagioni, di *panno blavo* o gonnelle e camice con sopra i *guardacore*, corpetti o busti corti, i giubetti o *farsetti*, *gipponi*, da cui il detto siciliano *prima la cammisa e poi lu jippuni*.[12] Tali indumenti venivano cuciti dai sarti e poi arricchiti con preziose e luccicanti decorazioni che li rendevano originali ed esclusivi.

Non c'era corredo di sposa in cui non vi fossero delle *zone*, cinture di seta a colori vivaci fermate alla vita da fermagli d'argento dorato come quelle che Mayruna vedova di Trapani acquista per due once dai tutori dei figli di Aidone Tera, «zonas duas unam cum cinto de sita virdi et aliam de sita rubea munitas argento deaurato» insieme ad una «buctunera de argento filato fino» per nove fiorini.[13] Nell'inventario tutelare a favore dei figli di Ricca Sinena di Palermo è meglio descritta «zonam unam de argento cum eius perchio serici rubei cum undecim peciis argenti computata buccula et mordenti».[14] Queste brillanti chiusure agganciavano sete rosse e verdi che arricchivano alla vita le morbide coloratissime tuniche. Il verde era un colore

[9] Il termine panno *belui* sempre riferito a indumenti maschili e femminili, probabilmente indica la provenienza non la qualità o il colore del tessuto; come è stato ipotizzato dal Gabotto potrebbe trattarsi di stoffe provenienti da *Blaives* in Francia. F. Gabotto, *Inventari messinesi inediti del Quattrocento*, in ASSO, IV, 1907.

[10] AST, *Notai defunti*, notaio Cirami N., vol. 8771, c. 40, 18 Novembre 1476.

[11] R. Gregorio, *Opere Scelte*, cit., p. 732.

[12] Citiamo come esempio per questi indumenti: AST, *Notai defunti*, notaio G. Miciletto, cc. 30*v*-31*r*, 1432.

[13] AST, *Notai defunti*, notaio G. De Nuris, vol. 8569, cc. 16*v*-17*r*, 19 Gennaio 1427.

[14] ASP, *Notai defunti*, notaio G. Randisi, vol. 1151, cc. 126*r*-131*r*, 4 Aprile 1454.

[15] Nell'inventario dei beni del banchiere David de Minachem di Sciacca troviamo i seguenti indumenti: «mantum infoderatum panni virdi usitatum corporis dicti qn. David... duas chappas usitatas... duo caputea... unum gipponum de sita nigra...». ASS, notaio A. Giuffrida, vol.9, cc. 58-59, 9 Maggio 1455.

frequentissimo se persino i mantelli maschili venivano foderati di panno di questo colore[15] che si riteneva, riposasse la vista.[16] I colori venivano scelti per il loro valore simbolico, per le virtù magico-terapeutiche, come pure le pietre preziose cui la medicina medioevale specie araba attribuiva proprietà dettagliatamente descritte nei *Lapidari*.[17] Il valore delle *zone* era dato dall'*armatura* d'argento che si tramandava da madre in figlia o da nonna a nipote; in un testamento si parla di «catinellam unam argenteam nec et armaturam unam *argenteam* absque zonam»;[18] in un altro Suna vedova di Trapani lascia alla nipote Suna tre once da utilizzare «in construcione unius *zone* de argento et alie uncie tres debeant expendi in empcione perularum ad opus dicte Sene, nec non et super rebus infrascriptis: buctunera una de argento filato, quam ipsa Sena habet in quadam sua gunnella, ponderis unciarum octo qui buctoni sunt in numero triginta quinque; coronecta una seu iorlandecta de argento imperulata et ysmaltata cum lapidibus diversorum colorum; zona una de argento dicte testatricis... puctanella una de perulis cum buctonis quinque de argento filato et deauratis et ismaltatis...».[19] La nonna lasciava alla sua nipote prediletta non solo i gioielli ma anche un corredo ricco di preziosa biancheria da letto e da tavola. Si può immaginare quale doveva essere il fulgore di queste donne dalle gonnelle e dai corpetti arricchiti di bottoniere luccicanti e adorne di cinture, veli e mantelli. Qualunque donna ebrea aspirava ad avere in dote una o due di queste preziose *armature* con cinture interscambiabili che, nel corso del XV secolo furono oggetto di divieti nei regolamenti contro il lusso.[20] Le *zone* con cinture rosse, verdi o *lastriate* con stoffe e tessuto d'oro, non solo si ereditavano, si scambiavano, si davano in pegno, in dote, bastava sostituire la cintura di stoffa per adattarla a qualsiasi vestito. Esistevano inoltre preziose maniche arricchite di ricami e applicazioni di perle,

[16] Nel XIV secolo il medico di Moncalieri Giacomo Albini nella sua opera *De Sanitatis custodia* scriveva: «Quod si per loca nivosa itinerare necesse fuerit vestibus viridibus vel persis utendum est et super oculos pannus viridis subtilis vel niger teneatur ne visus propter altedinem nimis disgregetur». La citazione si trova in G. Gobotto, *Inventari messinesi inediti...*, cit., p. 159.

[17] *Ibidem*.

[18] ASS, *Notai defunti*, notaio P. Verderame, vol. 10, cc. 40*r*-43*v*, 17 Novembre 1462.

[19] AST, *Notai defunti*, notaio G. De Nuris, vol. 8569, cc. 118*r v*, 119*r*, 10 Agosto XIII Ind. 1434.

[20] Citiamo come esempio i capitoli presentati dagli agrigentini al Viceré Nicola Speciale e approvati il 6 Giugno 1426, riportati nel *Libro Verde* della città p. 38 e seguenti. Vi si legge: «che nessuna donna di qualsivoglia stato condizione e grado possa portare addosso né permetta ai suoi figlioli che portino ornamenti d'oro cioè collare, paternostri cintura o altro qualsivoglia non passi la somma e quantità di un marco d'oro». G. Picone, *Memorie Storiche Agrigentine*, Stamperia Montes, 1866.

merletti e bottoni di argento che formavano dei disegni che si potevano apporre su diversi vestiti per le cerimonie, le feste nuziali, i conviti, le danze; come quel «par manicarum de scarlata cum buctonis de perlis quinquaginta tribus» di cui si parla in un inventario della metà del secolo.[21] Anche le bottoniere, come abbiamo visto, si applicavano a diversi indumenti e in particolare ai corpetti, e in questo caso sono chiamate *pitere* cioè ornamento del petto. Ad esse si riferisce sicuramente il Gregorio quando scrive: «non si conosceva più leggiadro ornamento negli abiti che in varie parti di esse e principalmente nelle estremità e sulle braccia e dinanzi al petto appiccarvi delle liste di seta con fregiatura che compariscono simiglianti alle fettucce di oggi dì. Essi erano piene di assai oro filato e di perle disposti a certi compassi e soleano ancora apparirvi delle laminelle d'oro smaltate, le quali fregiature noi abbiamo osservato sugli abiti dell'imperatrice Costanza moglie dello imperatore Federico. Ed era allora gran lusso portare nelle braccia e dinanzi al petto queste liste accoppiate assieme e altre vi mettevan delle cordelle ornate anche di perle».[22] Il Gregorio riteneva che questo fosse l'abbigliamento delle donne dei militi o cavalieri, in realtà nel quattrocento tale tipo di abbigliamento era ampiamente diffuso; chi non nuotava nell'oro ne riduceva il numero contentandosi di un paio di capi, ma nessuna donna pensava di rinunziarvi del tutto. Le ebree risparmiavano sulla confezione degli abiti dato che imparavano spesso dai mariti il mestiere di drappieri, *rindellari*, sarti, orafi, corallari, artigiani del cuoio e soprattutto tintori. Nel mestiere di tintori gli ebrei per tutto il periodo musulmano ebbero, secondo Goitein il monopolio, in quanto conoscevano procedure tecniche che, tramandate di padre in figlio, sarebbero rimaste segrete.[23] Fra gli indumenti figurano talvolta le pellicce utilizzate per foderare vestiti o mantelli invernali[24] ma che non dovevano essere segno di distinzione come le lane straniere,[25] le sete o i broccati. Ricca de Minixi di Palermo «portao ad so maritu Manuel figliu di Abram Rabi Iacob», è scritto nella rara *Ketubbah* tradotta in siciliano dall'ebraico: *sutana*

[21] Cfr. nota 15.

[22] R. Gregorio, *Opere Scelte...*, cit., p. 744.

[23] S. D. Goitein, *Ebrei e Arabi nella Storia*, cit., p. 118.

[24] ASS, *Notai defunti*, notaio A. Liotta, vol. 2, 8 Luglio 1436 e ASP, notaio F. Giuffrida, vol 1383, cc. 135*v*-136*r*, 6 Novembre 1482.

[25] Il commercio dei panni totalmente di provenienza straniera era un'attività privilegiata dei giudei siciliani. In quasi tutti gli atti notarili di diverse città dell'isola s'incontrano panni provenienti da: Perpignano, Bruges, Valenza, Venezia, Firenze, Pisa, Barcellona, Olanda, Frisia, Maiorca, Francia, Belvis, Londra. R. M. Rizzo Pavone, *Gli Archivi di Stato siciliani e le fonti per la storia degli ebrei*, in «Italia Iudaica», Atti del V Convegno Internazionale, 1995, p. 79.

blanca, et inli maniki horu et sita et foglecti di argentu autra sutana cum frinza di sita, autri sutani blanki V, dubilettu cum maniki di sita virdi damaskini inceriulati cum pitera di sita nigra, autru dubilettu cum maniki di ziti viulectu cum pittera di pannu autru cum maniki di sita capilla et cum pitera di panno nigru; tobaglia di collu di sita cum pimpinelli di argentu et di horu, autra tubaglia... ki est di sita jalna caiula di sita leonata cum curunetta di argentu inceurata et cum pinpelli di argentu, autra di sita veulata cum curunetta di argento e cum pinpelli di argentu, autra tariziata di horu et di sita, autra una pichula cum curunetta di horu per la horatura, fazolu leonatu cum sita et horu, autra di sita zarca.[26] Il corredo di Ricca de Minixi conteneva tutto quello che una giovane avvenente ed elegante sposa potesse desiderare. La immaginiamo luminosa lanciare bagliori di luci su uno sfolgorante bardato destriero, seguita da una folta processione di giovani fanciulle e fanciulli recarsi al cortile della *muschita* per le solennità nuziali. Se le donne di alto rango richiedevano per i loro abiti e ornamenti la perizia di artigiani ebrei si può immaginare cosa costoro riuscissero a produrre per le loro donne. I gioielli per il capo, alcuni dei quali sono menzionati alla fine del singolare documento, facevano delle ragazze delle vere e proprie reginette e meritano un'attenzione particolare specie *fazzoli* e *cajole*. I primi erano veli di seta e oro che adombravano il viso delle caste fanciulle, il secondo (il cui termine il Pasqualino fa derivare dall'ebraico *chelila* cioè corona), fettucce o cordoncini intrecciati che secondo il Salomone Marino, corrisponderebbero a certi ornamenti del capo che ancora oggi fanno parte del costume delle donne albanesi di Sicilia.[27] Secondo il Lanza di Scalea la *cajola* corrisponderebbe invece alla *coiffe* francese, una specie di reticella tessuta ad oro che raccoglieva la lunga capigliatura delle donne sulla nuca.[28] Su di essa si ponevano le ricche coronette, i *frontali*, le ghirlande d'argento o d'oro con pietre preziose, perle e smalti; di perle e argento erano anche le collane, *channache* di perle e smalti come ad esempio *pernaturam unam de perulis cum septi smalti ad octu posti de perulis* che Perna de Asesi di Caltabellotta lascia in eredità alle figlie[29] o la *coronetta seu jorlandecta de argento imperulata et ysmaltata cum lapidibus diversorum culorum* della già menzionata Suna Cuino di Trapani.[30] I Cuino di Trapani famiglie ricche della Giudecca commerciavano in panni, esercitavano prestito ad

[26] Cfr. capitolo sulle *Ketubbot*.

[27] S. Salamone Marino, *Le pompe nuziali e il corredo delle donne siciliane nei secoli XIV-XVI*, in, «Archivio Storico Siciliano», n. 8, I, 1876, pp. 219 sgg.

[28] P. Lanza di Scalea, *Donne e Gioielli in Sicilia*..., cit., p. 24.

[29] ASS, *Notai defunti*, notaio P. Verderame, vol. 13, 17 Novembre XI Ind. 1462.

[30] Cfr. nota 19.

usura, erano famosi maestri corallari.[31] Gli ebrei commerciavano l'argento e l'oro in quanto fabbricanti di ornamenti fin dai secoli dell'Islam, ma importavano dall'Oriente anche le perle[32] che compaiono di frequente ed in grande quantità negli inventari di ebree come decorazioni di abiti, gioielli e come forma di investimento di capitali. Nei gioielli c'è una netta prevalenza delle perle su altre pietre preziose forse perché era più facile reperirle o perché ad esse si attribuiva un particolare valore simbolico. Non è raro il caso di inventari che fanno riferimento a certe quantità di perle sfuse. Disiata de Galfa di Sciacca nel suo testamento, dove nomina eredi un fratello e il figlio di un altro fratello, lascia il corredo a Rachila figlia della sorella tranne *certas periulas et certos anulos argenteos et certos buctunellos argenteos que periule et argenti volit quod sint heredum universalium*. Perle e argento facevano parte del patrimonio di famiglia e in una società patriarcale non potevano che essere ereditati dai parenti in linea maschile.[33] Ecco perché delle *zone* femminili disponeva il *pater familias* come quel Vita Agarien di Sciacca che dichiara di possedere, nel suo testamento, *zonam unam de argento magnam valoris florenorum sex cum dimidio item zonam aliam parvam de argento*... che sarebbero andate al figlio Iacob, e solo se costui non fosse sopravvissuto sarebbe andate alla madre Perina *eius uxori*. David e Giuda de Lazzara di Sciacca si dividono alcuni oggetti: il primo riceve *zonam unam de argento cum cinto rubeo et duos libros ebraicos*, l'altro, *tacciam unam de argento et quinque peccia librorum*...».[34] Indossare gioielli non era solo privilegio delle mogli di medici, banchieri e mercanti, anche le donne degli artigiani, aromatari e barbieri riuscivano ad avere la loro *parure* da sfoggiare nelle occasioni festive. Dara giudea di Messina, vedova di Abram Marracha nell'inventario tutelare richiesto a beneficio dei figli Saydone, Farachi e Mulchayra mostra orgogliosamente le sue gioie; *guarnimentum unum cannibulorum mulieris de argento consistentem in tribus frustis, item anulos tres de auro, item anulum unum de auro parvum et alium de argento item catinellam unam de argento cum aliquibus curallis et aliis rebus ibidem alligatis parvulorum. Item jor-*

[31] Uno di costoro era Charono Cuino presso il quale Stera vedova di Lia Sala «locavit» il figlio minore di dodici anni Saddone «ad standum cum eodem Charono et ei servendum in apotheca arte predicta ad faciendum paternostros et alia opera de curallo». AST, *Notai defunti*, notaio G. de Nuris, vol. 8571, c. 66*v*, 4 Agosto X Ind. 1432.

[32] S. D. Goitein, *Ebrei e arabi nella storia*, cit., pp. 118 sgg.; M. Gil, *The Jews in Sicily under Muslim Rule in The Light of the Geniza Documents*, in «Atti del convegno Italia Iudaica», 1983, p. 92.

[33] ASS, *Notai defunti*, notaio P. Randazzo, vol. 27, cc. 41*v*-42*rv*, 7 Novembre 1485.

[34] *Ibid.*, notaio Amato de Messana, vol. 20, cc. 85*v*-86*r*, 24 Marzo 1476 e notaio Randazzo, vol. 6, c. 469*r*, 27 Luglio XV Ind 1467.

landectam unam perlarum cum aliquibus ysmaltis item birrictam unam de billuto rubeo cum quadam manu argentea ibidem affixa.[35] Dara portava sul suo elegante berretto di velluto la singolare spilla d'argento a forma di mano che probabilmente corrosponde a quella che si trova ancora oggi tra i *souvenirs* nei mercati dei paesi arabi, in Israele, la *mano di Fatima* come ciondolo amuleto portafortuna; il che conferma quanto nell'isola la cultura araba fosse penetrata fra le comunità ebraiche e si fosse mantenuta viva fino alla fine del XV secolo.

Non si può tacere degli accessori dell'abbigliamento, borse e scarpe talvolta menzionate nei documenti; borse e borsette di cuoio, di panno ricamato, di broccato di velluto come, *bursam unam de villuto rubeo*[36] o *burza de auro cum duobus buctonis de perlis.*[37] Per quanto riguarda le calzature troviamo sia semplici *patiti* che scarpe di pelle dorata, *auripellium*, intagliata. I patiti erano semplici zoccoli di legno, mentre le scarpe di pelle avevano spesso la suola di sughero con la zeppa alta adatte alle lunghe tuniche e agli ampi mantelli. Per le scarpe femminili si usavano anche stoffe genovesi, sappiamo che per ogni paio occorrevano due palmi di panno e che il colore più richiesto era il rosso.[38] Un bando dei giurati di Sciacca degl'inizi del XVI secolo stabiliva i prezzi e descriveva dettagliatamente i vari tipi di calzature «li cauzaruni di vacca a tari uno e grana 10 lu paro et li cauzari di sommacco e bikina per li gentilomini et persuni onorati a tari uno e grana 15, et li cauzari di donna a tari uno e grana 3 et li cauzari di montunini fimminini a grana 15 lu paro et la solatura per li gentilomini et plubicani a grana 12».[39] Gli ebrei, come i cristiani compravano e vendevano sia i modesti *patiti* come le raffinate scarpe di pelle dorata per le loro donne.[40] Le ebree amavano il lusso co-

[35] F. Gabotto, *Inventari Messinesi inediti*..., cit., p. 263.

[36] AST, *Notai defunti*, notaio G. Miciletto, cc. 30*v*-31*r*, 1432.

[37] ASS, *Notai defunti*, notaio A. Giuffrida, vol. 9, cc. 58*rv*-59*r*, 9 Maggio 1455.

[38] Un mercante genovese, Giorgio Casanova, attivo ad Agrigento agli inizi del XVI secolo dove barattava diverse merci, vende al *magister Jacobus Octavianus* di Agrigento cinquanta paia di calzari di panno genovese: «Magister Iacobus Octavianus... sponte se constituit debitorem nobili Georgio Casanova ianuensi... in uncias sex tarenos VI et grana X... et sunt ut dixerunt pro precio parum quinquaginta dimidiarum caligarum mulieris de panno de Genoa di longriza di palmi dui lu paru videlicet trenta para russi et vinti de culuri...». ASA, *Notai defunti*, notaio Capizzi Matteo, vol 2898, cc. 274*v*-275*r*, 13 Novembre 1525, cit. in A. Scandaliato M. Gerardi, *Genovesi a Sciacca ed Agrigento nel XV secolo*, cit., pp. 67-81.

[39] *Ibid.*, Carte antiche di Sciacca (1449-1588). Frammenti di registri di atti della Curia dei Giurati, Reg. 2, c. 115, 11 Novembre 1516.

[40] Ricca Sinena di Palermo sul bancone della sua grande *apoteca* aveva anche quattro paia *de patitis novis pro mulieribus* e Marzuco de Asesio di Sciacca vendeva una certa quantità di *auripelli* ad un cristiano per cinque once e undici tari. ASP, *Notai defunti*, notaio G. Randisi, vol 1151, cc. 126-131*r*, 4 Aprile 1454; ASS, notaio N. Randazzo, vol. IV, c. 444*v*, 4 Maggio 1446.

me le donne cristiane, come queste sfoggiavano ori e argenti, tutte erano accomunate dall'attenzione vigile di padri e mariti, dal rigore delle autorità, dalle strategie di controllo di cui erano oggetto, dalla morbosità degli sguardi maschili densi d'orgoglio ma anche di timore.

Parte IV

Tra leggi ebraiche e leggi locali: capacità e incapacità giuridica delle donne

Com'è stato chiarito nella prima parte del lavoro la parziale autonomia istituzionale delle giudecche siciliane, si profila in età normanna e si articola nei secoli successivi fino a riservare alla giurisdizione rabbinica, materie come il diritto familiare, non più soggette al controllo del potere laico o ecclesiastico. La distinzione tra materie non è tuttavia netta e la tentazione di invadere la sfera di competenza forte. È stato recentemente rilevato che la condizione giuridica degli ebrei si fa progressivamente più vicina a quella di *cives* che possono godere pienamente di diritti all'interno delle comunità, ma limitati all'esterno «nella titolarità di funzioni pubbliche».[1] Tuttavia l'inserimento e talvolta la parziale assimilazione in contesti sociali dai connotati giuridici diversi finiscono per far perdere alle comunità la specificità giuridica come espressione della loro identità. È lecito chiedersi quali riflessi, queste emergenze abbiano avuto sulla condizione giuridica delle donne. Il destino dell'ebrea siciliana si gioca tra leggi ebraiche e leggi locali in un complicato intreccio non facile da districare.

Approfondire la questione, che sottoponiamo agli esperti di diritto, non è compito che ci siamo assunti; ci limiteremo, per la complessità del tema e per la nostra limitata competenza, ad alcune puntualizzazioni indotte dall'evidenza dei documenti. La lettura di una recente pubblicazione di Blu Greenberg «On Women and Judaism»[2] e alcune osservazioni storiche della scrittrice su questa materia, confortano le conclusioni cui siamo pervenute attraverso il lungo lavoro di reperimento e analisi del materiale documentario.

La letteratura biblica discriminava giuridicamente le donne ponendo limiti alla sua capacità di agire, sottolineava nel contempo l'esigenza di proteggerle e tenere alto il loro onore in quanto madri. Figure femminili quali Rebecca, Bethsheba, le donne profetesse, s'impongono tuttavia, nella tradizione in netta contraddizione con la leg-

[1] S. Mazzamuto E. I. Mineo, *Sulla condizione giuridica degli Ebrei in Sicilia nel Tardo Medioevo. Tra autonomia e subordinazione*, in «Italia Iudaica», 1995, p. 458.

[2] Blu Greenberg, *On Women and Iudaism*, Philadelphia-Jerusalem, The Jewish publication Society of America, 1994.

ge biblica. «The law», scrive la Greenberg, «presupposes a passive woman whose destiny was controlled by men, but the narrative portrays matriarchs as powerfull figures».[3]

Il passaggio dalla legge biblica al diritto rabbinico, sistema aperto e flessibile modifica la condizione di assoluta dipendenza della donna nella famiglia, (la stessa cosa si verifica nel passaggio dal diritto romano a quello giustiniano), lentamente evolutasi nel Medioevo fino ad aprire nuovi spazi alle donne.

Di *ketubbot*, poligamia, divorzio, diritto matrimoniale e successorio abbiamo in parte trattato accennando alle *taqqanot* di Rabbenu Gershom che, assimilate anche dai paesi di area sefardita, ostacolarono le forme più violente di ripudio.

La *ketubbah*, ricordiamo, aveva la funzione di garantire i diritti delle donne sia nel matrimonio che in caso di divorzio, compensando la loro condizione di dipendenza; in questa materia, tuttavia, come nel diritto successorio, gli ebrei riconoscevano validità alle consuetudini locali. Per la legge ebraica il marito ereditava dalla moglie ma non viceversa, nei paesi di area sefardita non ereditava i beni della moglie che, in mancanza di figli, ritornavano ai suoi parenti o erano divisi a metà tra padre e marito, come accadeva a Palermo secondo le consuetudini dei giudei specificate in un documento del 1425. Riccuna figlia di Manuele Farachi e moglie di Chaymi Silem, muore senza lasciare prole, la sua *chituba*, viene divisa tra il padre erede e il marito.[4] Un caso singolare abbiamo registrato a Sciacca dove il 27 febbraio 1489 Chaymi Sala emancipa la figlia Grazia moglie di Natale de Actono affinché «ut civis romana»...«possit et libere valeat Gratia ipsa disponere, testari et ordinare iuxta sui voluntatem et facere omnia que facere potest quilibet persona libera et a paterna, potestate liberata...».[5] Subito dopo il notaio registra le ultime volontà di Grazia la quale «iacens in lecto infirma corpore, sana mente et racionabilis intellectus, ex quo pregnans est», dispone che suoi eredi saranno «in omnibus bonis suis postumum seu postumam vel postumos nasciturum, nascituram vel nascituros ex se et dicto Natali eius marito supervenerit seu supervenerint ad lucem». Se non fosse nato vivo il figlio che Grazia portava in grembo, il padre Chaym sarebbe stato suo erede universale. Grazia, nonostante fosse sposata, non era ancora stata emancipata dal padre; possiamo pensare che l'emancipazione come atto formale non venisse fatta dal genitore

[3] *Ibid.*, p. 59.
[4] ASP, *Notai defunti*, notaio A. Aprea, vol. 798, c. 27*r*, 1425-1426.
[5] ASS, *Notai defunti*, notaio G. Cutrone, vol. 57, cc. 150*v*-151*r*, 27 Febbraio 1489.

quando il figlio o la figlia raggiungevano la maggiore età ma quando costoro dovevano compiere atti di disposizione di beni. Il rischio dei parti era molto elevato sia per le donne gravide che per i nascituri e il costume di stilare testamenti prima dell'evento è registrato anche in parecchie lettere dalla *Genizzah* del Cairo con lo stesso formulario che troviamo nel nostro documento della fine del XV secolo.[6]

A Termini Imerese Xibiturzio de Policii prevedendo che la moglie Ioya molto malata sarebbe morta, si accorda con i genitori di lei per dividere a metà le spese mediche precisando che «intendit nonnullas expensas facere pro medela et cura ipsius Ioye...» da «excontare super dotibus et chituba...».[7] Le consuetudini prevedevano in tali casi che il marito potesse tenersi *lectum cum meliori apparatu suo*, ma non *repetere quod in aegritudine uxoris expendit*; anche la legge ebraica (*ketubbot* 4:4,51a) dava diritto alla donna di essere assistita curata e seppellita a spese del marito, ma in tale materia, come in altre, si riconosceva validità agli accordi tra le parti.

A garanzia della sua *ketubbà* la donna poteva rivalersi su beni mobili e immobili del marito, vendendoli per alimentarsi sia che fossero in suo possesso che in mano agli eredi. Finché non esigeva giudizialmente e giurava di aver ricevuto il documento, aveva diritto ad alloggio e alimenti. Covino de Galiono di Sciacca, nel suo testamento, specifica che la sua seconda moglie Agnese aveva diritto a tre onze e alcuni arredi come corrispettivo in denaro della sua parte di beni, e finché i suoi eredi, figli della prima moglie, non le avessero dato la somma, le avrebbero garantito una casa «in quaposse habitare» e il reddito di un'altra casa in affitto; se si fosse risposata avrebbe avuto entro tre anni le tre onze.[8] In ogni occasione entravano in gioco le consuetudini locali che gli ebrei seguivano in materia di tutela, successioni, regimi dotali, come dimostrano gli atti notarili.

Donne ebree e cristiane vivevano, nel Medioevo, in una società dominata dagli uomini e giuridicamente la loro posizione si qualificava più per le norme inabilitanti che per le prescrizioni attive. Tuttavia le fonti del tardo Medioevo lasciano trasparire una condizione femminile in mutamento, come risultato di una mobilità sociale intensa che vede le donne impegnate a ritagliarsi spazi di autonomia.

[6] «We have wills of pregnant women... made in anticipation of the possibility», scrive Goitein, «Two wills provide for the child male or female who would survive the mother, one also giving generousey to charities and relatives...». S. D. Goitein, *Mediterranean Society*..., cit., p. 232.

[7] ASTI, *Notai defunti*, notaio P. de Ugone, vol. 12854, c. 14*r*, 13 Settembre 1485.

[8] ASP, *Notai defunti*, notaio F. Giuffrida, reg. 1380, cc. 168*v*-169*rv*, 30 Gennaio 1480.

Le ebree, forse più coinvolte delle cristiane nella gestione dei beni familiari o nelle attività artigianali e commerciali dei mariti, s'inseriscono, tentando di svincolarsi dai controlli maschili, nel tessuto di una società che dal XIII al XV secolo vive la sua fase più dinamica e in un sistema giuridico in gran parte formalizzazione di diritto consuetudinario.

Le *consuetudines* che regolavano la vita civile delle maggiori città siciliane, erano nate dalla fusione di elementi del diritto romano, modificato dagli usi locali, di usi nordici e di leggi bizantine.[9]

Gli ebrei potevano, sebbene non sempre pacificamente, regolarsi nel diritto privato secondo la legge mosaica affidata al lavoro esegetico dei giudici spirituali delle comunità o ai Proti che, nell'isola, esercitavano un controllo politico soprattutto sul diritto matrimoniale. La continua convivenza con i cristiani, tuttavia, comportava un progressivo adattamento alle consuetudini locali, seguite nella prassi, in materia di diritto privato in alternativa al diritto mosaico. Motivi di convenienza, di semplificazione giuridica dettati da casi specifici e circostanze diverse potevano indurre gli ebrei a scegliere in luogo del regime della loro legge quello della popolazione ospitante al quale, tuttavia, non erano vincolati come i cristiani. L'ambiguità della loro condizione giuridica e spesso l'incertezza del diritto crearono uno dei tanti paradossi della condizione ebraica che, nel caso delle donne, finiva per favorirle consentendo margini di scelta più ampi. È questa l'impressione che abbiamo ricevuto dalla lettura di tante carte notarili. Questa *forma mentis* che induceva gli ebrei ad utilizzare e adattare la legislazione esistente ai loro bisogni, è sottolineata dal Goitein anche in relazione alla società della *Genizzah*, «our studies of the disposition of property made in the face of widowhood and divorce have shown how the Geniza people tried to adapt existing legislation Jewish and Muslim to their own social notions or personal wishes».[10]

Le donne avevano una ridotta capacità giuridica e una limitata capacità di agire che rendeva necessaria, perché potessero compiere atti giuridici, la presenza e l'autorità di un rappresentante o consultore da esse scelto come *mundualdo*. L'istituto del *mundio* di matrice longobardica si configurava come forma di tutela perenne delle donne libere che non potevano compiere atti di obbligazione o di disposizione di beni mobili e immobili senza la presenza del

[9] V. La Mantia, *Antiche Consuetudini delle città di Sicilia*, Palermo, Alberto Ruber 1900, idem, *Leggi Civili del Regno di Sicilia* (1130-1816), Palermo, Alberto Ruber, 1895.

[10] S. D. Goitein, *Mediterranean Society*..., cit., p. 277.

mundualdo. L'istituzione permase fino all'età moderna nel mezzogiorno d'Italia come formalità più o meno osservata secondo le situazioni familiari. Il mundualdo non compare in parecchi contratti commerciali in cui sono coinvolte ebree del XV secolo specie vedove che in prima persona sono impegnate in atti di obbligazione, di compravendita, di mutuo, di enfiteusi, di disposizione di beni (testamenti, donazioni).[11]

Nella società tardo medioevale, la mobilità, nelle città come nelle campagne, produceva condizioni di confusione giuridica che finivano per favorire le donne.

Le ebree si trovavano spesso di fronte a questioni giuridicamente controverse sia per quanto atteneva il diritto privato che quello pubblico, proprio in quanto era loro concesso di seguire all'interno delle comunità la legge mosaica. Potevano chiedere l'applicazione della loro legge o seguire le norme consuetudinarie. Le *consuetudines* delle città siciliane, differivano nel restringere o meno la libertà per le donne di disporre dei beni, libertà che, in genere, si restringeva in regime matrimoniale di comunione dei beni per nascita dei figli, mentre per esempio a Siracusa la comunione si limitava agli acquisti successivi. Secondo il diritto mosaico rigidamente applicato le donne erano escluse dalla tutela anche se sposate; tuttavia la prassi e l'influsso delle costumanze dei vari luoghi contribuirono alla disapplicazione

[11] Citiamo alcuni contratti in cui vi sono vedove che si obbligano, senza la presenza del mundualdo, nei confronti di terzi.

MISUDA vedova di Marzuco de Asesio «arrendavit, subiugavit et oneravit... tenimentum unum domorum terraneum in parte palaciatum» a Vita Iubaira che le aveva prestato sei once. ASS, *Notai defunti*, notaio Amato Messana, vol. 20, cc. 5*v*-6*r*, 1466-1467.

GAUDIOSA vedova di Murdoch lu Mastru e CHASSUNA vedova di Murdoch Lupresti, concedono in enfiteusi a Murdoch Cuino di Sciacca un tenimento di case nel quartiere ebraico *Cadda*. Idem c. 75*v*, 29 Giugno 1466.

GAZELLA vedova di Vita de Gabriele vende a Channa vedova di Machalufo de Galiono alcuni diritti di censo e compra altri censi da Sadia de Minachem. ASP, *Notai defunti*, notaio F. Giuffrida, vol. 1379, c. 144, 19 Novembre 1478.

MAYRUNA judea vedova di Iudarello Chirusi compra cinture d'argento dorato ed altri gioielli da David Tera e Samuele Rachamino. AST, *Notai defunti*, notaio G. de Nuris, vol. 8569, cc. 16*v*-17*r*, 19 Gennaio 1427.

STILLA judea di Agrigento deve dare al nobile Michele Garcia dodici tari per l'acquisto di una clamide verde «pro parte eius filii». ASA, *Notai defunti*, notaio G. D'Aiatu, vol. 6159, c. 92, 5 Aprile 1470.

LUNA vedova di Bracha de Alexandria di Trapani, mette a bottega il figlio da Iuda de Cimino con l'obbligo di domiciliarsi presso il conduttore «sub virga... ad artem laborandi corallos» e di assistere la figlia del padrone, «ad nutricandum etiam lactandum». AST, *Notai defunti*, notaio Cirami, vol. 8771, c. 203*r*, 15 Gennaio 1478.

ASESA vedova di Iacob Cuchino vende ad Antonio Buba una vigna in contrada *lu sirruni di li surci* a Trapani. AST, *Notai defunti*, notaio F. de Ianca, vol. 8524, 2 Ottobre 1398.

delle norme più rigide e ad una maggiore flessibilità del diritto stesso, una condizione che non riguardò solo gli ebrei siciliani. Citiamo per la sua esemplarità un fatto che riguarda alcuni ebrei di Trani. Tre ebrei inoltrano alla Camera della Sommaria ricorso contro una loro parente, Dolcetta vedova di Abramo di Pedimonte, accusata di avere assunto illegalmente la tutela del figlio minore Deodato che per volontà testamentaria del padre era stato affidato a Mele di maestro Moyse il quale amministrava i suoi beni in modo corretto, mentre la donna «male se gerit circa tutelam pupilli et administracionem bonorum...». I tre sottolineano che la legge mosaica non consentiva alle donne di assumere la tutela: «quia de iure divino quo ipsi ebrei utuntur mulieres sunt excluse a tutelis etiam in quantumcumque coniuncte...».[12] La vicenda illumina bene la situazione di fatto per cui le madri riuscivano ad ottenere la tutela e conferma le ambiguità della condizione giuridica degli ebrei e la difficoltà di rendere compatibili sistemi di norme diversi. La Sommaria, nel caso descritto, conferma Mele di Mastro Ventura cotutore del nipote Deodato insieme alla madre Dolcetta.

Le norme consuetudinarie siciliane prevedevano che morto il marito *ab intestato*, la donna *si fuerit honesta et diligens administratrix* potesse assumere la tutela dei figli *facto inventario* dei beni e altre solennità, *quandiu ad secunda vota non transierit*. Se si fosse risposata la tutela sarebbe stata assunta dal tutore legittimo o in mancanza, da un tutore nominato dalla Curia. In caso di testamento il marito poteva nominare la moglie come tutrice dei figli o designare un parente o un amico che si sarebbero occupati dell'amministrazione dei beni e dell'educazione dei minori, *excepto si mater vel amita educare eos voluerint*; nel qual caso avrebbero ricevuto *pro eorum educatione vitae necessaria*.[13] Il testatore che affidava la tutela dei figli alla moglie, chiedeva il rispetto della consuetudine che imponeva alla donna di non risposarsi pena la perdita della tutela; in previsione che ciò potesse accadere indicava in sostituzione un'altra persona di fiducia.

Dagli ultimi tempi dell'impero e nel periodo di Giustiniano, la tutela non fu più *munus masculorum* ma neppure un obbligo per la donna che *actis sacramento prestito*, assumeva la responsabilità della tutela dei figli. Secondo le Consuetudini di Messina invece *uxor supertes filiorum suorum tutelam gerere potest nulla iuris observantia perquisita*.[14]

[12] Il documento è integralmente trascritto da Cesare Colafemmina in, *Documenti per la storia degli Ebrei in Puglia*, nell'Archivio di Stato di Napoli, Regione Puglia, Assessorato alla Cultura, Istituto Ecumenico S. Nicola, Bari, 1990, p. 75.

[13] V. La Mantia, *Antiche Consuetudini*..., cit., p. 11.

[14] *Ibid*., p. 10. Cfr. anche A. Garufi, *Ricerche sugli usi nuziali nel Medioevo*..., cit., p. 90.

I documenti ci parlano di madri o nonne tutrici o cotutrici quando il testatore nomina tutore un parente prossimo, e confermano che le ebree dell'isola si conformavano alle consuetudini locali e presentavano *de iure* la *peticio de tutrice danda* ai giudici *ydiote curie* e la richiesta d'inventario dei beni a tutela dei minori.[15]

Ricca Sinena proprietaria di un ricco emporio nel Cassero di Palermo oltre a chiedere la tutela dei figli, si dichiara debitrice per la sua dote e rivendica la priorità del suo credito nei confronti di altri creditori della famiglia. Nel documento che la riguarda, è precisata la *conditio sine qua non* per il mantenimento del diritto alla tutela che, cioè, *actis sacramento prestito*, promettesse di non risposarsi e rinunziasse al beneficio del *senato consulto velleiano*; rinunzia che, pare, venisse fatta tutte le volte che le donne assumevano una obbligazione, perché la troviamo in altri atti notarili.

Perna di Termini per aiutare il figlio Musuto Mingi a pagare un debito procede alla *soggiogazione* di una *apotecha* di comune proprietà; alla fine del contratto i due, madre e figlio, come di consueto, giurano *ad legem Moysi* e rinunziano, specialmente *dicta Perna auxilio legis Senatus consultus velliani, beneficio restitucionis in integrum, quibus mulieribus et viduis subvenitur.*[16]

Come è stato già puntualizzato l'adesione degli ebrei alle consuetudini era meno vincolante che per i cristiani, la trasgressione delle norme dunque più frequente. Ecco perché è possibile trovare ebree risposate tutrici dei figli minori. Troviamo una *Tuta mulier judea* vedova di Robino de Aron tutrice dei figli Stella e Perna, che, autorizzata dal secondo marito Sufen de Aguilla concorda con Stella vedova di Muxa de Chalifi il recupero di un debito di costei.[17] Altro caso è quello di Channa di Palermo vedova di Busacca Binne di Termini, tutrice legittima del piccolo Braya risposata con Ioseph de Tripoli di Caltabellotta, rimane a sua volta vedova con Chayruna e Ioyobet minorenni.[18]

Una consuetudine, a quanto pare, seguita senza eccezione dalle ebree, era non fare viaggi da sole per affari, non adire i tribunali, ma nominare loro rappresentanti e procuratori. La stessa Ianna di Palermo per recuperare l'eredità dei figli a Termini poiché, *est mulier*

[15] I giudici della Corte Baiularc erano due, come era stato stabilito da una legge di Federico III d'Aragona nel 1312, *iuristae et idyote* che potevano emettere decreti in materia di tutela, inventari ereditari, esami di testamenti, vendite e subastazioni giudiziarie, «ius iurandum de debito...», *ibid.*, p. 98.

[16] ASTI, *Notai defunti*, notaio A. Bonafede, vol. 12835, 8ª Unità, 16 Marzo 1447.

[17] ASS, *Notai defunti*, notaio A. Liotta, vol. 25, 15 Maggio 1474.

[18] *Ibid.*, notaio P. Verderame, vol. 13, 28-6,30-6, 18 Luglio 1463.

et non potest ad presens se personaliter conferre ad dictam terram termarum...nomina suo procuratore il nipote Busacca Levi.[19]

Numerosi atti di procura riguardano vedove; più che motivi di pudore erano ragioni finanziarie, spese di viaggio, lunghezza dei processi a scoraggiarle, e preferivano recuperare parte dei beni espropriati con promesse di remunerazioni consistenti per le prestazioni dei loro procuratori. Alamanna vedova di Xallu Gibili di Palermo è erede di Sara de Cuctinario di Polizzi e «minime dicta hereditate adgrediente propter inabilitatem solvere expensas eo maxime accedendi ad terram predictam Policii», incarica Ximinto de Girachio di Polizzi di recuperare l'eredità concedendogli «medietatem pro indiviso omnium et singularum rerum acquisitarum tam mobilium quam stabilium...».[20] La Consuetudine 12 di Palermo sottolinea l'esigenza di evitare per motivi di pudicizia alle donne di esporsi nei tribunali: «mulieres Panhormitane virgines, coniugate vel vidue ad Curiam venire... contra sexus pudicitiam non cogantur, sed in accusando, agendo vel defendendo per propinquos vel procuratores eorum recipi debeant».[21]

Nel XIII secolo le vedove appaiono già vere e proprie protagoniste nella vita familiare e sociale, possono disporre liberamente nei testamenti di beni mobili e immobili, i mariti le nominano spesso tutrici dei figli, il diritto s'interessa di loro per concedere una maggiore autonomia nella gestione dei patrimoni ereditati anche perché si riconosce che *mulier quoque virum non habens se et sua obligari potest.*

Riguardo alle successioni la legge e il costume ebraici subiscono nei secoli modificazioni dettate da necessità contingenti e per influsso di forme di diritto vigenti in altri paesi. Al tempo della *Gennizah*, ad esempio, le ebree potevano essere eredi universali dei patrimoni paterni, nonostante la *Legge* favorisse decisamente i primogeniti maschi o i loro discendenti discriminando le femmine, e stabiliva che il marito potesse ereditare dalla moglie e non viceversa. La disapplicazione di queste norme, pur così radicate nel costume ebraico, traspare dalle lettere della *Gennizah* che descrivono casi di figli maschi e femmine trattati alla pari con parti uguali di eredità, di figlie che sono indicate sole eredi. In effetti erano le circostanze a suggerire ai genitori le soluzioni più opportune per la divisione dei beni, ma niente impediva loro di assumere decisioni di tipo egalitario. Da allora in poi e per tutto il XV secolo, di regola, le figlie

[19] *Ibidem.*

[20] ASP, *Notai defunti*, notaio G. Randisi, vol. 1151, 9 Aprile 1434.

[21] V. La Mantia, *Antiche Consuetudini...*, cit., p. 175.

sposandosi ricevevano la loro parte di eredità come dote; alla sua morte il genitore aggiungeva solo un legato *pro iure recognicionis*. Se invece le figlie non erano sposate, il padre nel testamento fissava delle somme di denaro per il corredo, incaricando la moglie o il figlio maggiore di adempiere a tutte le necessità dell'orfana compresa la organizzazione del matrimonio con relativa dote. Parecchi testamenti del Quattrocento descrivono le volontà del testatore in merito, i beni mobili o immobili destinati alle figlie, il numero dei letti dotali da acquistare, le persone incaricate della amministrazione e gestione del patrimonio fino alla data delle nozze. Non era raro il caso di orfane minori designate eredi universali. In un caso il padre preferisce una delle figlie al figlio maschio; tale Xamuel de Chandarello istituisce erede universale Betsena «puellam impuberem» figlia sua e di Mulchaira, mentre erede particolare il figlio Chaym «in uno caputeo de visito excludens eum ab omni jure». Si precisa che i beni sarebbero serviti per il matrimonio di Betsena e se costei non avesse avuto figli, sarebbero stati destinati alla «muschita judeorum terre Sacce», con l'obbligo di non alienarli e di non trasmetterli al futuro marito della ragazza.[22]

Quantunque i beni immobili potessero essere sostituiti con somme di denaro, si riteneva che la proprietà di case e terreni garantisse meglio l'indipendenza e la sicurezza economica della donna. L'eredità, secondo Goitein, era un forte fattore negativo o positivo che definiva il posto delle donne nella società della *Gennizah*,[23] lo stesso possiamo dire sulla condizione femminile nel tardo Medioevo.

Sulla possibilità per le donne di essere o meno testimoni, non abbiamo per il momento notizie inedite, ma riteniamo che valesse anche per le ebree la consuetudine di Palermo di ammetterle a testimoniare solo «in casibus autem subscriptis, in quibus virorum copia intervenire non potest... videlicet in causis que emergunt in monasteriis monialium, molendinis, clibanis, fluminibus, balneis, ginesiis, timeniis, in partu mulierum, machadariis et congregacionibus mulierum que fiunt propter nupcias et sponsalia in Panhormo».[24] Anche in questo caso non mancano le eccezioni, Stilla judea è teste in un processo della fine del Quattrocento a Modica, tuttavia è giudicata non credibile e accusata di falsa testimonianza dagli stessi giudei e definita *mulier male fame et condicionis*.[25]

[22] ASS, *Notai defunti*, notaio A. Giffrida, vol. 9, cc. 158*rv*-159*r*, 20 Giugno VI Ind. 1458.
[23] S. D. Goitein, *Mediterranean Society*..., cit., p. 283.
[24] V. La Mantia, *Antiche Consuetudini*..., cit., p. 176.
[25] G. Modica Scala, *Le Comunità Ebraiche della Contea di Modica*, cit.

La testimonianza delle donne era infatti *contra sexus pudicitiam* e per di più sospetta sia per cristiani che ebrei. Un'altra limitazione per le donne era non poter prestare fideiussione nei confronti di parenti né di altri; si faceva eccezione *in questionibus criminalibus pro parentibus et filiis et fratribus in quibus deficientibus aliis fideiussoribus admictantur*.[26] Anche per questo caso abbiamo un'eccezione; la vedova di Sciacca Gaudiosa de Formione presta fideiussione in favore di Benedetto de Aram per il pagamento di un debito nei confronti di Nicolò Terranova. Gaudiosa per amicizia o per amore (nel documento si definisce *amica*) di Benedetto de Aram di Palermo, «obligaverit... quandam domum sitam et positam in terra Sacce». Alla sua morte il bene ereditato da Benedetto viene venduto al creditore per nove fiorini col patto di riscatto.[27]

Concludiamo queste scarne annotazioni con un altro esemplare gesto di liberalità di una ebrea di Palermo prossima alla partenza nell'anno della espulsione dall'isola. La vedova Ricca Dinnar dona un *tenimento* di case nel Cassero al nobile cristiano Federico de Diana come ricompensa dei suoi servigi. La donna sottolinea che la casa «ad eam spectare et pertinere tamquam bonum parafernale quod fuit qn. Busacce de Alemagna eius patris et ad eam pervenisse iure hereditario ipsius qn. Busacce francum liberum et exemptum». Non sappiamo quali benefici Ricca avesse ricevuto e quali reazioni avesse suscitato la sua decisione in un momento così tragico, ma questo gesto va sottolineato in quanto prova dell'autonomia di scelte della donna. La sua determinazione è espressa in modo inequivocabile, «nolens ea inremunerata pertransire sed condignis retribucionem meritis respondere cum ex iustitia naturali procedat ut benefactoribus beneficiat...».[28]

[26] V. La Mantia, *Antiche Consuetudini...*, cit., p. 176.
[27] ASS, *Notai defunti*, notaio A. Giuffrida, vol. 9, cc. 92*v*-93*r*, 1 Luglio 1456.
[28] ASP, *Notai defunti*, notaio M. Fallera, vol. 1753, c. 381*v*.

Il sesso di Dinah

Per essere un Dio per te e
per il tuo seme dopo di te.

Genesi, 17:7

Il matrimonio era per gli ebrei sinonimo di fecondità, fertilità, procreazione; non si concepiva un matrimonio non consumato o un'unione in cui la pratica della sessualità non fosse esercitata con regolarità. Più che un affare privato della coppia le relazioni sessuali erano componente importante di una realtà antropologica strutturata secondo le regole familiari sociali e religiose che gl'individui non sceglievano ma assimilavano dalla loro tradizione culturale. E non poteva essere diversamente data la stretta compenetrazione nello ebraismo tra società e religione. L'orgoglio del marito o dei parenti della sposa che mostravano a tutti il sangue della vergine era frutto di quella mentalità collettiva che vedeva nella sessualità della donna lo strumento per assicurare la riproduzione del gruppo familiare e attuare indirettamente una finalità sociale. Il matrimonio non era la conclusione di un rapporto sentimentale ma un'alleanza tra famiglie ratificata giuridicamente che imponeva l'obbligo religioso di relazioni sessuali regolate da una tradizione secolare di consuetudini cui il tempo aveva dato forza di leggi. Nelle *ketubbot* l'obbligo per gli sposi di consumare il matrimonio è menzionato tra altri che, per la loro rilevanza, si ripetono nel formulario dei contratti.

Disponiamo di due *ketubbot* originali tradotte una in latino e un'altra in siciliano in cui si fa riferimento all'obbligo per gli sposi di rapporti sessuali. Nella prima si dice che una certa Yanna vedova di Palermo prende Xibiten Xaul «in suum carum maritum et cum eo matrimonio consumabit ad morem judeorum»; il riferimento al costume ebraico suggerisce che la consumazione del matrimonio e l'attività sessuale futura sarebbero avvenuti secondo riti e regole precise. Nella seconda *ketubbah*, gli sposi sono Efraim Xifuni ed Ester Aurifici di Palermo; il notaio ebreo che traduce con difficoltà il contratto dall'ebraico in siciliano, usa il discorso diretto: «mi obligu... vestiri et alimentari et *usari* cum ti secundu li figloli di Israel n loru mugleri».[1] Come si vede lo sposo che oltre al *mohar* offre a aggiunta alla sposa «pri aviri sua verginitati», si obbliga a vestire, trire, mantenere la moglie e ad osservare l'obbligo dei rapporti sessuali, come tutti gli altri figli di Israele, rispettando e garantendo tale diritto alla donna.

Sia che si trattasse di vergini o di vedove spose il diritto alla regolarità delle relazioni sessuali, compensava le donne della segregazione e dell'astinenza cui erano costrette nei giorni mestruali e dopo il parto. Queste norme igienico-religiose lasciano trasparire la inferiorità della donna, ma rivelano la tendenza costante, anche in altri momenti della vita familiare, a compensarla con forme diverse di tutela fra cui quella della sessualità. Può sembrare strano ma una delle ragioni, e non certo l'ultima, che portava al fallimento di una unione matrimoniale fra ebrei era l'insoddisfazione sessuale della donna; una delle condizioni che, secondo il *Talmud*, le consente di chiedere il divorzio è proprio il caso di donna sposata non adeguatamente soddisfatta (*ketubbot* 5:6,77a). «All of this», ha recentemente sottolineato la Greenberg, «was an important step in recognizing the woman's prerogative in family law».[2] Lo stesso Goitein ha evidenziato che parecchi documenti della *Genizzah* prefigurano realtà familiari in cui gran parte dei conflitti matrimoniali scaturiva da un'insufficiente capacità sessuale dei mariti.[3]

La sessualità all'interno della coppia veniva valorizzata, c'era molta attenzione per la virilità e per la responsabilità maschile nel portare a compimento l'atto sessuale. Se da un canto sul corpo della donna ebrea veniva esercitato un controllo continuo, dall'altro al marito ebreo era consentita una libertà sessuale limitata, rispetto ad esempio al marito cristiano che poteva frequentare altre donne o pubblici bordelli. L'ebrea iniziava la vita coniugale senza quasi conoscere il marito destinatole, la confidenza, la fiducia, l'amore, iniziavano con le relazioni sessuali il cui fallimento poteva compromettere anche il rapporto affettivo della coppia. La donna delle classi medie aveva però, la possibilità ignota alle donne cri-

[1] La prima *ketubbah* completa di un inventario dotale proviene dall'Archivio di Palermo ed è stata tradotta e pubblicata da H. Bresc-S. D. Goitein in *Un inventaire dotal de Juish siciliens* (1479); in *Melange École Francaise de Rome*, 1970. Della seconda si è parlato nel capitolo *Ketubbah*.

[2] Blu Greenberg, *On Women and Iudaism*, cit.

[3] Scrive lo storico: «Since a Jewish couple as a rule, had to find sexual satisfaction within marriage their failure to achieve it was probably often the reason behind the variegated conflict about wich we read in the Gheniza documents».

S. D. Goitein, *The Jewish family*..., cit., p. 279.

stiane di rompere con il divorzio il legame coniugale, se riusciva a dimostrare l'impotenza del marito o la sua scarsa efficienza sessuale di fronte alla corte. Una donna della *Genizzah*, Milah, scrive al giudice Nattan b. Samuel, «io sono assetata nessuno mi dà da bere», dopo due mesi insiste, «io sono una donna assetata, il mio uomo è inutile, lascia che io mi separi».[4]

I Rabbini spesso rilasciavano *responsa* sui doveri coniugali e sessuali di mariti ebrei ma materialmente non era facile stabilire un modello standard di sessualità o delle *performances* ottimali, molto dipendeva dalle condizioni familiari, dal tipo di lavoro dei mariti, dalla permanenza o meno in famiglia e da altre necessità. Tranne quando partivano per lunghi viaggi di affari o culturali, o si recavano per il pellegrinaggio in Terra Santa, nel qual caso occorreva il consenso delle mogli, espresso nel contratto matrimoniale o scritto a posteriori, in genere, i mariti si organizzavano in modo da poter rientrare a casa il venerdì sera, giorno prescritto per il coito settimanale. Per consuetudine infatti la donna aveva diritto ad almeno un rapporto sessuale alla settimana la notte tra venerdì e sabato che segnava l'inizio dello *Shabbat*. Quando l'inadempimento di questo obbligo si ripeteva essa si presentava alla corte con una richiesta di ripudio. Naturalmente una decisione così drastica diventava l'*estrema ratio* dopo che le donne esperte del clan familiare provavano con formule magiche, amuleti, riti vari a migliorare le prestazioni di mariti poco appassionati o peggio, distratti e annoiati.

L'ideale per i mariti era la biblica Rebecca, dolce, pia, virtuosa, il modello per le donne era invece la bella e affascinante Ester, dolce, onesta, ma forte e risoluta. «A woman must be an Ester if she wants to surwiev» (Goiten).

La vita sessuale della coppia ebrea era regolata dalla legge della *Niddah* che vietava il coito durante le mestruazioni della donna, nei sette giorni successivi, prescriveva di limitare i rapporti sessuali in gravidanza e di astenersi per un lungo periodo dopo il parto. La riduzione dei rapporti nei giorni in cui l'epitelio cervicale dell'utero femminile si trova in condizione di rischio e tutta la serie di pratiche igieniche seguite, avrebbe salvaguardato le donne ebree, secondo recenti ricerche mediche, da malattie quali tumore all'utero o alla vagina che statisticamente sono molto più diffuse presso altre razze.[5]

[4] S. D. Goitein, *Mediterranean Society...*, cit., p. 170.

[5] Mamcom C. Anderson, *Eziologia ed anatomia patologica del cancro del collo dell'utero*. L'informazione mi è stata gentilmente data dal Prof. Matteo Arcara che qui ringrazio.

Il problema della sessualità nella cultura ebraica, presuppone inoltre un discorso più ampio che va al di là del semplice rapporto privato di coppia o del vissuto esistenziale dei singoli individui per coinvolgere tutta la *Weltanschauung* ebraica che, anche su questi temi, evidenzia una specificità nel confronto soprattutto con l'etica cristiana. La sessualità ha per gli ebrei, si può dire, una valenza antropologica globale in quanto determina i comportamenti nei confronti dell'esistenza umana, e comprende, come vedremo, significati simbolici, teologici che esprimono il rapporto col divino come unione di due opposte polarità maschile-femminile.

Il termine *Niddah* può indicare: la legge che la riguarda, lo stato di indisponibilità sessuale, il periodo mestruale della donna e quello immediatamente successivo, una donna in stato di *Niddah*. Essa è stata intesa nei secoli in modo del tutto negativo come un ribadire l'inferiorità della donna e la sua *impurità* in certi periodi del mese o come tentativo di proteggere la donna e la sua sessualità imponendo che diventasse un oggetto sessuale. La legge biblica stabiliva sette giorni di astinenza sessuale, nel periodo rabbinico vennero aggiunti altri cinque giorni; il periodo si concludeva con la *tewilah* e il *mikweh* che per gli Aschenaziti assunse forma privata mentre per i Sefarditi divenne vero e proprio rito celebrativo.

L'idea di impurità era associata alla morte, quella di purificazione alla rigenerazione, alla vita. La *Niddah* era anche associata ad un'idea di purezza, era *taharat ha-mishpahah* e *rispondeva* alla necessità di porre un freno ad una eccessiva esplosione della sessualità e di evitare nel contempo le perversioni.

Nelle comunità sefardite il cristianesimo che faceva del sesso un tabù, influì negativamente rafforzando la tendenza alle restrizioni da parte delle autorità comunitarie che si spinsero fino ad interdire alle donne in stato di *Niddah* l'ingresso in Sinagoga.[6] Quali le possibili spiegazioni? Ne tentiamo qualcuna. L'etica cristiana paolina, enfatizzò nel corso del Medioevo la verginità come stato di grazia, modello di salute, mentre quella ebraica s'ispirava al precetto biblico della procreazione dietro cui si celava il mistero della sessualità femminile. Il miracolo della procreazione unito alla difficoltà di comprendere pienamente l'anatomia della donna e la sua sessualità, aveva prodotto nella psicologia del mondo antico e medioevale la paura irrazionale, come per tutto ciò che è misterioso e insondabile, che ha indotto alla demonizzazione della donna e alla continua af-

[6] Queste ultime osservazioni sono interamente tratte dal volume di Blu Greenberg, *On Women and Judaism...*, cit., pp. 105-123.

fermazione della sua inferiorità fisica e intellettuale. I saggi d'Israele annoveravano tra le cose ignote all'uomo il fatto che «non sa cosa c'è all'interno della donna» (Genesi Rabba 65, 7).

La cultura ebraica medioevale, che pure trovava nella *Mishnah* e nel *Talmud* descrizioni dettagliate degli organi genitali femminili e del loro funzionamento ricche di metafore, profondamente influenzata dalla medicina greca e araba, si trovò nella condizione di dover mediare, come nel caso di Maimonide tra linguaggio medico e linguaggio religioso. Galeno, Ippocrate, Aristotele offrivano alla medicina e alla ginecologia ebraica il punto di aggancio per dare una patente di scientificità a delle conoscenze che per il resto servivano a giustificare pratiche religiose e rituali. I numerosi testi ebraici medioevali di ginecologia recentemente pubblicati e tradotti sembrano confermare la presenza di un forte substrato della medicina greca frutto di una concezione antropologica che ribadiva e confortava la tesi biblica della inferiorità della donna. Naturalmente l'attenzione dei dotti si concentrava sul processo fisiologico delle mestruazioni che, in quanto difficilmente comprensibile, finiva per assumere una connotazione quasi mitologica. Le mestruazioni rendevano la donna impura perché macchiata del sangue di Caino (sulle dimensioni di questa impurità i saggi discutevano), ma d'altro canto, erano anche nutrimento del feto e quindi essenziali; da *empasses* come queste era difficile uscire.

Il rispetto della *Niddah* durante il ciclo mestruale, comportava che la donna, si isolasse evitando qualsiasi contatto fisico col marito. Maimonide (che pure non era tra i più rigidi), prescriveva che non riempisse il suo bicchiere d'acqua, non facesse il suo letto; occorreva tuttavia che curasse il suo aspetto fisico, come sosteneva Rabbi Akiba perché il marito non si allontanasse da lei. Nahamenide scriveva: «Essa è una paria, uomini e donne si allontaneranno da lei, essa starà sola e non parlerà a nessuno... La polvere su cui cammina è impura come la polvere delle ossa della morte... Anche il suo sguardo porta male (commento sulla Torah, Lev. 12: 14). Rabbi Nehemia suggeriva anche l'impossibilità della comunicazione perché le «parole che escono dalla sua bocca sono impure».[7]

Il sangue mestruale nella letteratura medica giudaica è indicato con i termini *niddah* (impurità), *ziva* (flusso), *vesset* (regole) o con la parola *perahim* (fiori) usata anche nel famoso trattato di ginecologia di Trotula. Il dibattito sul problema delle mestruazioni femminili sia

[7] Fondamentali informazioni in merito si trovano in Ron Barkai, *Les infortunes de Dinah*, Les Editions du Cerf, Paris 1991.

nella letteratura rabbinica come nei trattati ebraici di medicina medioevali rende più esplicita la ambivalenza con cui la cultura ebraica affrontava la questione della sessualità femminile. Allo stretto controllo esercitato dalla società su tutto il ciclo della vita femminile corrispondeva d'altro canto un'attenzione verso le esigenze sessuali delle donne che non ha eguali nel mondo cristiano.

Dall'antichità al Medioevo testi sacri e successive interpretazioni e commenti presentavano norme dettagliate perché i mariti ottemperassero ai loro doveri coniugali e prevedevano casistiche precise perché nessun marito potesse sfuggirvi; un controllo altrettanto rigido veniva dunque esercitato sui mariti, sul numero delle loro prestazioni sessuali in relazione alla professione esercitata.

Secondo le scuole di *Schammai* e di *Hillel* chi faceva voto di castità avrebbe dovuto ripudiare la moglie entro due o una settimana. Per motivi di studio i mariti potevano lasciare la moglie senza la sua autorizzazione solo per un mese, gli operai solo una settimana. La *Torah* prescriveva anche che i disoccupati dovevano compiere il loro dovere tutti i giorni, gli operai due volte alla settimana, i cammellieri anche, ecc.

La cosa diventava difficile per chi scegliesse la poligamia. Qualche saggio, come Meir Aldabi, consigliava di avere rapporti sessuali dopo le mestruazioni e anche durante la gravidanza, mentre la Chiesa fino al XIII secolo li vietava.

Secondo alcuni commentatori medioevali della *Halakhah* l'uomo deve aver cura e rispettare la propria donna evitando di accoppiarsi a lei con rabbia o con violenza o se lei non lo desidera.

Un prototipo presente anche nel mondo della *Genizzah* è quello della donna sessualmente insaziabile che andrebbe incontro ad una serie di malattie dell'utero.

Lo spirito con cui la società ebraica medioevale affrontava il tema della sessualità era di non isolarla ma inserirla nel quadro di una convivenza quotidiana regolata da norme etico-religiose; solo da una armoniosa vita di coppia sarebbe scaturita la fecondazione come fatto sacro e solo una donna soddisfatta fino all'orgasmo sarebbe stata nelle condizioni ideali per fecondare un figlio maschio.

Uno dei problemi più spinosi era quello dell'iniziativa femminile al rapporto, cioè quello degli approcci; Maimonide non l'ammette, ma la mistica della *Qabala* considera il sesso femminile parte integrante e complementare dell'esigenza divina che va quindi posto non in condizione di conflittualità ma di parità rispetto a quello maschile.

Bisognava eliminare qualsiasi occasione che inducesse la donna sposata a soddisfarsi fuori del matrimonio compiendo un peccato grave assimilabile alla prostituzione; il marito poteva avere altre donne o concubine solo se era una specie di *superman*. Per tutti questi motivi gli conveniva addestrare la sua donna ad un'attività sessuale nella quale fosse pienamente attiva; come scrive Rabbi Abraham Azolay: «Mais qui a merité d'avoir une femme volable l'habituerà è prendre toujours l'initiative de l'usage».[8]

Una sorprendente tolleranza dimostra inoltre la cultura giudaica nei confronti della masturbazione femminile, consigliata in alcune forme di *histeria*, e delle relazioni tra lesbiche alle quali non era vietato un *Kohen*, in quanto la proibizione di disperdere il seme invano riguarda solo l'uomo.

La riuscita del rapporto sessuale e la sua piena funzionalità alla procreazione dipendeva dalla disposizione psicologica della donna, dalle posizioni corrette e consigliate, ma era anche questione di astrologia e magia. La Chiesa giudicava alcune posizioni sconvenienti vietandole, ma con finalità repressive diverse.

Non possiamo trascurare inoltre il significato teologico della sessualità, simbolo del divino come unione di due opposte polarità maschile-femminile. Testi sacri, *Talmud*, *Qabala* forniscono un'immagine fortemente positiva della sessualità e un'idea del corpo come mezzo di procreazione e perpetuazione della armonia umana che si proietta riflettendola in quella universale e divina. Tutto ciò contrasta con la concezione ascetica cristiana che nel corpo e nella unione sessuale vede l'espressione del demoniaco e induce perciò a stati psicologico-esistenziali di inibizione, frustrazione e sensi di colpa. L'etica cristiana produce una visione rovesciata rispetto a quella ebraica che considera il rapporto sessuale non solo esperienza esistenziale completa e spiritualità piena in quanto *dimora della Shekhina*, ma come metafora del rapporto tra l'uomo e la divinità. L'unione dell'umano col divino è descritto nella *Qabala estatica* di Abulafia come «il piacere dello sposo e della sposa». L'atto sessuale e la procreazione assicurano e perpetuano la presenza della *Shekhina*, esprimono la «partecipazione mistica alla ierogamia divina».[9]

[8] A. Azoulai, *Ḥesed le-Abraham*, trad. francese di Ch. Mopsik, *Lettre sur la Sainteté*, p. 89, citato in R. Barkai, *Les Infortunes de Dinah*, cit., p. 64.

[9] I più recenti contributi e approfondimenti a queste tematiche si trovano in M. Idel, *Cabala ed Erotismo, Metafore e pratiche sessuali nella Cabala*, Milano, Mimesis, 1993. L'autore discute il significato religioso della sessualità nel quadro della cultura ebraica nel suo complesso; in particolare lo studio della *Cabala* lo porta a conclusioni di questo tipo: «La coppia umana effettuando l'unione sessuale è capace di produrre un più alto stato di armonia. L'atto sessuale è concepito come dotato di poteri teurgici. Secondo la maggior parte dei cabalisti quest'atto umano riflette da un lato la struttura dell'alto e dall'altro influisce su di essa. Di conseguenza matrimonio e unione sessuale hanno un enor-

La sacralità dell'atto sessuale si manifesta anche nella scelta del momento della settimana più idoneo all'accoppiamento tra i sessi, la notte tra il venerdì e il sabato.

La cultura ebraica inserendo la sessualità nella propria visione cosmologico-religiosa, ottiene il duplice risultato di affermarne la positività, integrandola e quasi facendone il perno nel processo di fusione tra umano e divino, e di controllarne le manifestazioni, attraverso una regolamentazione religioso-giuridica che evitasse sia le trasgressioni che una eccessiva licenziosità.

me impatto sui mondi superiori. Questa concezione è uno dei più importanti contributi della *Qabala* al modo di vita ebraico: matrimonio e sessualità sono stati trasformati in un mistero che riflette un misterioso matrimonio superiore, il cui successo è capitale sia per il cosmo che per l'universo inferiore. La procreazione come scopo ultimo delle relazioni coniugali, diviene nella *Weltanschauung* cabalistica un fine secondario; pur restando un fine essenziale per la coppia umana, soprattutto per il marito, il significato teurgico diviene sempre più centrale man mano che si sviluppa il pensiero cabalistico», pp. 28-29.

La poligamia

Il problema della poligamia fu sempre controverso anche perché dalla Bibbia vengono indicazioni contraddittorie. Essa era contemplata dal diritto Babilonese e Mosè trovò che come pratica usuale, poteva essere tollerata. Il fenomeno non era generalizzato e riguardava soprattutto coloro che finanziariamente, capi di clan o re, potevano permettersi di mantenere più mogli.[1] In una società patriarcale dove il matrimonio aveva come esplicita funzione la riproduzione e dove fondare una famiglia significava procreare, la bigamia o la poligamia risolvevano il problema dell'eventuale sterilità della donna che, tuttavia, si riteneva di dover tutelare e proteggere consentendole di rimanere a casa del marito. Questo tipo di tutela veniva garantito, come abbiamo visto, anche alla vedova senza figli che, in base alla legge del levirato era accolta nella casa del cognato come moglie legittima anche se costui era già sposato. La discendenza delle stirpi andava assicurata, ma la donna doveva essere assistita finanziariamente e soddisfatta sessualmente. Nel *Nachim* della *Mishnah* che contiene la parte della legge orale sul diritto matrimoniale, si dice che i re possono prendere diciotto mogli, mentre tutti gli altri solo cinque, a patto di poter assolvere i loro doveri coniugali.[2] Il matrimonio mosaico indirizzava verso la monogamia (Deuter, XXI 10, 14), il ripudio era previsto solo in caso di adulterio. Anche diversi passi della Genesi contengono indicazioni monogamiche e la poligamia è vista come una maledizione che i genitori cercano di evitare alle figlie. Da Gesù Cristo, dai settori del *Qumran* e da Simeon BenJohai nel II sec. d.C. essa era considerata un illecito in quanto simbolicamente l'uomo unendosi in matrimonio con la donna avrebbe recuperato la costola perduta; l'aggiunta della seconda costola avrebbe comportato l'accusa di «porneia» e imposto all'uomo il divorzio.[3] Al tempo di Cristo la poligamia era in disuso ma non

[1] Sull'argomento citiamo i lavori di: Angelo Alberti, *Matrimonio e Divorzio nella Bibbia*, Ed. Massimo, 1962, p. 25; più recente il saggio di C. Colafemmina, *La poligamia presso gli Ebrei nel Medioevo*, in Quaderni Storici, n. 34, Dicembre 1992.

[2] C. Colafemmina, *La poligamia...*, cit., p. 116.

[3] *Ibidem*.

scomparsa, l'affermarsi del diritto Talmudico corrispose ad un graduale accentuarsi delle tendenze monogamiche. Gli editti degli imperatori romani Arcadio e Onorio tendenti a disciplinare la materia matrimoniale ebraica col diritto romano non erano stati tenuti in gran conto per cui continuarono a verificarsi diversi casi di poligamia. In discussione non era la legalità o meno ma la effettiva pratica che dipese dalle condizioni storiche e dai *responsa* rabbinici in contesti storici differenti. Come succede spesso alle minoranze etniche, le comunità giudaiche medievali dell'area mediterranea cercavano di adattarsi ai costumi sociali della maggioranza, così avvenne sotto gli arabi, e così si verificò in ambiente cristiano. D'altra parte l'autonomia giurisdizionale in materia di diritto matrimoniale, di cui gli ebrei godevano in alcuni contesti e in periodi particolari, fece sì che i giudici non ebrei investiti di questioni come divorzio, poligamia o ripudio, chiedessero chiarimenti o addirittura rinviassero le cause ai giudici spirituali delle comunità ebraiche; la qual cosa si verificò spesso sotto l'Islam dove la legge giudaica ebbe la prevalenza riguardo allo stato personale e ai giudizi civili.[4] Nel Medioevo islamico gli ebrei egiziani e mediorientali potevano gestire autonomamente i loro procedimenti legali; e non c'è ragione di credere che così non avvenisse anche in Sicilia. Le cause comunque venivano tenute sia davanti al tribunale ebraico che musulmano perché ci fosse maggiore garanzia di legalità e perché ci si potesse assicurare la protezione delle autorità.[5] Nei secoli successivi le autorità ecclesiastiche tentarono di rendere esclusiva la loro giurisdizione sui giudei in materia di poligamia o di ripudio; la stessa permanenza del divorzio provocava frequenti accuse di bigamia. Discussioni di tal fatta impegnarono non poco i canonisti cristiani alcuni dei quali sostenevano che gli ebrei potessero contrarre matrimoni endogamici, seguire le norme del levirato e del sororato anche se proibiti dalle leggi canoniche, e come tale continuare a praticare la poligamia.[6] Nel corso del Medioevo, comunque, i giudici spirituali dell'isola in consonanza con le decisioni rabbiniche e i dibattiti in dottrina, cercarono di restringere l'applicazione a pochi e definiti casi. In particolari situazioni storiche si fece dunque opera di dissuasione ma la poligamia non essendo legalmente proibita, continuò ad essere praticata. Sarebbe facile ipotizzare un aumento dei casi di poligamia nei secoli dell'Islam dove era praticata,

[4] S. D. Goitein, *Mediterranean Society...*, cit., pp. 212-213.

[5] S. D. Goitein, *Ebrei e Arabi nella storia*, cit., pp. 212-213.

[6] M. Gaudioso, *La Comunità ebraica di Catania nei secoli XIV e XV*, cit., p. 63. Il Gaudioso riporta le notizie da V. Colorni, *Legge Ebraica e Leggi locali*, A. Giuffrè, Milano 1945, p. 191.

ma i documenti della *Genizzah* non sembrano fornire in merito delle conferme. Nei contratti matrimoniali o al momento dell'impegno di fidanzamento la donna poneva al suo partner condizioni che riguardavano la loro futura vita coniugale, per esempio: non sposare un'altra donna, non tenere concubine o schiave se non col suo consenso. Secondo Goitein le donne ebree di quel periodo temevano più che la poligamia il concubinaggio con serve o schiave molto diffuso tra gli arabi; infatti la clausola matrimoniale relativa è più frequente di quella della poligamia, il che suggerisce che essa tendeva a scomparire. All'uomo inoltre conveniva tenere schiave, concubine che potevano essere vendute con profitto piuttosto che andare incontro ad un eventuale divorzio con obblighi finanziari connessi. Pertanto, precisa Goitein: «matrimonial peace had to be protected against concubinage with slaves not less and perhaps even more, than against polygyny».[7] La clausola della poligamia apparirebbe secondo Friedman in contratti matrimoniali del XII secolo, mentre Goiten ne riferisce qualcuno relativo all'XI. Un giudeo siciliano sposato a Damasco, si trova in una situazione paradossale; per diventare funzionario del governo a Fustat deve prendere ivi una moglie, ma la corte rabbinica gli fa sapere che secondo il costume locale un uomo non può prendere una seconda moglie senza avere ripudiato la prima o senza il consenso di costei. Un altro documento della fine del X secolo attesta tale costume. L'ipotesi di Goitein è che un cambiamento decisivo potrebbe essere avvenuto ad iniziativa del *Nagid Mevorakh B. Saadya*, vissuto tra XI e XII secolo, la cui leadership religiosa sostituì quella della *Yeshibah* di Gerusalemme. Negli accordi matrimoniali, la clausola della schiava-concubina poligamia appare nel periodo della sua autorità, mentre quella della poligamia inserita prima, appare sotto l'autorità del *Nagid Moses* suo figlio.[8] Se la clausola non fosse stata rispettata la moglie avrebbe avuto il diritto alla seconda rata del dono matrimoniale e al divorzio o semplicemente alla prima rata se avesse accettato di vivere con un'altra donna. In questa seconda ipotesi l'uomo avrebbe dovuto dimostrare di poter mantenere due mogli, di soddisfarle stando, come viene precisato in qualche documento, una settimana con l'una e una settimana con l'altra. La società della *Genizzah* era monogama nella generalità dei ca-

[7] S. D. Goitein, *Mediterranean Society*..., cit., III, pp. 147 sgg.

[8] Della poligamia ai tempi della *Genizzah* si sono occupati M. A. Friedman in, *Poligamy in the Documents of the Gheniza*, Tarbiz 1971; *The Monogamy clause in Jewish Marriage Contracts*; *Perspectives in Jewish Learning*, Ed. M.A. Friedman, Chicago 1972; *Poligamy Additional Information from the Gheniza*, Tarbiz 1974. S. Lowy, *The Extent of Jewish Poligamy in Talmudic Times*, JJS 1958. Questa bibliografia è citata da S. D. Goitein, *Mediterranean Society*..., p. 458.

si, ma poiché la poligamia non era proibita, potevano verificarsi casi dettati da situazioni contingenti o da scelte individuali che anche la donna approvava. Spesso l'uomo si risposava per avere uno o più figli che la prima moglie non gli aveva dato, e costei poteva trovare conveniente rimanere in casa del marito. Come osserva Goitein: «Although regarded as *undesirable*, under certain circumstances polygyny provided the frame for the regulation however imperfect of natural human relationships».[9] La possibilità per la donna d'imporre nei contratti matrimoniali tutta una serie di condizioni per tutelarsi, rendeva remota la possibilità che il marito prendesse una seconda moglie. Se lo avesse fatto senza il suo consenso sarebbe incorso in una scomunica. Se avesse invece avuto il suo consenso, avrebbe dovuto assicurarle, dietro sua richiesta, un domicilio separato, il rispetto delle altre norme del contratto matrimoniale tra cui il pagamento integrale del *mohar*, uguali diritti per i vestiti, le relazioni sessuali e una lettera di divorzio utilizzabile in caso di ripensamento.

Chi si trasferiva da un paese all'altro con più mogli, si trovava in difficoltà ad osservare le consuetudini etiche della poligamia che garantivano alle mogli tende o abitazioni separate o addirittura sedi diverse, tranne che esse non scegliessero di coabitare amichevolmente. Lettere, contratti e manoscritti della *Genizzah* descrivono una società influenzata dalla cultura dell'Islam che considerò legale la poligamia, ma che d'altra parte concedeva alla donna la possibilità di pretendere il rispetto della nota clausola tendente a neutralizzarla. Emerge comunque una capacità di gestione economica e sociale della donna e una autonomia «molto più ampia di quella prevista dai dottori della legge».[10] I casi contemplati per ottenere il consenso delle corti erano: la sterilità della moglie, la malattia mentale, la riconosciuta incapacità a convivere o ad accudire ai figli e il levirato (il caso più comune in Sicilia nel Basso Medioevo), la lontananza del marito dalla famiglia. Il levirato era legge per gli ebrei e naturalmente entrava in contrasto con le tendenze monogamiche che si affermavano gradualmente. I pareri dei rabbini erano contrastanti e il prevalere di un'opinione piuttosto che un'altra dipendeva dall'autorità dei maestri di Legge. Maimonide considerava il levirato un obbligo religioso e legale anche quando il cognato della donna fosse già sposato, mentre i Rabbaniti lo consentivano a condizione che costui divorziasse dalla prima moglie.[11] Sempre più rari divennero nell'isola

[9] S. D. Goitein, *Mediterranean Society*..., cit., p. 206.
[10] S. D. Goitein, *Ebrei e Arabi nella storia*, cit., p. 216.
[11] S. D. Goitein, *Mediterranean Society*..., cit., pp. 205 sgg.

i casi di levirato perché più numerose le vedove che rifiutavano le nozze con i cognati pretendendo la cosiddetta *halizza*. Il parere autorevole di Maimonide esplicitamente favorevole alla poligamia è riportato in una traduzione dall'ebraico in latino: «Licet homini ducere quot voluerit uxores; etiam centum, idque sive simul, sive alteram post alteram. Neque impedire potest eum uxor eius quam ante habuerit modo scilicet ei suppetat quo singulis victum, vestitum ac debitum coniugale praestet. Nihilominus non desuere qui ex ipsa lege etiam binas uxores israelitas simul retinere fas non putarent». Opposto è invece il parere di Rabbi Ami: «Quisque uxori uxorem superinduxerit oportet eum priorem divortio ejicere cum dote...». I sapienti favorevoli concordavano comunque sul fatto che non bisognasse eccedere il numero quaternario e lo stesso Maimonide aggiungeva: «praeceperunt sapientes ut nemo duceret plures quam quattuor uxores tametsi esset opulentissimus».[12] In Sicilia e nell'area mediterranea finì per prevalere l'opinione di Maimonide mentre tra i gruppi ebraici franco-renani, già dall'XI secolo in poi, si seguirono le *taqqanot* di R. Ghershom che permettevano la poligamia solo nei casi di sterilità della moglie, provata da dieci anni di convivenza e con l'approvazione di cento rabbini di tre paesi diversi, o in caso di infermità mentale.[13] Alcune lettere della *Gheniza* riportano casi di bigamia per sterilità della donna provata dopo dieci anni di matrimonio, il che suggerisce che tale condizione era universalmente accettata dalle comunità ebraiche d'Europa. Probabilmente la poligamia è stata tollerata dai paesi di area sefardita mentre i paesi di cultura ashenazita sono stati più rigidi nella applicazione del divieto di R. Ghersham. La non osservanza della *takkanà* comportava per il trasgressore la scomunica e il matrimonio compiuto in violazione della norma era considerato valido ma illecito.[14] In tal caso il marito avrebbe dovuto divorziare dalla seconda moglie su richiesta della prima o avrebbe dovuto concedere a costei il divorzio. Nella Sicilia del XIV e XV secolo la poligamia, come nei paesi di area sefardita, continuò ad essere praticata; alcuni casi sono documentati per

[12] J. Selden, *Uxor Ebraica...*, cit., libro I, cap. IX, pp. 44 sgg.

[13] C. Colafemmina, *La Poligamia presso gli Ebrei nel Medioevo*, cit., p. 117; vedere anche Aryeh Grabois, *Ecoles et structures sociales de Communautés Juives dans l'Occident aux IX-XII siécles*, cit., pp. 959-960. Su Rabbenu Gershom scrive Grabois: «Sa reputation sans pair a fait que l'on avait attribué à son crédit toute une série de statuts de portée millenaire connu comme le Herem de Rabbenu Gershom (l'Edit de notre maître Gershom) que l'on ne pouvait changer que par un verdit d'un tribunal composé de cent Rabbins provenent de quatre pays».

[14] C. Colafemmina, *La Poligamia...*, cit., p. 117.

tutto il Quattrocento fino alla cacciata degli ebrei dall'isola. Se confrontiamo le notizie della *Genizzah* con quelle che si riferiscono all'isola nel Basso Medioevo (non abbiamo la possibilità di verificare la situazione per i secoli intermedi), abbiamo l'impressione che la situazione non dovette subire modificazioni. I sacri testi consentivano la poligamia se giustificata dall'esigenza di soddisfare un valore primario del matrimonio come la nascita della prole, benedizione divina; la donna in questi casi, acconsentendo di buon grado a convivere con la rivale, non sentiva la bigamia come una umiliazione; rimaneva tutelato il suo diritto di rifiutarla ottenendo il divorzio. Dai secoli dell'Islam in poi, si affermarono le tendenze monogamiche, anche perché la giurisprudenza rabbinica nonostante le divergenze tra i Dottori della legge, spingeva in tal senso. Sembra perciò che la possibilità della poligamia fosse affidata alle scelte individuali o delle coppie e che ragioni di opportunità più o meno forti spingessero in un senso o in un altro. Le spinte verso la monogamia furono più forti in ambiente cristiano, ma ciò non deve indurre a delle semplificazioni; nell'isola si verificarono casi che non rispondevano alla condizione richiesta per la giustificazione della bigamia, cioè la sterilità della donna. Inoltre come abbiamo notato, alcuni giuristi ritenevano non punibile l'ebreo che facesse ciò «in obbedienza alla sua legge».[15] Il primo caso di poligamia conosciuto, riguardante ebrei siciliani è riportato dai Lagumina. Ruben di Marsala nel 1416 pur avendo una moglie a Gerusalemme chiede all'infante Giovanni d'Aragona il permesso di prenderne un'altra a Malta dove intendeva stabilirsi.[16] Gli ebrei siciliani come quelli di tutta l'area mediterranea erano famosi per la facilità con cui affrontavano viaggi per motivi commerciali, culturali, per pellegrinaggi, o semplicemente per tenere contatti con altre comunità. Il caso più frequente che induceva alla poligamia era proprio la lontananza dai luoghi d'origine. Il De Marsala chiedeva che gli fosse permesso «putiri prindiri plui di una mugleri et maxime in diversi chitati et regni purki li poza sustiniri et dari loru vita». In un altro documento del 1459 la richiesta fatta al re Alfonso d'Aragona viene da Brachone Maimone di Catania il quale chiede di sposare un'altra donna, trattenendo la prima, col solo rito dell'anello «more judeorum» senza le solennità prescritte dalla sua comunità, tanto più che la donna era di un altro centro dell'isola. Non è pre-

[15] V. Colorni riferisce le interpretazioni di giuristi quali Baldo e Nicola Tedeschi, Andrea Barbazza, favorevoli alla poligamia. V. Colorni, *Legge ebraica*..., cit., p. 191.

[16] Questo e altri documenti per la loro importanza sono stati discussi da Matteo Gaudioso, *La Comunità Ebraica di Catania*, cit., pp. 64-65 e da C. Colafemmina, *La Poligamia*..., cit., p. 118. Il documento è in G. e B. Lagumina, *Codice Diplomatico*..., cit., I, doc. 264.

cisato il motivo della richiesta, ma si può ipotizzare la sterilità della prima moglie. Nell'intervallo di tempo tra il primo e il secondo caso, nel 1421 le Giudecche siciliane avevano presentato una serie di capitoli a re Alfonso tra cui quello riguardante la poligamia che ebbe il placet regio: «Item cum onestum et racioni consonum fuerit et sit ut judeus quilibet unam tantum uxorem habeat quod de cetero nullus Iudeus valeat habere nisi tantum uxorem unicam viventem et si quis contrarium actemptare presumpserit penam incurrat florenorum mille regiae camerae applicandorum et si qua vero potestas sive licencia fuerit alicui regia auctoritate concessa dignetur majestas regia illud revocare cassare penitus et annullare. Placet regie majestati contempta in presenti capitulo observari de cetero».[17] Le giudecche chiedevano non solo di vietare la poligamia ma di «revocare, cassare, annullare» quelle precedentemente concesse. Questo spiega perché nei casi esaminati ed in altri, gli interessati si appellassero direttamente al re o al viceré. A tal proposito è da sottolineare la tendenza di autorità laiche ed ecclesiastiche al permissivismo in tema di poligamia, che contrasta con la preoccupazione dei giudici spirituali ebrei, ai quali erano affidate le decisioni in materia, di evitare che si ripetessero simili episodi. Alcuni si appellavano alle autorità cristiane per ottenere quello che all'interno delle comunità veniva loro negato. La poligamia fu materia di dibattito e di conflitti interni alle Giudecche e ciò indusse molti a scavalcare l'autorità dei giudici spirituali. La cosa non meraviglia perché, come abbiamo rilevato altrove, la relazione tra comunità ebraiche e ambiente cristiano era veramente paradossale, una paradossalità rilevabile in contesti e occasioni diverse. Era interesse delle autorità cristiane ribadire e sottolineare, (come nel caso delle leggi suntuarie), la diversità giudaica tutte le volte che fosse possibile; la monogamia era orgoglio cristiano, la poligamia poteva essere concessa ai giudei i quali a loro volta e nonostante molte ambiguità, cercavano di uniformarsi alle consuetudini o alle norme delle maggioranza della popolazione. Per questo non parlerei di tolleranza o di apertura cristiana volta a tutelare i costumi del popolo ebraico, quanto di rapporti e relazioni giocate sul piano politico della convenienza e degli opportunismi. Questo intreccio complesso induceva le donne ad avvalersi degli spazi giuridici aperti dalla monarchia aragonese per ottenere quello che veniva loro negato dentro la comunità per l'eccessivo rigorismo dei giudici. In seguito al citato capitolo si afferma la tendenza europea a concedere la poligamia nei casi di sterilità della donna. Nel 1480 a Lentini Lia Sa-

[17] G. e B. Lagumina, *Codice Diplomatico...*, cit., I, p. 373.

cerdote dopo dieci anni di matrimonio senza prole ottiene dal viceré de Spes di prendere un'altra moglie: «Qua supplicacione admissa bonis respectibus et premaxime chi la ligi mosayca permicti et consenti quisto per la presenti havimo concesso at concedimo a lo dicto Lia di putiri prindiri altra mugleri secundu la dicta ligi musaica permicti servati in omnibus et per omnia li altri sollemnitati contenti in la dicta ligi...».[18] Nel 1490 a due anni dall'espulsione un altro singolare caso di poligamia è quello di Benedetto de Benedetto di Marsala e Angilella sua moglie da tredici anni incapace per una serie di aborti di dargli un figlio. Le alternative erano il divorzio o la poligamia. La donna chiese di avere un'ultima *chance*; se entro due anni non avesse partorito un figlio in condizione di vivere almeno tre giorni, avrebbe accettato il divorzio. La convenzione era stata rogata dal notaio Nicolao de Bitinno il 30 Ottobre 1487. Non essendosi verificata la condizione prevista i due decisero ugualmente di non divorziare ma di seguire la legge mosaica che consentiva al marito di prendersi un'altra donna. Il De Benedetto ottenne la licenza di risposarsi *causa procreandi* mantenendo il legame con Angilella che espresse il suo consenso alla richiesta.[19] Il perdurare della poligamia si spiega solo nel quadro della *forma mentis* ebraica che considerava il matrimonio come valore in quanto finalizzato alla procreazione. Obiettivo primario e quasi esclusivo dell'unione tra i sessi era aver «figli che studiano la parola di Dio e adempiono i suoi comandamenti» per assicurare la procreazione fisica e la perpetuazione spirituale.[20]

[18] *Ibid.*, II, p. 287.
[19] *Ibid.*, II, p.
[20] S. D. Goitein, *The Jewish family...*, cit., p. 731.

Dal ripudio al divorzio

Il divorzio come la poligamia causò nell'isola conflitti di competenza e problemi giurisdizionali in quanto la stessa frammentazione dei poteri comportava il fatto che alcune giudecche godessero di autonomia nell'ambito del diritto matrimoniale, mentre altre fossero soggette al potere ecclesiastico che, in molte città siciliane, esercitava, per motivi fiscali, controlli sui matrimoni e divorzi degli ebrei. Fino alla espulsione la situazione rimase immutata in quanto gli ambiti di competenza delle autorità ecclesiastiche cristiane e quelle dei giudici spirituali ebrei non furono mai definiti. Se re e viceré sembrarono, come nel caso della poligamia, rispettosi delle prerogative comunitarie, i vescovi pretesero d'interferire sul diritto di famiglia ebraico esercitando direttamente la loro influenza o nominando funzionari comunitari a loro acquiescienti.[1]

Nel mondo islamico alla donna non era concesso giuridicamente come all'uomo di iniziare procedimento di divorzio. Dalle lettere della *Genizzah* traspare tuttavia una società in mutamento dove è forte l'esigenza di adattamento all'ambiente sociale dominante ma altrettanto forte quella di non smarrire la memoria della tradizione e di non recidere i legami col passato. Il divorzio aveva per gli ebrei una valenza religiosa; la donna non poteva risposarsi senza la consegna dell'atto di matrimonio e i rapporti sessuali al di fuori di un'unione legale erano considerati peccato mortale. L'esigenza di garantire all'uomo una posizione di predominio, si scontrava tuttavia con quella di proteggere la donna da conseguenze inaccettabili eticamente che potevano derivare da un'eccessiva libertà o irrespon-

[1] L'Arcivescovo di Messina Pietro de Luna il 12 Ottobre del 1485 affida a Monaco Simey e Moysi Lo Ricco di Castroreale l'incarico di scrivere i contratti matrimoniali e i ripudi. «Perchi havimo havuto noticia chi in la Iudeca di quissa terra non e persuna certa et stabilita chi hagia de notari et scriviri li repudii et convencioni di matrimonij chi sub vocabulo ebraico vocatur la yduba chi in dies accadino infra quissi Iudei de qui verisimilmenti parria per alcuno tempo essiri preiudicio di cui havissi bisogno di tali acti non si trovandu et andando ad manu di diversi persuni. Pertanto moti nui per li dicti rispecti et eciam pirchi czo tendi in nostro interessi *per li raxuni chi ni contingino* di li repudii predicti, confidandu di la diligencia idoneitati et sufficiencia vostra havimo provisto comu per la presenti providimo costituimo et ordinamo chi vui et nixuno altro digiati scriviri et notari li dicti atti chi de cetero accadiranno in la dicta Iudeca». G. e B. Lagumina, *Codice Diplomatico*..., cit., II, p. 371.

sabilità dei mariti. Al verificarsi di situazioni particolari, come il caso della moglie abbandonata per molti anni, le corti ordinavano la separazione senza il consenso del marito. L'atto di divorzio per essere valido, doveva essere ufficialmente consegnato alla donna di fronte a due testimoni. Perché si arrivasse a questa conclusione tutta una serie di accordi patrimoniali era prevista affinché la donna fosse messa in condizione di potersi mantenere. Prima di tutto occorreva che il marito pagasse la porzione del *mohar* convenuta nel contratto matrimoniale, gli alimenti anche per i figli e rispettasse i patti pena la scomunica. Informazioni di questo tipo lasciano pensare che in fondo il divorzio non era solo «ripudio unilaterale».[2] I maggiori Talmudisti intervennero infatti nel corso dei secoli per ridurre il diritto esclusivo dell'uomo a divorziare ed espandere quello della moglie a consentire o dissentire. Le procedure giudiziarie divennero sempre più complesse, le responsabilità finanziarie dei mariti sempre più ampie, più folta la casistica sugli impedimenti al divorzio. La pazzia della moglie non consentiva al marito di divorziare, non si poteva divorziare dalla sposa-bambina, da una moglie presa prigioniera. Il diritto esclusivo dell'uomo al divorzio subisce in tempi rabbinici un continuo processo di erosione a favore della donna che poteva in certi casi, sollecitare il divorzio, oltre che garantirsi, come abbiamo visto, con le clausole matrimoniali nei contratti. Le stesse scritture prevedevano ad esempio che la donna potesse chiedere il divorzio se dimostrava che il marito la odiava o era impotente o non la soddisfaceva sessualmente. Tale materia fu ulteriormente precisata e disciplinata dai rabbini attraverso una lunga casistica. Nel Medioevo vennero aggiunti altri due casi: il marito che picchiava la moglie e quello che visitava le prostitute.[3]

Sicuramente la situazione deve essersi lentamente evoluta a favore della donna come si evince anche dalle osservazioni di Goitein sul divorzio ai tempi della *Genizzah*: «Divorce once so much dreaded by the wife, now often became initiated by her, et was a way to freedom», e ancora «... one gets the impression that the female partner was the initiator of the divorce proceedings mostly, to be sure, by renoncing what was due her».[4]

[2] S. D. Goitein, *Mediterranean Society*..., cit., III, pp. 265 sgg.

[3] Blu Greenberg osserva acutamente: «The exclusive right as derived from the Bible was never formally challenged; it was simply chiseled away bit by bit. As a result rabbinic autorities in any given generation could revert back to the original notion of a man's power over his wife». Blu Greenberg, *On Women and Judaism*, cit., p. 132.

[4] S. D. Goitein, *The Jewish family*..., cit., p. 732 e *Mediterranean Society*..., cit., p. 265.

Le donne della *Genizzah* preferivano il divorzio ad un matrimonio infelice. Gli studi di Friedman dimostrano che spesso le donne pur di liberarsi dal vincolo matrimoniale facevano delle concessioni sulle quote del dono matrimoniale ai mariti e con questa specie di «buon'uscita» riuscivano ad ottenere sentenze favorevoli dalle corti.[5]

Il divorzio era una scelta libera per mogli ebree appartenenti a famiglie benestanti, mentre quelle di misere condizioni subivano il ripudio e per sopravvivere dovevano cercare di risposarsi. Cosa sia avvenuto nell'isola nei secoli successivi non è facile dire, non è lecito pensare che la situazione si sia evoluta in senso favorevole alla donna in ambiente ostile come quello cristiano, né che la tolleranza normanna si sia spinta fino a concedere che le ebree divorziassero con leggerezza. Dall'Alto al Basso Medioevo, il fluttuare degli eventi, la precarietà dei contesti, indurrà gli ebrei a quell'intermittenza di comportamenti, inesistente nel mondo islamico, fatta di chiusure e aperture rispetto al contesto, così difficile da semplificare. È certo che le corti rabbiniche siciliane continuarono ininterrottamente ad occuparsi di divorzi come di materia scottante; qualche traccia è arrivata fino a noi anche attraverso il lessico siciliano che usava il termine «spartimentu» per indicare il divorzio. Quasi tutte le biblioteche private di ebrei dell'isola studiate dal Bresc contengono testi su matrimonio e divorzio; per gli esperti di diritto ebraico approfondire e riproblematizzare questi temi era una necessità che rispondeva al bisogno di tutelare la donna ribadendo la sua centralità nella famiglia e rispettando il ruolo cui era chiamata: preservare e trasmettere ai figli il patrimonio culturale dei padri. Alcuni motivi che potevano indurre una donna a prevedere o desiderare una rottura del matrimonio, sono stati esaminati a proposito della poligamia: il non rispetto della ben nota clausola del contratto matrimoniale che proibiva la poligamia, il ripudio del cognato già sposato alla vedova del fratello. I contratti potevano contenere altre clausole imposte dalle mogli ai mariti che partivano per lunghi viaggi di affari o per pellegrinaggi in Terrasanta per esempio: pagare la seconda rata del dono matrimoniale, provvedere al mantenimento dei figli e depositare un atto di divorzio da usare in caso di necessità.[6] Perché il marito potesse allontanarsi da casa per lungo tempo, occorreva il consenso

[5] M. A. Friedman, *The Ransom Divorce: Divorce Proceeding initiated by the wife in Medieval Jewish Practice*, Israel Oriental Studies 6 (1976), 288-307 NLC. Or 1080J 141 (Summer 11 14) edited in that paper pp. 303-306; cit. in S. D. Goitein, *Mediterranean Society*..., cit., p. 486.

[6] Tali clausole venivano di solito inserite in accordi preliminari di fidanzamento, mentre quelle riguardanti dono matrimoniale e dote, erano precisate nella *ketubbah*. In uno di questi accordi tradotto da Goitein dall'ebraico, una donna pretende dal futuro sposo: «Before set-

della moglie la quale fissava di fronte al notaio una data per il ritorno, superata la quale, poteva far uso del suo atto di divorzio.[7] La lontananza era senz'altro il motivo più diffuso che induceva al divorzio e alla poligamia. Gli uomini viaggiavano molto, le donne poco e questo immobilismo delle mogli, che spesso rifiutavano di condividere le avventure (perché ogni viaggio era un'avventura) dei mariti, è una costante che si ripete nei secoli successivi. Le donne diffidavano degli ambienti nuovi e totalmente estranei, temevano di trovarsi senza «arte né parte» in luoghi stranieri e per giunta divorziate o costrette a subire la poligamia: era più dolce rimanere sotto l'ala protettrice «della casa dei padri e dei fratelli». All'interno dell'isola esse viaggiavano pochissimo; erano i procuratori che trattavano i loro affari anche per i matrimoni con partners di altre città. Abbiamo già citato il caso del mercante ebreo che dopo un naufragio nel 1025, stabilitosi a Palermo scrive a Damsis in Egitto alla moglie, tramite amici di famiglia, per confermarle il suo amore e chiederle se desidera seguirlo nell'isola con il loro bambino o se preferisce il divorzio. Non sappiamo cosa avesse scelto la donna.[8] Altri mariti erano meno virtuosi, fuggivano senza lasciare traccia, perché indebitati con privati o con la comunità o per altre ragioni. In questi casi le autorità si mobilitavano, in seguito a denuncia, in cerca dei fuggiaschi per portarli di fronte alla corte e indurli con le buone o con le cattive a ritornare in famiglia e a lasciare, pena la scomunica, l'atto di divorzio alle loro mogli.[9] Sia che i mariti fuggissero o si stabilissero altrove, le donne non aspettavano più di un decennio per divorziare. Gli ebrei siciliani avevano parenti nel Maghbeb, a Fustat in Egitto, a Tiro o ad Alessandria ed era frequente il caso che scegliessero di andare a lavorare in quei luoghi come oggi si va in America.[10] La loro lontananza comportava guai seri per le donne, come precarie condizioni economiche e astinenza sessuale. L'insoddisfazione sessuale poteva indurre una donna a presentarsi alla corte per chiedere il ripudio visto che la sessualità era uno degli obblighi matrimoniali più importanti e un marito impotente o disinteressato non era contemplato dalle leggi Talmudiche, molto severe in materia. L'obbligo dei rapporti sessuali era regolato da consuetudini che, come abbiamo visto aveva-

ting out on a journey he will write her a conditional bill of divorce, and deposit the delayed installment of her marriage gift as well as the sums needed for her maintenance during his absence». S. D. Goitein, *Mediterranean Society*..., cit., III, p. 144.

[7] Un uomo scrive alla sorella: «My wife does not permit me to travel (from Alexandria to Cairo) except accompagnied by her and the children»; *ibid.*, pp. 155-156.

[8] M. Gil, *The Jews in Sicily*..., cit., p. 87.

[9] S. D. Goitein, *Mediterranean Society*..., cit., III, p. 195.

[10] M. Gil, *The Jews in Sicily*..., cit., p. 92.

no validità giuridica; la moglie aveva diritto ad almeno un rapporto sessuale a fine settimana la notte che precedeva il Sabato, per cui anche i mariti poco interessati per evitare conseguenze penali, dovevano ritornare a casa il venerdì sera.[11] «Dio odia il divorzio», si dice nella Bibbia (Malach 2:16) ma gli ebrei del mondo islamico divorziavano come i musulmani e i copti egiziani nonostante la Chiesa lo proibisse. Per la verità le sentenze di divorzio non erano mai emanate con leggerezza e i giudici spirituali tiravano per le lunghe i processi nel tentativo d'indurre alla riappacificazione le coppie. Divorziavano tuttavia capi di comunità come gente comune; i matrimoni erano affari tra famiglie che ambivano a rafforzare i legami parentali con risultati spesso disastrosi che si concludevano con il divorzio. Per quell'atavica preoccupazione mediterranea di «ciò che pensa la gente» anche le coppie ebraiche preferivano la separazione alla vergogna di continuare liti che, nelle piccole comunità erano oggetto di pettegolezzi. In una lettera si legge: «vivere insieme senza consenso è come prostituirsi».[12] Questa trasparenza nei rapporti coniugali risalta se paragonata alle mistificazioni di alcune famiglie cristiane che, allora come oggi, ricorrevano a sotterfugi di vario genere per occultare adulteri, concubinaggi, nascite di figli illegittimi, contrasti tra mariti e mogli, col risultato di condannare le donne ad una vita frustante e irrimediabilmente infelice. Le ebree potevano, secondo la loro legge, ottenere il divorzio per risposarsi anche quando i mariti si convertivano ad altre religioni; pare anzi che esse in merito a questo argomento, fossero più intransigenti, meno disponibili degli uomini ad abbracciare altre fedi.

Naturalmente c'erano mariti disposti a liberarsi di mogli dal cattivo carattere a tutti i costi e pertanto non vedevano l'ora di ripudiarle anche rischiando la bancarotta. Infatti l'impegno finanziario assunto dal marito sia nel contratto matrimoniale che durante gli accordi tra le parti, al momento della sentenza di divorzio era un problema spinoso. L'uomo non poteva risposarsi se non dopo aver pagato integralmente il dono matrimoniale. Se dopo il divorzio marito e moglie ritornavano a convivere esso era invalidato e occorreva un nuovo documento di ripudio. Diamo il testo del *libello di divorzio* in italiano da una traduzione latina secentesca: *Feria N, il giorno N del mese N dell'anno N dalla creazione del mondo o secondo l'era N che usiamo nel luogo N, Io N figlio di N del luogo N con qualunque nome o altro cognome siamo nominati, io stesso o i miei genitori o luogo dal quale io sono distinto o luoghi da dove i miei genitori sono distinti,*

[11] S. D. Goitein, *Mediterranean Society...*, cit., III, pp. 168-169 e 196.
[12] *Ibid.*, pp. 260 sgg.

spontaneamente in coscienza senza costrizione, ti lascio, ti ripudio, mi separo da te, tu N, figlia di N, del luogo N, con qualunque nome o altro cognome tu o i tuoi genitori siete chiamati o luogo dal quale sei indicata o luoghi dai quali anche i tuoi genitori sono indicati, che prima fino a questo momento sei stata mia moglie, e ora mi separo da te, ti lascio, ti ripudio, in modo che possa essere libera possa andartene qualunque uomo tu voglia sposare. Nessun mortale te lo proibisca da oggi in perpetuo. Ecco, sii lecita a qualunque uomo. Questo sia il libello che da me a te, è libello di ripudio atto di separazione lettera di congedo secondo la legge di Mosè e degli Israeliti.[13] Seguono le firme di due testimoni.

L'evoluzione della famiglia ebraica nei secoli del Medioevo, comportò un rafforzamento indubbio della posizione femminile che nel rapporto coniugale fu sempre più tutelata anche attraverso il divorzio. Un principio già presente nel testo classico del *Deuteronomio* (24, 1-6) stabiliva che il marito potesse ripudiare la moglie solo se trovava in lei «qualcosa di indecente»; ma data la genericità di tale formulazione l'interpretazione rabbinica poteva essere estensiva o restrittiva e considerare «indecente» l'adulterio di cui si parla nel *Gittin* o il semplice *bruciare il pranzo* della scuola di Hillel. Una evoluzione in senso favorevole alle donne si verificò, nei secoli successivi a proposito della cosiddetta *halizza* o *scalzamento*, la cerimonia liberatoria che consentiva al fratello celibe del marito morto di rifiutare il matrimonio con la cognata vedova. La norma del *Levirato* contemplata nel *Deuteronomio* (XXV, 5-10), imponeva alla vedova senza figli di sposare il cognato celibe per assicurare la discendenza familiare ma entro novanta giorni costui poteva liberarsi da tale obbligo sottoponendosi alla pubblica cerimonia dello *scalzamento*, un singolare rito di ripudio dal significato simbolico. In luogo pubblico di fronte a rabbini e testimoni la donna dice in ebraico: «non vuole il fratello di mio marito «suscitare semen» del suo fratello in Israele né prendermi in moglie»; il cognato risponde, «non voglio prenderla in moglie». Allora essa gli toglie la scarpa e gli sputa in faccia dicendo per tre volte: «Così sarà all'uomo che non onora la casa del fratello».[14] Dopo questa cerimonia la donna può ri-

[13] Joannis Seldeni, *Uxor Ebraica seu de nuptiis et divortiis*..., cit., pp. 369 sgg. Il Seldeni traduce dall'ebraico in latino la formula della *Mishnah*, tit. *Gittin*, cap. 9.

Angelo Alberti, *Matrimonio e Divorzio nella Bibbia*, Edizione Massimo, 1962, p. 25.

[14] Leon Da Modena, *Historia dei riti Hebraici*..., cit., pp. 98-101. La formula integrale *libelli de calceo* è riportata in J. Seldeni, *Uxor Ebraica*..., cit., pp. 68-71. Dopo la solita indicazione del giorno, mese, anno «a creatione mundi» e del luogo segue: «nos judices ex hac parte ut consessus triumviralis fieret prefecti in forma judicii consedimus. Venit coram nobis N filia di N, vidua N coram nobis adduxit quendam virum dictum N filium N ad...».

sposarsi presentando il documento della *halizza* rilasciato dal rabbino. «Soleva già esser più lodato il pigliare che il liberare» scrive Leon da Modena. «Ma a questi tempi essendo cresciuta la malizia de gl'huomini che dissegnano per fini humani o di bellezza o di dote sopra le cognate pochissimi sono che si permetta che la pigliano, massime da tedeschi, italiani, ma si sa che la liberano».[15] Per evitare che molti, come spesso avveniva, per spillare denaro alle cognate trascinassero le vertenze per le lunghe, invalse l'uso di inserire nei contratti matrimoniali l'obbligo per il fratello del marito, nell'eventualità della sua morte, di liberare la donna, o per il marito stesso in caso di grave malattia di ripudiare la moglie per evitarle il levirato.[16]

Il Milano riferisce il caso di noti banchieri ebrei romani del XVII secolo, i Toscano che in occasione del matrimonio tra Rosa Toscano e Michele di Legni, pretesero nei *pacta sponsalia* che i fratelli dello sposo si obbligassero a dare a Rosa la *halizza* «gratis senza poterne prendere cosa alcuna».[17] Queste notizie risalgono al XVII secolo ma abbiamo ragione di credere che lo stesso avvenisse in Sicilia nel Quattrocento, in ogni modo il ripudio del cognato che, nei secoli precedenti, era sentito come una umiliazione fu poi dalle donne invocato e richiesto. Molte in caso di forzate interpretazioni del testo biblico o di evidente malafede dei giudici ebrei perseguirono con tenacia il loro obbiettivo fino all'appello presso i tribunali viceregi.

Nel 1480 *Manna judea* di Licata vedova di Muxa Sabatinello denunciava al Viceré il cognato Nayu, il quale nonostante fosse sposato, pretendeva di legarla a sé non rispettando integralmente la legge sul levirato «fra ipsi Iudei sempri observata» legittima solo se il fratello del marito fosse celibe. Manna desiderava risposarsi, ma Nayu «per distraciarila non l'ha voluto fari lo dicto repudio» che essa pretende in ragione del fatto che era proibito «tanto a christiani quanto a Iudei haviri dui mugleri...». Il Viceré de Spes il 9 Novembre di quell'anno ordina alle autorità cristiane e giudaiche di catturare Nayu «lu quali si va latitando...» per obbligarlo a presentarsi ai giudici spirituali della Giudecca di Agrigento e «fari a la dicta exponenti lo dicto repudio et altri sollemnitati in simili casu fra loro soliti e costumati».[18]

Un altro caso si verificò a Piazza nel 1485: la denuncia venne da Gaiusa vedova di Xibitello Xuchre di Naro la quale sosteneva che il

[15] *Ibid.*, p. 99.

[16] *Ibidem*.

[17] A. Milano, *La vita privata d'una famiglia di banchieri ebrei a Roma nel Seicento*, in «Rassegna Mensile di Israele», vol. XIV, Ottobre 1948, n. 7, pp. 303 sgg.

[18] G. e B. Lagumina, *Codice Diplomatico...*, cit., II, pp. 281-283.

cognato Ioseph, secondo la legge mosaica non poteva prenderla in moglie, avendo fatto voto di andare a Gerusalemme, era perciò tenuto a «fari devorcio seu separacioni cum certi ordini e scripturi lo quali devorcio e nominato *alisa* in lingua ebrea sencza di la quali *alisa* ipsa exponenti non po prindiri marito». Il Viceré a conoscenza del fatto che Ioseph Xuchre con l'appoggio dei Proti e di alcuni maggiorenti era riuscito a differire la sentenza di divorzio, inviò un regio commissario in città per affidare la soluzione della vertenza a «due valenti homini Iudei ali parti non suspecti» e costringere lo Xuchre a rilasciare la *alisa*.[19]

Il 22 Maggio del 1490 il Viceré Ferrando de Acugna ordinava agli ufficiali della Giudecca di Messina di obbligare Salomone Amar a dare il divorzio alla moglie la quale aveva denunciato che «alcuni indebiti protesti... facti ad effectu di perturbarisi la justicia...» allungavano i tempi del processo, arrecandole danno.

Simecha Abenladep a Palermo nel 1462 rappresentata dal fratello Salamuni intentava un processo contro Isac de Muxarella che voleva costringerla a sposarlo «secundu la ligi mosayca». I de Muxarella minacciavano «protestacioni penali» a giudici, notai, testimoni della Giudecca che avrebbero differito processo e sentenza. L'appello al Viceré sortisce l'effetto desiderato, ai maggiorenti si ordina di amministrare la giustizia come per il passato e di emettere la sentenza senza timore alcuno.[20]

Queste vicende inducono ad alcune osservazioni. In primo luogo appare chiaro che i mariti ostacolavano le mogli nelle richieste di divorzio spesso d'accordo con le autorità comunitarie che, impegnate nella politica di integrazione nella società cristiana, cercavano di ridurre il più possibile il numero di processi per il divorzio. Le donne non solo prendono l'iniziativa di sciogliere legami matrimoniali intollerabili e in certi casi illegittimi, cercando di aggirare le norme ebraiche, ma di fronte all'ostilità maschile si appellano per avere giustizia dai Viceré i quali sembrano invece interessati a sottolineare la diversità tra cristiani ed ebrei rendendo lecito quello che tra cristiani era proibito. Non solo si rende giustizia alle donne ma si ingiunge ai giudici spirituali ebrei di amministrare giustizia «secundum legem mosaicam». Anche riguardo al divorzio si manifesta quella perenne condizione di paradossalità degli ebrei sempre sospesi tra bisogno d'identità e necessità di parziale assimilazione. Di contro le autorità cristiane non vedono altra alternativa

19 *Ibid.*, pp. 369-370.
20 ASP, *Protonotaro del Regno*, reg. 46, c. 24, 8 Gennaio 1462.

ai tentativi di conversione forzata degli ebrei se non ribadire in ogni occasione la loro diversità-inferiorità. Un raro atto di divorzio illumina la storia del costume familiare ebraico nell'isola, alla fine del Medioevo, come nessun altro. È l'atto di divorzio tra Lazzaro Sacerdote noto medico e *leader* della Giudecca di Termini Imerese e la moglie Perna. Non vi sono interventi di autorità cristiane o appelli, ma civili accordi patrimoniali per arrivare senza traumi ad una separazione. Dopo alcuni anni durante i quali i coniugi «stent in rixis et litigiis» perché Perna era «indecrepita senectutus et non potest cum eodem Lazaro filios procreare nec unquam procreavit propter ipsam procreacionem principaliter matrimonium contraxisset», Perna «sua sponte et de eius motu proprio nemine eam cogente devenit et devenire procuravit ad presens repudium et divorcium proprium quod lex mosayca mandat et dictat».[21] È dunque Perna a prendere l'iniziativa del divorzio e a presentarsi col marito dal notaio La Tegera per sottoscrivere un accordo patrimoniale che le avrebbe consentito di sciogliere il suo matrimonio. La donna sacrifica la sua dote e metà dei beni familiari cui aveva diritto avendo contratto matrimonio alla *latina*; cede al marito «potestatem et liberam licenciam... ad eius beneplacitum et voluntatem facta sua faciendi, et exercendi totum id et quicquid facere voluerit...» con un atto di donazione, nel documento giustificato con una frase laconica che tuttavia dice molto: «non permictens ea sic inremunerata transire». Perna riserva per sé solo tre once e dodici tari «pro alimentis et expensis suis faciendis pro eius vita», una casa per abitarvi, due salme di frumento, un vegete di vino ogni anno, e dieci once «de dictis bonis donatis» da poter legare alla sua morte «cui voluerit». Se a Lazzaro fosse toccato di morire prima di Perna i beni sarebbero tornati a lei e ai suoi eredi. Finalmente la donna avrebbe potuto vivere una esistenza pacifica e concedersi piacevoli libagioni di ottimo vino siciliano. Un documento del gennaio del 1470 ci informa che Lazzaro Sacerdote aveva sposato la figlia di Joseph e Garufa Abudarem appartenenti ad una nota famiglia ebraica di Palermo. Anche in questo caso appare impegnato nel recupero di una somma di denaro (quindici once) dalla suocera Garufa «pro redempcione cuiusdam domus olim date in dotem per dictam Garufam et Iosep eidem constituenti...».[22]

I divorzi non erano facili e civili come quello di Lazzaro e Perna appartenenti a famiglie agiate le cui condizioni economiche fa-

[21] ASTI, *Notai defunti*, notaio G. La Tegera, vol. 12843, 19 Ottobre XII Ind. 1463.
[22] *Ibid.*, notaio Antonino Bonafede, vol. 12838-01, 8 Gennaio III Ind. 1470.

cilitavano la separazione.[23] Spesso ottenere il divorzio comportava per la donna una dura lotta con la famiglia del marito, con le autorità giudaiche sempre troppo rigide nell'applicazione della legge o totalmente compromesse col potere da favorire una parte, quasi sempre quella maschile.

I giudici spirituali di Trapani come *Curia Iudeorum* cioè collegio giudicante per delega del noto medico ebreo, favorito di Alfonso il Magnanimo, Mosè de Bonavoglia, *Dienchelele di Sicilia*, esaminarono nel 1422 la richiesta di divorzio di Nuta Balbu da Mardocheo Nuxa, rappresentato dal padre Muxa. Il 26 Ottobre essi accettarono «requisicionem et peticionem» di Nuta la quale faceva presente che Mardocheo e suo padre stavano per partire da Trapani per recarsi a Tunisi, la qual cosa, secondo la legge mosayca, avrebbe ritardato la sentenza. Si chiedeva ai giudici di diffidare, dal partire, Mardocheo che nutriva nei confronti della donna «hodium non modicum atque dapnum» e di concludere il processo che era «in limine expedicionis». L'iniziativa era stata evidentemente presa dalla donna con una motivazione che rientra nella casistica prevista dalla stessa legge biblica, l'odio del marito nei confronti della moglie (Exod. 21: 7-11). I giudici minacciarono l'uomo di scomunica e di condanna alla pena pecuniaria di cinquanta once «regio fisco applicandarum».[24]

Una protesta del 1473 (23 Marzo),[25] si riferisce alla procedura giudiziaria seguita nei processi per divorzio. Xamuel de Galfa avvocato di Ricca moglie di Sabatino de Accavo di Sciacca, protesta contro Michele de Galfa, Siminto de Bulfarachio e Joseph Balam giudici «legis musayce iudeorum terre Sacce», perché nella causa di divorzio pendente tra Ricca e Sabatino, intendevano «non interrogata parte» dare a costui le copie «protestacionum dicti processus eorum... non de jure». Secondo la legge mosaica infatti il marito avrebbe dovuto essere interrogato per primo e solo dopo questa udienza si sarebbero potute rilasciare copie degli atti processuali; inoltre i giudici rifiutavano di dare alla donna «certum terminum secundum dictam eorum legem» con grave danno dei diritti della donna. Il giorno successivo i giudici risposero che non erano tenuti ad interrogare Sa-

[23] L'argomento è affrontato più ampiamente in Angela Scandaliato, *La Giudecca di Termini Imerese nel XV secolo: Il divorzio tra Lazzaro Sacerdoto e Perna*, in «Atti della Accademia di Scienze Lettere e Arti di Palermo», Anno Accademico 1993-1994.

[24] AST, *Notai defunti*, notaio G. de Nuris, vol. 8568, cc. 27*v*-28, 26 Ottobre 1422.

[25] La protesta era probabilmente il momento propedeutico alla vera e propria azione giudiziaria, serviva a sporgere querela o a diffidare una persona dal compiere un illecito, era comunque un atto unilaterale, un avvertimento.

batino per primo perché nessuna legge lo prevedeva, e in ogni caso lo stesso avvocato non dimostrava in base a quale norma avrebbero dovuto farlo; si dichiaravano comunque pronti «ipsum Sabatinum interrogari facere». Per quanto riguarda invece la richiesta di un termine preciso si giustificavano dicendo di aver dato «omnes terminos de jure debitos, videlicet primum secundum et tercium terminos secundum eorum consuetudinem».[26]

I documenti sul divorzio introducono nel vivo della famiglia ebraica con i suoi conflitti e le sue tensioni emotive, i compromessi, le rotture, gli odi e amori, la difficile lotta che le donne devono sostenere nella comunità per dare spazio alle loro scelte contro un potere maschile che le protegge ma le sacrifica, le valorizza solo se acquiescienti e remissive. Il divorzio è talvolta l'occasione che le donne colgono per uscire dal letargo della loro fedeltà, far sentire le loro voci, i bisogni nascosti, a costo di tradire l'intimità della famiglia per raccontarne il contesto spesso ostile, le vicende segrete, per occupare gli spazi ad intermittenza concessi e negati. La libertà vale per la donna ebrea quanto per l'uomo il denaro di cui è sempre in caccia per assicurarsi una condizione che va dalla semplice sopravvivenza ad un vero e proprio potere di contrattazione nei confronti della etnia dominante. La diversità della donna rispetto all'uomo sta forse proprio nella minore dipendenza psicologica dal denaro in un calcolo più equilibrato tra costi e benefici; ma è solo un'intuizione ancora non adeguatamente suffragata e provata. Vediamo donne impegnate a difendere con fermezza e determinazione il patrimonio di famiglia, a recuperare le doti per figlie e nipoti, ma anche a denunziare malefatte e compromessi, rigide ed equilibrate nel dare come nell'avere. I casi che abbiamo descritto non sono frutto di una scelta, ma gli unici di cui siamo a conoscenza, abbastanza emblematici comunque da giustificare, con le dovute cautele, alcune nostre valutazioni.

[26] ASS, *Notai defunti*, notaio G. Liotta, vol. 23, c. 107*v*, 23 Marzo 1486.

Parte V

L'istruzione delle donne

Chiunque affronti il problema dell'educazione e dell'istruzione delle donne nell'ebraismo medievale, s'imbatte nel quasi totale silenzio della documentazione notarile o nella frammentarietà delle notizie in altre fonti, per cui si è costretti ad ignorare l'argomento o a tentare deduzioni che sono il frutto di isolate intuizioni con poche possibilità di riscontro. L'impossibilità per le donne di officiare i riti religiosi e il consenso ad una presenza solo passiva in Sinagoga, ha indotto molti a concludere che l'istruzione alle ragazze fosse negata; data la stretta compenetrazione nell'ebraismo tra religione e cultura, finalizzata quest'ultima all'osservanza di regole e precetti rivolti non egualmente a donne e uomini, la donna sapiente era guardata con sospetto; non si contano infatti le massime che inducono alla diffidenza e ironizzano sulle donne istruite.

A parte i luoghi comuni, la donna era chiamata, nella famiglia a compiti elevati che non poteva svolgere senza avere acquisito un certo bagaglio culturale. In questo caso molto dipendeva dai contesti, dagl'influssi e dalla capacità delle comunità ebraiche medioevali di essere più o meno permeabili alle tendenze culturali dei paesi ospitanti. Dai secoli della *Genizzah* fino al Basso Medioevo, dal variegato mondo mediterraneo della *Koiné* musulmana, alla complessa società del XV secolo, occorrerebbe verificare quanto i singoli contesti abbiano modificato e reso più flessibile il rigido sistema della famiglia patriarcale fino a consentire alle donne ebree quell'accesso alla cultura che nel mondo occidentale si prospettava soprattutto nei secoli dopo il Mille. È stata ribadita più volte l'indipendenza delle donne ebree nella famiglia, nell'economia, il loro impegno anche comunitario ma non sappiamo fino a che punto fossero veramente analfabete, se in grado di far di conto, quale il loro atteggiamento nei confronti della letteratura, dei contenuti delle sacre scritture, della scienza medica. Sarà mancata ad esse una formazione culturale sistematica, ma dobbiamo pensare che non sentissero la necessità di una istruzione almeno elementare? Molti studiosi sembrano ammettere che gli ebrei medioevali avevano un livello medio di istruzione superiore a quello dei cristiani e un bisogno di acculturazione più forte e più diffuso tra i diversi ceti e non è difficile immaginare che anche tra le donne l'impulso alla conoscenza fosse molto sentito. L'identità ebraica era essenzialmente culturale e questa si rafforzava attraverso la sacralità di una tradizione che figli e figlie d'Israele erano chiamati a perpetuare.

Nessun pregiudizio antifemminista avrebbe giustificato una sistematica esclusione delle donne dalla istruzione. È lecito pensare che il carattere critico-problematico della cultura ebraica e certa duttilità della legislazione rabbinica nell'adattare la Legge alle circostanze e ai tempi, avesse creato un *humus* sempre più favorevole ad una progressiva alfabetizzazione femminile. Non possiamo non riferirci per associazione alla coeva donna cristiana che, solo se aristocratica, suora o abbadessa aveva accesso alla cultura, con la difficoltà di addentrarsi nei meandri della teologia cristiana e di fronte a una dogmatica definita senza possibilità d'intervento dei fedeli, cui si chiedeva osservanza e obbedienza.

Le ebree, mogli, madri, figlie di artigiani, commercianti, medici, banchieri si trovavano di fronte a questioni di vita familiare e sociale giuridicamente e religiosamente disciplinate con la possibilità di acquisire un patrimonio di conoscenze ed esperienze di più facile accesso. Il problema pertanto non è se sapessero leggere o scrivere e quante fossero in grado di farlo, ma il bagaglio di conoscenze che complessivamente acquisivano.

Nell'inventario dei beni della sua famiglia stilato alla morte del marito, Ricca Sinena di Palermo si definisce esplicitamente «ignara litterarum» e al suo posto sottoscrive, nel successivo atto in cui si dichiara creditrice per la sua dote, un notaio amico.[1] È l'unico caso, a nostra conoscenza, in cui questa condizione è specificata fra i documenti che riguardano donne ebree.

Certo non troveremo tra gli atti notarili siciliani firme in ebraico di ebree testimoni al margine di contratti com'è dato trovare tra maschi ebrei (anche questi casi rari registrati, fino a questo momento, solo a Sciacca, Caltabellotta e a Palermo relativi ad un notaio sempre di Sciacca).

Se gli ebrei siciliani erano «servi regie camere» con una limitata capacità giuridica, a maggior ragione lo erano le donne discrimi-

[1] Il 4 Aprile 1455 Ricca Sinena volendo assumere la tutela dei figli Abram ed Elia alla morte del marito *ab intestato* fa redigere l'inventario dei beni tra cui una ricchissima *apotheca* piena di ogni merce. Un successivo atto nel quale la donna si dichiara creditrice «dicte hereditatis in eius dotibus sive chituba» viene sottoscritto dal «discreto notario Johanne Petro Grasso loco dicte tutricis litterarum ignare». La vedova nonostante fosse analfabeta avrebbe dovuto amministrare il notevole patrimonio dei figli e far fronte come vedremo ad una serie complessa di rapporti commerciali con ebrei e cristiani. ASP, *Notai defunti*, notaio G. Randisi, vol 1151, cc. 126*r*-131*r*, 4 Aprile 1455.

nate in quanto donne ed ebree, ma non è azzardato pensare che l'alta percentuale di vedove che, assistite o no dal *mundualdo*, erano parte attiva nella vita delle comunità, nelle relazioni economiche con l'esterno, come tutrici dei figli, amministratrici dei loro patrimoni, in qualche caso usuraie, avessero non solo un'istruzione elementare ma una conoscenza pratica degli strumenti giuridici di cui potevano disporre anche di fronte alle autorità cristiane.

Essere istruite dipendeva certo dalle condizioni economiche della famiglia, per il resto è difficile pensare che chi aveva la possibilità escludesse a priori le figlie dall'istruzione, semmai accadeva il contrario, data la tendenza della famiglia ebraica a proteggere la donna evitandole il rischio dell'insicurezza e dell'indigenza economica.

Goitein, citando una lettera della *Genizzah*, che riporta un parere di Maimonide dove si parla di una classe interamente composta da ragazze e un'altra dove si fa riferimento a fanciulle orfane istruite da una donna nei lavori di ricamo e da un istruttore privato nelle preghiere, conferma che le ragazze di «buona famiglia» avevano un'educazione tanto accurata da poter divenire copiste come Miriam sorella di Bernayah o la sorella del Gaon Samuel B. capace di insegnare Bibbia e *Talmud*. In un'altra lettera una donna sottolinea l'importanza della conoscenza delle scritture perché una sua nipote potesse diventare pia e devota. Chi non aveva figli maschi era naturale che istruisse la figlia femmina fino a farne una *mu'allima* cioè maestra e chi gestiva una scuola si facesse aiutare da mogli e figlie.

Teoricamente, sostiene Goitein, le donne avrebbero potuto officiare come *Shohet* scannatore rituale, perché la legge non l'impedisce esplicitamente e si può dunque ipotizzare che vi fosse nelle comunità qualche vedova istruita per farlo in caso di emergenza.[2] Dal XII secolo in poi nel quadro del dinamismo culturale cittadino, nell'Europa medioevale era consentito alle donne l'accesso nelle Università, con Federico II a Salerno e Napoli, ma anche in Francia e in Inghilterra. Tuttavia la maggior parte delle donne aveva un'istruzione privata perché era difficile superare certi pregiudizi e modificare in poco tempo la mentalità collettiva.[3]

Un anonimo allievo di Abelardo nel XII secolo, commentava l'attitudine educativa degli ebrei osservando: «Iudeus enim quantumcumque pauper, etiamsi decem haberet filios omnes ad litteras mit-

[2] S. D. Goitein, *Ebrei e Arabi*..., cit., pp. 217-219.

[3] M. Segre, *Dottoresse ebree nel Medioevo*, Pagine di Storia della Medicina, vol. XIV, n. 5, 1970, p. 99.

teret non propter lucrum sicut christiani, sed propter legem Dei intelligendam et non solum filios sed et filias».[4]

Alcune miniature francesi del XIV secolo dove sono raffigurate classi intere di donne discenti sembrano smentire il duro pregiudizio sui secoli bui del Medioevo e suggeriscono l'esigenza di maggiori approfondimenti sul tema dell'istruzione delle donne specie in relazione alla pratica della medicina e della ginecologia nella quale si distinsero parecchie ebree.

Gli ebrei siciliani, drappieri, commercianti, oltre che medici, rabbini, banchieri com'è emerso dalle ricerche del Bresc, possedevano testi della cultura giuridico-rituale necessari «à la sauvegarde de la specificité du groupe menacé de conversion et d'assimilation»,[5] ed è probabile che le donne in grado di leggere conoscessero le opere riguardanti le doti e quelle sulla purezza dei prodotti alimentari.

L'attaccamento delle donne al libro è registrato in contratti in cui si parla di divisione di beni, di doti, di eredità in cui sono coinvolte figlie e vedove. La compravendita dei libri era cosa di cui si occupavano gli uomini, ma il prenderli o darli in pegno poteva anche riguardare le donne. Simecha Binne di Termini possedeva tra l'altro «pecios decem et octo librorum de officio ebrayco item pecium unum seu scartafagium de Bibia»;[6] apparteneva ad una ricca famiglia della comunità in relazione di amicizia con i Chetibi medici ebrei molto noti a Palermo e riteniamo che non tenesse tali libri come semplici soprammobili.

Non sono rare le vertenze per il possesso di libri in cui sono coinvolte donne, come Channa vedova di maestro Habraam Portugallisi giudeo *tailleur* che per sentenza della Corte deve cedere a Channa figlia d'un primo matrimonio dell'uomo, una Bibbia. Un libro sui contratti matrimoniali è descritto in dettaglio: «Librum unum vocatum Chitubin in carta pergameni coperti di tabuli cum coyro rubeo cum quatru chovetti per banda in lictera judaica».[7] Si può immaginare quale cura avessero le donne di tali gioielli che rappresentavano per le famiglie ricche un segno di distinzione.

A Trapani Misuda e Gaudiosa ereditano dallo zio Minachem Romanu alcuni libri interessanti «quoddam psalterium ebraycum ca-

[4] A. Grabois, *Écoles et Structures sociale des communautés Iuives dans l'Occident aux IX-XII siècles*, cit., pp. 938-39. L'autore trae la citazione da *Commentarius Cantabrigiensis in Epistolas Pauli e Schola Petri Abaelardi*, Ed. A. Landgraf, Notre Dame 1937, vol. II, p. 434.

[5] H. Bresc, *Livres et Societé en Sicile*, cit., p. 64.

[6] ASTI, *Notai defunti*, notaio G. Bonafede, vol. 12833, 3ª Unità, 10 Dicembre 1431.

[7] H. Bresc, *La diffusion du livre en Sicile a la fin du Moyen Age*, in Bollettino del Centro di Studi Filologici e Linguistici Siciliani, vol. 12, Palermo 1973, pp. 182-183.

ducum in carta membrana item summam unam vocatam Rabi Alfes, item nonnulla scartapella ebraica numero triginta quattuor, item quendam librum recollectorum moriscum vetustum et caducum item certa alia scartapella a primis dissoluta, item quandam bussulam ordinis intus eam existenti, item quandam partem psalterii cum eius glosis, item scrignectum unum cum quodam libro vetusto et certis scripturis».[8]

In Sicilia come in Italia nel XV secolo dovette aumentare il numero delle donne che sapevano almeno leggere e scrivere in caratteri ebraici, in più, come risulta dagli inventari le ebree potevano avere accesso ai libri in *moriscu* dato che questa lingua venne usata dalle comunità, come abbiamo altrove ribadito, fino all'espulsione. Quella della maestra ebrea che si occupava di istruire le bambine era una figura tipica; solo a poche era tuttavia concesso proseguire e approfondire gli studi religiosi o le scienze profane. Queste pennellate non bastano ad inquadrare il problema, esistono invece, sulle figure di donne-medico alcune notizie e testimonianze isolate ma verificabili attraverso documenti.

[8] AST, *Notai defunti*, notaio Miciletto, cc. 30*v*-31*r*, 1433; cit. in C. Trasselli, *Sulla diffusione degli ebrei e sull'importanza della cultura e della lingua ebraica in Sicilia, particolarmente in Trapani e in Palermo nel sec. XV*, in Bollettino del Centro di Studi Filologici e Linguistici Siciliani, n. 15, Palermo 1980, p. 378.

Dottoresse e ginecologhe ebree

Un settore nel quale la presenza femminile ebraica è documentata è quello della *medicina fisica o chirurgica* e della ginecologia. La Sicilia può vantare la sua *Virdimura iudea uxor Pascalis de Medico*, di cui si sono già interessati alcuni studiosi attratti dalla singolarità del suo caso; anch'essa, come altre dottoresse italiane e specie salernitane, si è imposta nel secolo più fortunato per le donne, il XIV, ottenendo la licenza «praticandi in sciencia medicine circa curas phisicas corporum humanorum», da una apposita commissione secondo le regie disposizioni. Nello stesso periodo ricevevano la medesima autorizzazione in Aragona e in Castiglia tre ebree.[1]

Nonostante la liberalità di alcuni sovrani europei che avevano consentito l'accesso nelle università alle donne, mogli e figlie di medici imparavano l'arte medica privatamente. Le ebree appartenenti a famiglie di medici acquisivano naturalmente attraverso mariti, genitori o altri parenti l'abilità necessaria per esercitare la medicina e la chirurgia che di fatto praticavano senza alcun titolo; per lo più l'abilitazione veniva concessa a posteriori quando la loro perizia era riconosciuta pubblicamente come nel caso della nostra Virdimura esaminata e approvata anche «suadente fama laudabili et experiencia».[2]

Tra la fine del Trecento e gl'inizi del Quattrocento in Italia, al nord come al sud, le grosse comunità vantavano sicuramente qualche donna medico. Agli inizi del XV secolo, Cusina di Filippo da Rastimo esaminata a Cosenza dal medico ebreo Benedetto di Roma, divenne «magistra chirurgiae», abilitata in «medicandis vulneribus, ulceribus, apostematibus, doloribus, languoribus, egritudinibus, et infirmitatibus ac aliis et diversis morbis et passionibus».[3]

Nessun giudeo o donna, tranne qualche privilegiato, poteva accedere al dottorato cioè alla *facultas legendi*, al diritto di insegnare, perché questa presupponeva una *dignitas* che nessun *judeus vel*

[1] J. Shatzmiller, *Jewish Phisicians in Sicily*, in «Italia Iudaica», 1995 pp. 347-354.
[2] G. e B. Lagumina, *Codice Diplomatico*..., I, cit., p. 99.
[3] M. Segre, *Dottoresse ebree nel Medioevo*, cit., p. 101.

mulier poteva acquisire. *Magistri* e non *doctores*, ebrei e donne potevano legittimamente praticare la medicina, arte meccanica, acquisibile per imitazione, attraverso una sorta di addestramento in cui l'aspetto operativo, l'*usus* prevaleva sulla *ratio* teorica. Donne mature e fanciulle imparavano in famiglia le terapie, la prescrizione di ricette, la preparazione e la somministrazione di pozioni, erano capaci di maneggiare coltelli, *cauterii*, pinze e aghi. Nelle più grandi comunità dell'isola si formarono vere e proprie caste di medici che costituivano *élites* culturali influenti economicamente e politicamente, esperti *tam in lege moysaica quam in arte phisica* autorevoli all'interno e all'esterno delle comunità. Rappresentavano dunque la sintesi culturale e ottenevano privilegi giustificati dal fatto che «complures milites ac nobiles dicti regni», avevano sperimentato «tanta prestancia seu experiencia in sciencia seu arte phisica»[4] di medici ebrei, senza contare sovrani e papi che preferivano le cure di costoro alle terapie dei medici cristiani. I Chetibi a Palermo, i Bonavoglia a Messina, i Vita a Marsala, i Sacerdote di Termini, i Summato e i Sagictono di Sciacca e Caltabellotta, i Greco e i Medici di Polizzi, i Cuino di Trapani rappresentavano le oligarchie comunitarie, i *maiurenti* impegnati nella salvaguardia dei loro interessi e in secondo luogo di quelli della comunità. Potevano avvalersi della buona conoscenza dell'arabo, e delle frequentazioni e degli scambi culturali con medici ebrei maltesi o spagnoli o greci presenti nell'isola, come quel maestro Emmanuel de Cipro che nel 1442 faceva anche l'interprete «sciens interpretari linguam saracenam in latinam».[5]

La cupidigia dei medici scienziati, nel Medioevo, era proverbiale e spesso la gente comune ricorreva, nonostante le proibizioni, alle cure di medici e *medichesse* ebree che, come Virdimura offrivano ai poveri il *donum* della loro esperienza, «quibus difficile censetur immensa phisicorum et medicorum salaria solvere ubique locorum dicti regni nostri Sicilie».[6]

Un anonimo poeta ebreo scriveva: «il tempo dice al povero di spirito; sii medico. Tu farai morire gli uomini in cambio del loro denaro, avrai il vantaggio sugli angeli della morte che li fanno morire per niente».[7]

[4] M. Gaudioso, *La Comunità ebraica di Catania nei secoli XIV e XV*, cit., p. 119.

[5] ASP, *Notai defunti*, notaio sconosciuto, spezzone 363, cit. in H. Bresc, *Livres et Société en Sicile*, cit., p. 39.

[6] G. e B. Lagumina, *Codice Diplomatico*..., I, cit., p. 99.

[7] Ibn Zabbara, *Sefer Sha'ashou'im*, cit. in Ron Barkaï, *Les Infortunes de Dinah*, cit., p. 98.

Un'altra dottoressa ebrea di cui è rimasta memoria, è Donna Bella de Paja esperta «in qualsivoglianu infirmitati di celurgia». Donna Bella era veramente brava e famosa se a proteggerla intervenne la Regina Bianca che il 6 Settembre del 1414 ordinava agli amministratori di liberarla «da omni angaria, perangaria, collecti, imposicioni, guardie, pusati et qualsivoglian angarii».[8] Era prevedibile che si volesse impedire a queste *medichesse*, in quanto donne e in quanto ebree, l'esercizio della medicina, succedeva in un posto sperduto come Mineo o a Parigi dove a subire i divieti era stata nel XIV secolo Johanna Beloto una delle più famose ebree, esperte in chirurgia e oculistica.[9]

Dottoresse specie oculiste ebree sono documentate anche nel mondo della *Genizzah*, appartenevano ai ceti alti, non acquisivano conoscenze attraverso il tirocinio della medicina scientifica ma, come scrive Goitein, «were practitioners whose knowledge and skill had come to them by tradition».[10] Queste *tabības*, com'erano chiamate, godevano ampiamente della fiducia dei loro clienti ed erano molto richieste.

Nel 1475 Mituca Saittuni figlia del medico Micael di Marsala, esperta quasi sicuramente anche lei nell'arte medica, sposa Iuda de Vita che chiede alla famiglia della moglie di essere istruito nell'esercizio della medicina per nove mesi dopodiché lavorando da solo avrebbe ricompensato il suocero.[11]

Nella società cristiana come nella comunità ebraica c'era una forte domanda terapeutica che veniva dal mondo femminile; le donne per scrupoli etico-religiosi, condivisi da tutta la società e in qualche modo imposti come regola, specie durante gravidanze e parti o aborti, richiedevano le cure di ginecologhe e dottoresse. Questo giustifica la moderata liberalità di sovrani, autorità locali e accademiche nel consentire alle donne l'esercizio di questa professione.

Abbiamo visto come i medici ebrei costituissero delle vere e proprie caste; deputati a presentarsi come arbitri in vertenze interne e a essere procuratori e intermediari con l'ambiente esterno finivano per accumulare privilegi che diventavano ereditari ed estensibili a mogli e figlie. Nell'isola vennero esaminati per alcuni anni, dal 1368 in poi, da Joseph Abenafia medico di corte per un privilegio speciale, in seguito da protomedici cristiani. In Calabria è persino do-

[8] ASP, *Prot. del Regno*, vol.3, foglio 493 retro e seguenti, cit. in G. Pitré, *Medici, Chirurghi, Maestri e Speziali in Sicilia*, Ed. Il Vespro, Palermo 1978, pp. 103 sgg.

[9] G. Duby-M. Perrot, *Storia delle Donne*, cit., pp. 368-371.

[10] S. D. Goitein, *Mediterranean Society*..., cit., I, p. 128.

[11] ANMA, Atto rogato dal notaio Salazar, 6 Ottobre 1475, cit. in M. Luisa Garaffa, *Caratteri topologici dell'insediamento ebraico nella Sicilia Occidentale*, in «Italia Iudaica», 1995, p. 277.

cumentato il caso di un medico ebreo che esaminò per laurearla in medicina una donna cristiana.[12]

In tutta l'Europa medioevale le Università si posero il problema di eliminare la concorrenza delle donne che praticavano la medicina sia ebree che cristiane. Le *mulieres* salernitane tra cui parecchie ebree, erano famose, una certa Francesca de Romano nel 1321 aveva ottenuto dal duca di Calabria la laurea in chirurgia. Dove non c'erano università, le donne ebree continuarono a prestare la loro opera assurgendo anche ad una certa fama.[13] La loro formazione culturale era scientifico-filosofica e da questo punto di vista gli ebrei avevano il vantaggio di poter accedere più facilmente ai testi della medicina in arabo, lingua che conoscevano bene e usarono fino all'espulsione, o di quella greca in versione araba. Nell'isola circolavano testi necessari alla formazione medica, copiati da esperti amanuensi siciliani, alcuni dei quali sono giunti fino a noi. Si tratta di antidotari, glossari di erbe medicinali, libri di veterinaria o di terapeutica tradotti in ebraico dall'arabo o dal latino. A Palermo un elenco di erbe medicinali venne copiato da David b. Eliyyah Rofe per Mosheh Qimḥi; nel 1347 un Antidotario di Nicholas; da Marsala nel 1489, è pervenuto di un amanuense sconosciuto l'Antidotario di Mesue in traduzione ebraica dall'arabo o dal latino. Un trattato di terapeutica di Mosheh b. Yehoshua da Narbona fu copiato nel 1504 a Reggio Calabria da un amanuense siciliano. Shemuel ibn Musa profugo siciliano copiò nel 1508 per Yoseph Dayyan siciliano il *Lilium Medicine* di Bernard di Gordon nella traduzione ebraica di Yequtiel b. Shelomoh di Narbona.[14]

Un'intensa attività di traduzione in ebraico di opere arabe o greco-arabe si era avuta in Spagna e in Provenza nel XII e nel XIII secolo proprio per fornire i medici ebrei della necessaria bibliografia. Farag figlio di Salem nel 1279 tradusse la versione latina dell'opera di medicina di Razi el *Hawi* e Mosè di Palermo tradusse dall'arabo in latino il trattato di veterinaria attribuito ad Ippocrate.[15]

[12] Sonia Vivacqua, *Calabria*, in *L'ebraismo dell'Italia Meridionale Peninsulare dalle origini al 1541: Società, Economia, Cultura*, Congedo ed., Potenza 1996, pp. 295-310.

[13] G. Duby-M. Perrot, *Storia delle Donne*, cit., pp. 368 sgg. G. Pitré, *Chirurghi, Medici, Maestri e Speziali*..., cit., p. 98.

[14] Queste notizie si trovano in G. Tamani, *Manoscritti ebraici copiati in Sicilia nei secoli XIV e XV*, in «Henoch», XV, 1 Giugno 1993, pp. 107 sgg. e in Cecil Roth, *Jewish Intellectual Life*, in Medieval Sicily; in Gleamings, *Essays in Jewish History Letters and Art*, New York 1967, pp. 62-80.

[15] L. Zunz, *Storia degli ebrei in Sicilia*, tradotta dal tedesco da P. Perreau in A.S.Sic. n. 9, (1879), pp. 69-113. L'abilità dei traduttori siciliani era nota già nei secoli precedenti, un codice miniato della Biblioteca Nazionale di Parigi del 1279 raffigura in tre successive immagini il sultano di Tunisi che dona a tre ambasciatori del re di Sicilia l'esemplare arabo della En-

La formazione vera e propria avveniva sui testi di Ippocrate, Ga-) e soprattutto sul *Canone* di Avicenna, una specie di enciclo-ia medica, e *Ad Almansorem libri decem* di Razi. I settori della dicina in cui si distinsero particolarmente le donne furono l'oculistica e la ginecologia. Le partorienti, le donne affette da sterilità, o da malattie dell'utero avevano pudore a mostrare i loro organi sessuali ai medici ai quali peraltro la morale comune vietava di effettuare visite ginecologiche; erano le ostetriche ad occuparsi di tutti i problemi legati all'apparato genitale femminile. Spesso i trattati di medicina contenevano una parte riservata alle levatrici. È difficile dire quale fosse il grado d'istruzione di queste *sages femmes* e se sapessero leggere direttamente i testi loro riservati, visto che in genere non appartenevano alle classi alte. Nell'isola le partorienti cristiane si servivano della perizia delle levatrici ebree, ma poteva accadere il contrario, ed erano le disposizioni regie a rimettere a posto le cose stabilendo che «li donni christiani non divissiru essiri ostitrichi seu mammani di iudei e chi li iudei si avissiru ad ordinari mammana iudea infra loru».[16]

La levatrice ebrea *meyaledet* si occupava di parecchie malattie proprie delle donne. Il Medioevo offre una gamma varia di ebree impegnate nella medicina: donne che esercitavano la *fisica* e la chirurgia senza titolo o con titolo acquisito a posteriori, oculiste, qualche caso di donna laureata, e infine le ostetriche e ginecologhe. Una visita ginecologica veniva effettuata comunemente dalla levatrice, il medico interveniva in caso di pericolo o di intervento chirurgico. Un problema non patologico che impegnava particolarmente le *sages femmes* era la perdita della verginità delle ragazze prima del matrimonio che portava all'annullamento, alla perdita della *ketubbah* e al ripudio. Una buona parte della letteratura medica del tempo era dedicata ai mezzi per ridare alla donna la verginità perduta. Il problema era anche sentito nella società cristiana perché il trattato di ginecologia di Trotula *Gyneciorum* prendeva in considerazione l'argomento. Si consigliava alla donna di tenere stretto il pube dopo aver introdotto nella vagina una serie di sostanze, mentre Alfonso X il Saggio di Castiglia nel suo *Lapidario* riferiva di una pietra *camiruca* che ridava alle donne la verginità.

ciclopedia medica di Al Zahrawi che da Carlo I D'Angiò viene consegnato a Faraj ben Salem di Agrigento perché lo traduca in latino. Il testo tradotto sarà il *Liber Continens* che trasmetterà in Europa il concetto di vaccinazione. Devo questa interessante informazione all'amico Nicola Bucaria interprete e traduttore dei nostri giorni e studioso di ebraismo.

[16] G. e B. Lagumina, *Codice Diplomatico*..., cit., I, p. 594.

Maimonide diffidava dai servizi di questa *medicina empirica* apparentata più con la magia che con la logica, la conoscenza teorica e filosofica. Le ostetriche ebree erano anche esperte di contraccezione, solitamente proibita ma consentita alle donne la cui vita poteva essere messa a rischio da una gravidanza. In caso di parto prematuro o rischio di gravidanza, la vita della madre aveva la priorità su quella del nascituro. Esistevano sostanze contraccettive, come la *trementina*, che si applicavano all'uomo o alla donna e piante introdotte nell'utero con la bambagia. La maggior parte dei trattati medici scritti da ebrei vietavano di praticare l'aborto; inoltre la medicina scientifica non risolveva i problemi di sterilità della coppia e allora era più facile rivolgersi ai rimedi di questa specie di medicina *magica* nella quale erano esperte soprattutto le donne.

Due correnti si fronteggiarono nella medicina ebraica medioevale, quella che faceva capo a *Maimonide* ed al provenzale *Abram Anvonit* scientista e razionalista che riconosceva come fonti indiscusse Aristotele e Galeno e condannava come forma di idolatria la medicina alternativa e quest'altra appunto che utilizzava amuleti, incantesimi, proprietà di erbe, piante e altre sostanze.

La fortuna e il successo delle nostre dottoresse ebree consisteva, secondo noi, in un pizzico di senso pratico in più rispetto agli uomini che consentiva loro di operare in modo sincretico senza troppe rigidezze teoriche e di mediare tra i due estremi. Se a questo si aggiungeva uno spirito di naturale solidarietà che le induceva a curare anche gratis i poveri, si spiega perché queste donne fossero ostacolate o accettate a denti stretti negli ambienti ufficiali. Dove la medicina scientifica falliva, quella alternativa, in alcuni settori, riusciva ad avere esiti positivi anche se inspiegabili scientificamente. Queste ostetriche accusate di stregoneria di cui Joseph Colon diceva «queste donne stupide siano maledette», svolgevano un importante ruolo di mediazione, dando dignità alla medicina magica senza rinunciare agli apporti della medicina scientifica, i cui trattati sono pieni di pratiche magiche per curare le donne, consigliate non solo alle *maghe* ma anche ai medici maschi. Per risolvere i problemi di sterilità per esempio, venivano usati testicoli di animali seccati e ridotti in polvere, come quelli di maiale. L'utilizzazione di animali impuri, da parte di ebrei, sarebbe da ricondurre a un forte influsso cristiano; piante come l'*agrimomia* a contatto con la vagina della donna potevano agevolare la fecondazione. È importante sottolineare come si agisse per tentare di sconfiggere la sterilità sia sull'uomo che sulla donna. Altri riti propiziatori prevedevano che si recitassero Salmi come il Salmo 69 contro l'aborto o passi delle sacre scritture, preghiere evocatrici di personaggi biblici come Sarah, Rachele, Hannah.[17]

Accanto alla medicina dotta che non disprezzava l'apporto dell'esperienza accumulata dalle levatrici, c'era una magia popolare imparentata più con la stregoneria che con la medicina. In Sicilia, a Messina una Gemma giudea accusata nel 1431 di delitto di magia fu condannata alla pubblica fustigazione ma non sappiamo quali pratiche avesse esercitato.[18]

[17] Per tutte le informazioni sulla ginecologia ebraica nel Medioevo dipendiamo da Ron Barkaï, *Les Infortunes de Dinah*... citata.

[18] G. e B. Lagumina, *Codice Diplomatico*..., cit., I, p. 508.

Parte VI
Le memorie di Ester

L'emporio di Ricca

Nella primavera del 1455 muore a Palermo nel quartiere del Cassero il mercante ebreo Manuel Sinena senza aver potuto disporre dei suoi beni. Ricca la vedova *volens se gerere ut tutrix* dei figli minori Habraam di sei e Lia di due anni chiede, *de iure et ectiam virtute consuetudinis panormitane* l'inventario tutelare *ne nota suspicionis sibi impingeret et ad penas incurreret a lege statutas*.

Il 4 Aprile *infra legitima tempora* dalla morte di Manuel, in presenza di Pietro de Amore *iudicis ydiote curie pro tribunali sedentis*, Ricca giura *ad legem Moysi* di non avere occultato i beni del marito a lei pervenuti e comincia l'elencazione di oggetti, suppellettili della sua casa, e dei beni mobili e immobili. Cortine, materassi, *travirseri*, tavole di letto veneziane, *trispi*, banchi e banchetti, casse e cassette, coltri grandi e piccole, tovaglie per diversi usi, *guardanappi*, lenzuoli, indumenti femminili e maschili, cuscini, casse e cassettine, tappeti, bacili di rame, boccali, piatti, pentole, mortai e conche vengono puntualmente registrati. Si procede poi al resoconto di beni e capitali che il defunto Manuel aveva in comune con il fratello Ferruggio Sinena suo socio in affari. Una prima divisione di quindici onze e sei tari *in carlenis argenteis* era stata fatta la settimana precedente alla presenza del notaio ebreo Benedetto de Girachi. Manuel e Ferruggio acquistavano all'ingrosso vino e lo rivendevano al minuto; settanta vegeti di vino custoditi nella *taberna* di Ioseph de Minichi furono divisi a metà come pure il prezzo dell'affitto e il debito di sessantacinque onze per l'acquisto di cinquantuno vegeti di vino acquistati da Nissim Sansuni e il lucro che sarebbe venuto dalla vendita. La divisione era stata registrata dal notaio Branca de Granata.

L'esame più lungo è quello di *quinterni* e scritture pubbliche attestanti le numerose attività commerciali della famiglia Sinena in diversi settori. Anticipi di somme di denaro erano state fatte *patronis mandriarum pro caseis et equicaseis in anno presente*, dai quali poi avrebbero ricevuto *certam quantitatem fructus*. I produttori di formaggio provenivano da paesi di montagna del territorio di Palermo ma anche da paesi più lontani e impegnavano il prodotto delle mandrie a grossi commercianti ebrei come i Sinena che spesso lo barattavano con i tessuti pregiati portati dai genovesi o lo esportavano direttamente al nord.[1] Ricca avrebbe continuato a tenere relazioni di affari con alcuni di questi *patroni*: Filippo de Amudeo da Chiusa, il notaio Giovanni de Azulinis di Monreale, Giovanni de Santalucia di Chiusa, Iacobello de Micaele di Pollina, Nicolò de Afano de Monte de Vivona. Una *apodixa* scritta da Luce Chaim attestava il debito di Petro de Randagio di nove once e tredici tari. Nel magazzino della bottega si trovarono *soli secti di cascavalli de menzu canniczu* e ventiquattro barili di *tonnicii necti* di cui otto erano stati venduti *ad cridenciam* ad Antonio Birzello. Vino, formaggio, tonno, erano merci che i Sinena acquistavano e vendevano con facilità all'ingrosso o al dettaglio non sempre in contanti ma a credito; spesso ricevevano anche quantità di questi prodotti come pagamenti in natura di interessi per somme date in prestito ai produttori. Per volontà di Ricca, *de voluntate dicte tutricis*, tutto è puntualmente controllato e registrato soprattutto i nomi dei debitori e le somme date in prestito ad ebrei e cristiani da Manuel e Ferruggio; per alcuni prestiti erano stati dati in pegno oggetti e capi di vestiario. Salamone de Tripuli aveva lasciato una *gunnella*, il notaio Benedetto de Girachio *libra una pargameni*. Tra i *bona stabilia* della famiglia c'era una casa nel Cassero nella *ruga de Buffardis subiectam* al Monastero di S. Martino delle Scale. Ricca insieme al fratello Fadalono Favena fabbro, suo *mundualdo*, ai figli e al cognato Ferruggio passa in rassegna le merci della loro grande *apoteca* per la quale i fratelli Sinena *quandu la misiru*, investirono un capitale di dodici onze. Non era una semplice *apoteca* come tante ma un vero e proprio emporio, come risulta dal lungo elenco e dalla varietà delle merci, che Ricca avrebbe gestito da quel momento per la sua parte e per quella dei suoi figli. Sicuramente era il più grosso deposito di merci del Cassero di Palermo dove ebrei, cristiani, siciliani e stranieri potevano soddisfare ogni esigenza di acquisto. C'erano reparti di ferramenta, di attrezzi per la pesca, per la caccia, bilance, lanterne, droghe, spezie, *stigghi*. Vi si potevano trovare articoli casalinghi, utensili e oggetti vari, per il lavoro, la cucina, gli svaghi, l'abbigliamento. Cominciamo con i fili per balestre, la colla per uccellare, lacci siracusani, *lenzocti de rumanello* per pescare, fili di *bombice* per le candele, *pale ammanicate*, *fermature serachiniski* complete di chiavi, pece greca, *chappi*, scandagli e cerniere venete *de incaxari*, *crukecti*, chiodi, forbici di varie misure, *buccule e chappetti de spiruni*, viti, *maglecti siracusani*, eccetera. Gli sguardi si

[1] Cfr. sull'argomento: M. Gerardi-A. Scandaliato, *Genovesi a Sciacca ed Agrigento nel XV secolo*, cit., pp. 67-81.

spostano al reparto delle spezie, delizia di cuochi e cuoche: *cannella incannolata* o in polvere *pistata*, pepe, chiodi di garofano, zenzero, cumino dolce di Malta misto con semi di *iuriulena*, noce moscata. In un altro angolo c'è gran quantità di sapone a pezzo e in polvere, la gomma *dragante* mastice, colla *turkisca*, verderame, tartaro di botte, allume in polvere; segue il reparto della carta de *strazare*, *pro scribendo* e carte per giocare; quello delle corde di vario tipo tra cui spago di Genova, corde di Piazza Armerina, cinture di cuoio di Siracusa, *cannovacii ianuensi*. Infine vi sono i contenitori grandi e piccoli di diversi materiali e per usi diversi: vasi di creta detti *nziri*, cinghie per sellare cavalli, sacchi in cui i *bordonari* conservavano il denaro, argento vivo *intus quandam buxulam de terra*, barili vuoti, scatole di cartone, vetriolo in polvere, quartare di diverse misure. Completano l'inventario due bilance di ferro una *mizana* e l'altra piccola con relativi pesi cioè: rotoli III, II, I, mezzo rotolo, III once, II once, I oncia, mezza oncia, I quarto. La bottega era dotata di un largo bancone per la vendita; una nota gentile è rappresentata da quattro paia *patitis pro mulieribus* cioè zoccoli per donne.

L'*emporio* riforniva di materiali in ferro acquistati da mercanti pisani e genovesi, i numerosi fabbri ferrai ebrei; possiamo immaginare si trovasse nella *platea Marmorea* ricca di *apoteche* di ogni tipo, affollata e variopinta, che risuonava di canti e voci, satura di odori di droghe, spezie, profumi come la *Murabb'at al Attarin*, la piazza dei profumieri di Fustat o di Alessandria in Egitto.

L'uso frequente nella cucina ebraica di spezie, giustifica l'esistenza di buone scorte di zafferano, pepe, cannella, cumino, noce moscata e zenzero all'interno della *apoteca*. Le lettere della *Genizzah* riportano elenchi con i relativi prezzi proprio di queste spezie e droghe usate nella medicina del tempo di cui v'era un commercio internazionale ebraico.[2]

Da Ricca si potevano trovare anche le carte e i dadi per giocare, *taxilli sive dadi pro ludendo septingenti*, venduti in quantità, nonostante le proibizioni delle autorità ebraiche e cristiane, perché gli ebrei amavano molto il gioco.[3]

[2] «Pepper was used» scrive Goitein riferendosi ai secoli della *Genizzah*, «in those days in far larger quantities than today since it performed largely the function of our refrigerators in keeping meats fresh. Peppering their wines was very popular too». S. D. Goitein, *A Mediterranea Society*..., cit., I, p. 270.

[3] Nel 1398 il Dienchelele Josef Abanafia chiedeva al re Martino di proibire «omni natura iocu de azara et di dadi et di dinari...». Nel 1419 sono i viceré Antonio de Cardona, Ferdinando Velasci e Martino de Turribus a proibire il gioco della zara agli ebrei di Trapani. G. e B. Lagumina, *Codice Diplomatico*..., cit., I, pp. 201 e 354.

L'inventario viene completato e trascritto alla presenza del giudice a tutela di Habraam e Lia minori «ut ius Falcidie et trebellianice et alia beneficia et iura introducta... serventur in lesa».[4]

Poche ore dopo Ricca garantisce se stessa dichiarandosi ufficialmente creditrice *dicte hereditatis in eius dotibus seu chituba*, in virtù della legge mosaica che garantiva alle donne la possibilità di recuperare sull'asse ereditario la dote con precedenza sugli altri creditori. Infine poiché Ricca è *ignara litterarum* in sua vece firma il notaio Giovanni Pietro Grasso.[5]

[4] Il figlio a cui spettava, dell'asse ereditario, oltre la quota *jure nature* quella *jure hereditatis*, nel caso in cui il padre non disponesse dei beni in modo legale non concedendogli la legittima, poteva invocare la legge Falcidia cioè il diritto alla quarta parte dei beni. A. C. Garufi, *Ricerche sugli usi nuziali*..., cit., p. 73.

[5] ASP, *Notai defunti*, notaio G. Randisi, vol. 1151, cc. 126-131*r*, 4 Aprile 1454.

Magnifica o Magistra?

Sorge a Sciacca nel 1447, per regia concessione e per iniziativa di Stella e David de Minachem, la *Yeshibah* di Sciacca. David è mercante di panni e banchiere, Stella gli ha portato una dote consistente. Amministratori e nobili della città chiedono in prestito alla coppia notevoli somme di denaro e danno in pegno gioielli di valore: frontali di perle, collane, diademi, coppe d'argento.[1] Persino donna Bianca Perollo, debitrice insolvente è costretta a vendere ai due un *palaciocto*. In un periodo di particolare benessere David detto *lu Russu* e Stella decidono di finanziare una *Yeshibah* cui possono accedere studenti ebrei da tutta l'isola, una grande accademia culturale che si sarebbe avvalsa della presenza nella città di validi rabbini. David e Stella hanno le ricchezze, la quantità di libri e la cultura necessarie perché l'istituzione possa andare avanti. Il 28 Marzo del 1447, valendosi della sua influenza politica, David ottiene dal sovrano l'autorizzazione a *tenere scholas seu Studium sue legis*.[2] La magnificenza, il lusso, il mecenatismo della coppia sono noti in tutta l'isola, attirano l'attenzione e inevitabilmente l'invidia di altri ebrei emergenti come Iona de Uziel *dayan* a Palermo che, non si conosce bene il motivo, cita in giudizio i coniugi de Minachem. Stella è chiamata in causa direttamente e invitata a comparire di fronte all'assessore del Magnifico Bernardo Requisens cui spetta la giurisdizione sugli ebrei dell'isola. Arrivano altre denunzie e altri processi, Stella è sempre coinvolta in prima persona. Nel 1444 era stata la famiglia Balam a denunziarli e a svelare le protezioni di cui godevano da parte delle più alte cariche della città e dell'isola; David non potè convenire di fronte al giudice perché Stella era assente. Nel documento che la riguarda l'appellativo che il notaio usa per lei sembra quello di *magnifica*, strano, perché riferito ad una ebrea, anche se di condizione elevata; dobbiamo forse intendere *magistra*? la lettura non è facile, tuttavia è registrato che *Stella scripsit seu re-*

[1] Di David e Stella e della *Yeshibah* o *Studium* ci siamo già occupati in A. Scandaliato-M. Gerardi, *Studium Iudeorum Terre Sacce* «in Italia Iudaica», 1995, pp. 438-452.

[2] *Ibid.*, p. 447.

spondit quod intendebat mittere nobilem Iannettum de Torres, come suo rappresentante in curia.

Magnifica o *magistra* ricca, elegante, colta, raffinata, Stella gode di prestigio e rispetto. Del suo clan fanno parte i Sagictono (per via del matrimonio di Gimela sua sorella con Iuda), rabbini, medici a Sciacca e Caltabellotta; è Levi de Sagictono infatti il rettore della *Yeshibah*. Stella per la sua posizione sociale e il ruolo svolto nella gestione dello *Studium* e nell'amministrazione del patrimonio dei Minachem emerge nettamente nel suo ambiente e in quello cristiano.

La comunità ebraica di Sciacca vive una fase di grande prosperità, c'è distensione nei rapporti con l'altra etnia dominante, c'è movimento di capitali, vi sono società miste di affari, numerosi gli ebrei scelti come mediani, David è socio nel commercio di panni e nell'attività bancaria di Crimonisio de Choppardo. Nella città circolano copie del Pentateuco, del *Talmud* giunte in Sicilia e in Nord Africa dalla Spagna e copiati da locali amanuensi. Stella e David non hanno figli, scelgono di dedicarsi al filantropismo, destinano dieci onze l'anno al mantenimento dello *Studium*. Abitano in un grande *hospitium* con cortile nella *platea* magna, limite sud del quartiere ebraico Cadda dove si aprono le numerose *apoteche*, possiede altri immobili e magazzini in altri quartieri.[3] Stella è generosa, aiuta i suoi parenti ma anche quelli di David, acquista libri, dota nipoti e pronipoti.[4] Premuore a David ma non abbiamo la data della sua morte né il testamento che illuminerebbe meglio la sua personalità, quello che rimane del suo corredo, dei vestiti e dei gioielli, dei libri nella sua casa è elencato nel testamento di David che muore il 5 Maggio del 1455 lasciando eredi i pronipoti Xibitello e David figli di Busacca. «Due pezzi di libri di Rabbi Moise, una Bibia unum libru de lu Talmutu pezu unu, unu alteru libru de lu talmutu in sette pezi, tri libri di carta libri dui de parchiminu pichiuli, item unum salterium de parchiminu, item dui altri libra pichiuli de carta unu alteru libru de carta, item dui alteri libri de carta et parti de parchiminu... unam zonam de argento cum suo cinto rubeo, aliam zonam de argento cum suo cinto virdi et albo ut dicitur lastriata unum par manicarum de scar-

[3] ASS, *Notai defunti*, notaio A. Giuffrida, vol. 9, cc. 58-59, 9 Maggio 1455.

[4] Il rabbino Nissim Sagictuni nel contratto stilato in occasione del matrimonio di sua figlia Gaudiosa con Siminto de Bulfarachio, il 15 Dicembre 1466 s'impegna con lo sposo, anche per la dote «quam habuit a quondam Stella eius matertera uxore quondam David de Minachem. ASS, *Notai defunti*, notaio Amato de Messana, vol. 20, c. 54, 15 Dicembre XV Ind. 1466; citato e trascritto in A. Scandaliato, *La donna ebrea siciliana nel Medioevo*, estratto dalla «Fardelliana» (Agosto 1991) e ristampato nel 1992 per le Grafiche Mazzotta, Castelvetrano (TP).

lata cum buctonis de perlis quinquaginta tribus... buctonos de argento quatraginta duos... tobalias de sita cum listis aureis... par unum de coltelluzzi ornati de argento cum catenella de argento una burza de auro cum duobus buctonis de perlis... item udicam unam russa listriata de auro... una caiula di villutu russa usata... unam morinam de perlis... etc».[5] Altri documenti di quegli anni ritornano a parlare di Stella, del suo prestigio e della sua magnificenza; sua erede è Gimela la sorella vedova di Iuda de Sagictono a sua volta cognata di Levi il Rettore dello *Studium*, suo usufruttuario David. Una scrittura ebraica affidata da Stella al notaio Braca de Siragusia attesta che ella al tempo del matrimonio di Busacca de Minachem gli aveva promesso la quarta parte dei suoi beni mentre David gli assegnava trenta onze. Inevitabile è la controversia tra i Minachem e i Sagictono, risolta da una sentenza arbitrale, *amicis communibus intervenientibus*. I conti sono tuttavia complicati; un decreto della Curia aveva assegnato a Stella in vita *multa bona olim communia inter dictos David e Stella*, la qual cosa, com'è ovvio, non va giù ai Minachem. I due eredi devono, con i beni comuni rimanenti, pagare *debita funeraria* che hanno la precedenza sugli altri, riscattare pegni per debiti contratti da David dopo la morte di Stella, come appare dall'inventario dei suoi beni dove persino il corredo di Stella è pignorato; le somme rimanenti devono essere utilizzate per creare un reddito allo *Studium Iudeorum* che sarebbe stato completato fino alla somma di dieci onze con i beni della *cedula* di Stella; tutto il resto va diviso in tre parti, due a Gimela e una a Busacca e ognuno di loro avrebbe avuto i libri dei rispettivi testatori. È evidente che la morte di Stella ha sconvolto ogni cosa, i Minachem sembrano tentati di far annullare la sentenza della Curia favorevole a lei, dopo la sua morte, David ha prestato grosse somme di denaro al fratello Rabbi Iona e al nipote Moise, i cui interessi sono assegnati a Gimela. Busacca, per decisione degli arbitri, promette di non aiutare i parenti nel tentativo di mettere tutto in discussione, in particolare «si forte Muxa de Minachem frater ipsius Busacce temptaverit infrangere vel annullare sententias olim latas in favore dicti quondam Stelle contra dictum quondam David quod ipse Busacca non audeat neque valeat eidem Muxa assistere palam nec clam auxilio consilio nec favore». Quello che è assegnato a Busacca *cedit*, si precisa «ex bonis dicte quondam Stelle e non ex ereditate dicti quondam David». L'accordo è fatto con la *benedizione*

[5] Il documento è stato trascritto parzialmente in A. Scandaliato - M. Gerardi, *Studium Judeorum Terre Succe*, citato; inoltre è stato parzialmente utilizzato nel capitolo sugli abbigliamenti.

del rettore Levi de Sagictono.[6] Stella pur essendo proprietaria della maggior parte dei beni non ha beneficato solo i suoi parenti diretti ma anche gli affini, la sua scomparsa segna la lenta fine della importante istituzione culturale, il succedersi delle espropriazioni, delle reciproche accuse delle due famiglie. Ritorna spesso la memoria della benefattrice e del suo David che non ha saputo resistere agli assalti dei parenti; dopo la sua morte è chiaro che i legati testamentari non vengono rispettati. I protagonisti della disfatta sono il Rettore Levi e il nipote Nissim maestro della scuola di Caltabellotta, ambedue in progressivo dissesto finanziario.[7] Il rettore e i funzionari della *muschita* non riescono ad amministrare correttamente i beni della *Yeshibah*, i documenti degli anni successivi registrano la cattiva gestione delle rendite e riportano i nomi dei colpevoli. I legati testamentari di Stella e David, *si pirdiru* per la negligenza del tesoriere, ma costui accusa Levi il rettore esecutore testamentario, negligente «ad implendum ultimam voluntatem dictorum iugalium»,[8] l'acquisto cioè di censi per incrementare le rendite dello *Studium*. Pressioni esterne e ambizioni interne, dopo pochi anni dalla fondazione, riducono al fallimento il grande progetto culturale nato dall'impegno di Stella e dalla influenza politica di David. Sciacca e Caltabellotta sono comunque in quegli anni comunità di rabbini: Rabbi Yom Tob, Shlomo Eliyyah, Rabbi Sillom detto Wakil, Rabbi Mordekay, Rabbi Farḥah detto Bulfarag e Rabbi David, nominati in una solenne *ketubbà* del 1457 a Caltabellotta dove Borach de Ixey mette a disposizione degli ebrei delle due *terre* la sua ricca biblioteca.[9] Il rettore Levi è sempre più indebitato e costretto a ipotecare la sua casa *palachata* ma il prestigio del suo casato e la benevolenza del notaio Enrico de Termino gli consentono di poterla riscattare.[10] Sono nominati ancora David e Stella perché i Minachem in diffi-

[6] ASS, *Notai defunti*, notaio A. Giuffrida, vol. 9, c. 67*v*, 13 Giugno III Ind. 1455.

[7] *Ibid.*, notaio P. Buscemi, vol. 30, cc. 81*rv*-82, 10 Dicembre 1492.

[8] *Ibid.*, notaio A. Giuffrida, vol. 9, cc. 50*v*-51*r*, 3 Aprile 1456; c. 60*v*, 5 Maggio 1456.

[9] A. Scandaliato, *La Giudecca di Caltabellotta nel XV secolo*, estratto da la «Fardelliana» Anno XII, 1993, pp. 47-63.

[10] Maestro Levi ipoteca due case, una terranea e l'altra *palachata* nel quartiere Cadda vicine alla casa del fratello Joseph per dieci tari e dieci grani al notaio de Termini a cui a sua volta vende il diretto domino per tre onze. Non volendo il notaio mettere in difficoltà il rabbino, gli chiede di diventare suo enfiteuta per gli stessi dieci tari obbligandosi a non vendere il censo senza il suo consenso; inoltre gli concede la possibilità di riscattare entro quattro anni le due case dopo il pagamento delle tre onze dovutegli; se non avesse pagato sarebbe rimasto enfiteuta in perpetuo. L'8 Settembre Nissim de Sagictono figlio del fratello Iuda riscatta il bene dagli eredi del notaio, la moglie Eleonora e il figlio Antonio *iuris doctor* e la figlia Angilella. ASS, *Notai defunti*, notaio A. Giuffrida, vol. 9, cc. 103*v*-104*rv*, 15 Luglio 1457 e 8 Settembre 1457.

coltà economiche ipotecano la casa che essi avevano abitato in vita; è Busacca a venderla poi a Flora vedova del notaio Messana, mentre l'altro rampollo dei Sagictono Ioseph ipoteca la sua casa *palachata*.[11] Il rettore Levi muore probabilmente nel 1478 lasciando i figli indebitati e costretti a vendere per sei onze la loro *domo palachata* a Nissim figlio di Gimela e Juda de Sagictono, l'unico che sembra trarre vantaggio dalla situazione familiare e a sistemare *certa negotia*.[12] La storia dei fasti e dei nefasti delle due famiglie dura fino alla vigilia della espulsione; la memoria di Stella è sempre viva nella comunità di Sciacca. Un Mardocay Crispu il 15 Dicembre 1490 si dichiara erede di David e Stella «in una medietate ut dixit redditum scole ebrayce seu judeorum terre sacce». Non si parla più di *Yeshibah* ma di una semplice *scola* e sono in contestazione dei redditi. Il Crispu nomina suo procuratore Xetto de Minachem altro erede «dictorum jugalium in altera medietate et quota predicte scole...» al fine di far revocare e annullare le lettere viceregie che consentono al rabbino Nissim de Sagictono di stornare i redditi della scuola per far studiare il figlio, e di citare eventualmente anche i giudici della magna regia Curia. I de Sagictono continuano fino all'ultimo a far valere la loro influenza non per iniziative illuminate ma per interessi privati e di parte.

[11] *Ibid.*, cc. 109*rv*, 19 Luglio 1457; cc. 120*v*-121*rv*, 17 Agosto 1457.
[12] ASP, *Notai defunti*, notaio F. Giuffrida, vol. 1379, c. 20, X Ind. 1478.

Donna Perna e il figliol prodigo

Il 17 Novembre XI Ind. 1462 donna Perna de Asesi gravemente malata detta le sue ultime volontà al notaio Pino Verderame, *iacens in lecto suo infirma corpore sana tamen sue mentis et racionabilis intellectus.*[1] Teme di vedere per l'ultima volta la sua casa nel cuore della comunità montana di Caltabellotta, la Kalat-al- Ballut araba feudo della famiglia dei Conti de Luna. Dalla morte del marito Iacob ha amministrato da sola il ricco patrimonio familiare facendo la spola tra Caltabellotta e Sciacca dove ha curato altri interessi.

Non è stato facile sposare e dotare le figlie e venire incontro alle necessità del figlio. Il suo primo pensiero è per Chyassuna sposata a David de Ixey e per Fadalona moglie di Muxa Pulvirecta che l'hanno assistita, confortata e sorretta nella sua lunga lotta per tutelare i beni della famiglia dagli assalti del loro unico fratello Marzuco. Ritorna l'amarezza dei momenti difficili anche se Marzuco ormai è morto. Fadalona e Chassuna saranno le sue eredi universali ma avrà un ricordo della nonna la nipotina Milicia figlia di Marzuco, *anulos aureos duos* e l'altra nipote Perna figlia di Fadalona, *buctuneram unam de argento* con trenta bottoni e *clamidem unam de russello*. Gli altri gioielli sarebbero stati divisi tra le figlie in parti uguali.

Lucida e precisa Perna elenca i suoi beni mobili e immobili e gli *iura censualia*: un *tenimento* di case con due cortili per il quale paga il censo al notaio de Puchio, una *apoteca in platea publica* per la quale riscuote *ius census* da Xibiteni Patuano, una casa nel quartiere *Xurtini quam tenet ad emphiteosin* Nicolò de Arno, un'altra casa nel quartiere *Terravecchia* di cui è enfiteuta Geppi lu Vitrano, una casa nel quartiere *Sancti Nicolai* data in enfiteusi a Novello de Baracta, una casa nel quartiere della *Raccomandata* che possiede in enfiteusi Iohannes de Cuctono, un'altra *terranea* nel quartiere dell'Abbazia affittata a Nicolò de Cito, un *catogio* nella *Terra Vecchia* sotto il palazzotto dell'ebrea Luna de Dayno. Elenca poi i terreni posseduti in varie contrade nel territorio di Caltabellotta: una vigna ad *Aquafrida*,

[1] Di Perna de Asesi ci siamo occupati in Angela Scandaliato, *La Giudecca di Caltabellotta nel XV secolo*, cit., pp. 10-11. Il testamento si trova agli atti del notaio P. Verderame, vol. 13, 17 Novembre 1462 dell'Archivio di Stato di Sciacca.

un'altra a *Santa Barbara*, una terza a *Fontana Grandi*. I beni di Caltabellotta sono integri, quelli di Sciacca, progressivamente dissipati da Marzuco. Di suo figlio Perna sofferente è costretta a ricordare, con un linguaggio che non nasconde l'amarezza per la tragedia familiare, i *misfatti* e ad elencare le perdite subite, i debiti contratti negli anni precedenti con usurai cristiani di Sciacca. Nella città possedeva *certa iura censualia que tenebat qn. Marzuco de Asesio*; dopo la morte di Iacob suo marito era morto anche Marzuco, ma Perna non riusciva a dimenticare che su quegli *iura* da lui espropriati aveva «porcionem tamquam legitima uxor dicti... Iacob». Proprio quando costui era sul letto di morte Marzuco era salito a Caltabellotta per chiedergli: «omisseri et non haviru nixunu dinaru» (non ho più denari), a cui il padre rispose: «Eu haiu allocu veru dudichi oy tridichi flurini de oru» (ho lì dodici o tredici fiorini d'oro). Dopo qualche giorno Jacob morì e i fiorini non tornarono più: *in quibus pecuniis* Perna dice di avere la sua parte. A Sciacca c'era una *apotega furnita de merchi* e Marzuco vendette tutto e infine la *disfechi tutta* e si prese il denaro; anche su questi beni essa «intendit habere eius porcionem ei competentem».

Elenca poi i suoi gioielli, il suo corredo: la biancheria ricamata, coperte, lenzuoli, tappeti, *antelecta*, *dobleria*, *tobalias*, casse e cassepanche, botti di vino, mortai e anche le pentole tra cui quella dove preparava il suo dolce preferito con le mandorle e i semi di *giuggiulena*, la *cubaita* siciliana.

Il pensiero dei beni materiali si allontana, il fantasma della morte le ricorda che la sua anima avrà bisogno di suffragi: la *muschita* di Caltabellotta avrà *duo cafisia oley pro eius anima*, altri due *cafisi pro salute anime*, quella di Sciacca, dove spesso Perna aveva sfogato le sue angosce di madre, assistendo all'estrazione della *Torah* dall'*Aròn*. Nonostante le sofferenze continua a essere una vera matriarca siciliana, ha predisposto e organizzato tutto. Il testamento tesse la trama delle sue abitudini, dei gusti, delle passioni e delle paure di donna, dei suoi pudori di madre e apre uno scenario di *saghe* familiari i cui intrecci sono ancora documentabili.

I de Asesi vivevano tra Sciacca e Caltabellotta per curare i loro interessi ed incontrare i numerosi parenti. Secondo le ultime volontà di Jacob, Perna provvide alla dote di una sua nipote Gazella per le nozze con Brayono de Bulfarachio di Sciacca: *raubas* (corredo), due case e dieci onze *ut apparet in chituba facta inter... Brachonum et Gazella*.[2] Anche Marzuco si era sposato a Sciacca con Misuda de Sa-

[2] *Ibid.*, vol. 10, 22 Febbraio 1457.

dono, vivevano inizialmente nel benessere, al loro servizio c'erano Machalufo e Busacca due servi mori ereditati dal padre di lei Gaudio;[3] la loro figlia Milicia per le sue nozze con uno dei Balam, ricca e prestigiosa famiglia di Sciacca, era stata dotata dal nonno Jacob diventando proprietaria di case e botteghe nel quartiere *Cadda* e in quello di *Immezzo*.[4] Ma già Marzuco aveva cominciato a indebitarsi, a chiedere denaro in prestito al banchiere Crimonisio de Choppardo e al notaio Nicolò de Aurefice valendosi della fideiussione di Gaudio de Sadono suo suocero.[5] Sale sempre più spesso a Caltabellotta per spillare denaro ai genitori finché oberato di debiti e perseguitato dai creditori è costretto a ricorrere al *refugium domus*. Come nelle famiglie patriarcali che si rispettino, scatta la solidarietà familiare. La stessa Perna in un precedente testamento aveva lasciato a Marzuco le sue case di Sciacca, da lui acquisite e date in enfiteusi a suo piacimento ad ebrei e cristiani. Proprio nei giorni in cui è «carceratus in eius domo in dicta terra Sacce et non potest satisfacere creditoribus», Misuda supplica Perna di ratificare e confermare con una donazione l'avvenuta espropriazione delle case. Perna *compassione mota* l'8 Marzo del 1457 «confirmavit, ratificavit et acceptavit... »,[6] affinché Marzuco potesse *vendere, alienare* e permutare il bene.

Il 1457 è l'anno più drammatico, Milicia la figlia e Xilomo Balam da poco sposati «habuerunt compassionem et pietatem» e vendettero al notaio Enrico de Termino creditore del padre le case e i censi avuti in dote; e in caso di separazione del loro matrimonio la proprietà sarebbe stata riscattata da Marzuco come erede di Jacob de Asesio.[7] Altri creditori si fanno avanti tra cui Aloiso de Bufalis nei cui confronti si costituisce debitore Xilomo che paga una parte del debito e subentra in tutte le azioni reali e personali a Marzuco, «de presenti in domo sua timore multorum creditorum quia est daturus multa credita multis personis».[8]

Un'*apoteca* a Caltabellotta per la quale da anni Marzuco non pagava il censo è confiscata dal conte Antonio de Luna, sarà poi acquistata da Borach de Ixey il *patriarca* della comunità.[9]

Morti Marzuco e Perna, la vedova Misuda per sopravvivere è costretta ad ipotecare l'ultima abitazione rimastale, *tenimentum*

[3] *Ibid.*, *Notai defunti*, notaio A. Giuffrida, vol. 9, c. 35, 15 Dicembre 1457.
[4] *Ibid.*, cc. 42*v*-43*rv*, 23 Dicembre 1457.
[5] *Ibid.*, c. 21*v*, 15 Novembre 1454; c. 40r, 2 Marzo 1453.
[6] *Ibid.*, *Notai defunti*, notaio P. Verderame, vol. 10, 8 Marzo 1457.
[7] *Ibid.*, *Notai defunti*, notaio A. Giuffrida, vol. 9, c. 35, 15 Dicembre 1457.
[8] *Ibid.*, c. 47, 2 Gennaio 1457.
[9] *Ibid.*, *Notai defunti*, notaio Amato Bellomo, vol.19, cc. 25*v*-26*rv*, 4 Gennaio 1463.

unum domorum terraneum in parte palachatum, per avere denaro da Vita de Iubaira e a vendere altri due immobili a Brachono de Mazaria suo parente.[10]

Perna non si racconta interamente nel suo testamento, da cui emerge *domina* della sua casa, fedele custode del patrimonio e dell'onore familiare onesta amministratrice e madre vigile; altre tracce della sua vita svelano la sua generosità, il pudore, un amore filiale che non conosce debolezze, vittimismi, cedimenti, il rispetto di cui gode tra ebrei e cristiani espresso dall'appellativo *donna Perna* di cui la gratifica il notaio Amato Bellomo.[11]

[10] *Ibid.*, vol. 20, cc. 5*v*-6*r*, 17 Settembre 1466, 6 Aprile 1467.
[11] *Ibid.*, *Notai defunti*, notaio Amato Bellomo, vol.19, cc. 11*v*-12*r*, 11 Ottobre 1463.

La piccola Camura

In un anno imprecisato del XV secolo una bambina ebrea di nome Camura della comunità di Termini, si trova orfana del padre e della madre. Viene accolta *sub gubernacione et potestate* della nonna Luna e degli zii Brachono e Muxa Panichello. Può giocare e girare per il quartiere e correre lungo l'affollata *ruga* della città con le sue *apoteche* di mercanti, sentire il vocio di venditori e compratori ebrei e cristiani. La bottega di *corbiseria* dello zio Muxa si trova sulla *platea pubblica*[1] e dai finestrali Camura osserva il via vai quotidiano e talvolta attende con timore l'arrivo dello zio Brachono che segna quasi sempre l'inizio di un litigio con il fratello. Camura intuisce che qualcosa non fila per il verso giusto e si rifugia dalla nonna. Vi rimane per sei mesi durante i quali Muxa e Brachono si occupano di lei *caritative et zelu caritatis et consaguinitatis ad invicem*, secondo l'impegno assunto ognuno *pro una medietate... alimentare et alimenta licita et necessaria de comuni facere et donare Camure*.

Camura ha ereditato dei beni dai suoi genitori, la giovane nonna è come la sua mamma, gli zii si occuperanno delle sue necessità e la bambina è felice. Unico fastidio è la presenza di un estraneo che, sempre più spesso, entra nella casa, troppo gentile con la nonna. Camura capisce alla fine che Luna ha deciso di risposarsi. Perderà la sua tutela e sarà affidata ai due zii. Per il momento Muxa si occuperà di lei e dei suoi beni. Camura visita spesso la conceria fuori dal centro abitato vicino al mare dove assiste alla concia delle pelli anche se mal sopporta i cattivi odori di acidi e coloranti; vede lavorare gli oggetti che vengono trasferiti per la vendita nella bottega sulla *platea*, incontra gente di Caccamo, Geraci, Polizzi o di Palermo.

Il 1° luglio di quell'anno Brachono si reca dal notaio Bonafede per una *protestacio* contro Muxa de Panichello suo fratello: si è arbitrariamente appropriato della bambina, dei suoi beni, la trattiene presso di sé *male tractando bona sua* e investendo il denaro *in arte cerdonie et alterius comodi et beneficii ipsius Muxe*.

Camura deve tornare in suo possesso, *in eius posse pro tanto tempore quanto Muxa tenuit*, una volta separata dalla nonna. Muxa ri-

[1] ASTI, *Notai defunti*, notaio A. Bonafede, vol. 12835, 8ª Unità, 16 Marzo 1447.

fiuta, vuole tenersi Camura, Brachono insiste che gli deve essere consegnata perché è un suo diritto *eam detinere et alimentare de alimentis debitis et oportunis pro tempore et quanto ipse Muxa detinuisset eandem Camuram*. Se ancora costui si fosse rifiutato egli si riterrebbe *liberatus absolutus* da ogni obbligo precedentemente contratto; che si tenga la bambina! visto che gli serve per sfruttare il suo denaro *de qua facit facta sua in exercitio cerdonie et aliarum rerum et negociorum suorum*. La sua protesta deve essere pubblica *palam et in scriptis pro suo sibi loco et tempore valituram*.

Ricevuta copia della protesta Muxa dopo otto giorni risponde: È vero che *ad invicem zelu consaguinitatis* i due featelli promisero di mantenere Camura *dum esset de etate minori*, ma proprio Brachono è colui che è venuto meno all'impegno e *minime... ipse curavit dicta alimenta tradere eidem Camure prout promiserat*; è lui che deve essere in *mora constitutus*, per non avere contribuito al mantenimento della bambina, e se dice che vuole riprendersela per uno stesso periodo di tempo, egli è pronto a sottomettersi alle disposizioni di legge e può dimostrare che non ha mai intaccato il patrimonio di Camura. I suoi beni sono integri, depositati e conservati ed egli, come tutore, intende tenerla presso di sé finché sarà minorenne. Brachono è anzi tenuto a dargli per la sua parte *tam alimenta preterita quam futura per eum promissa... a tempore more usque ad etatem perfectam predicte Camure*.

La bambina avrebbe raggiunto, non sappiamo con quanta angoscia, l'età *perfecta* di dodici anni, imparato il valore del denaro, il suo potere; se qualcosa fosse rimasto nel frattempo del suo patrimonio, sarebbe stata dotata e promessa ad un coetaneo della sua o di altre famiglie della comunità, del suo destino avrebbero deciso Muxa e Brachono, sarebbe iniziato il ciclo della sua vita di madre, i suoi figli avrebbero giocato con quelli della nonna Luna, avrebbe anche lei osservato il precetto *Crescite, Multiplicamini, replete Terram*.

Zachara e gli sposi promessi

Il 6 Giugno del 1429 Ayeti Barbaroso *judeus habitator Drepani* fa una pubblica protesta *pro sui iuris conservacione in futurum* contro Machalufo Cucucza *presentem et audientem*. Inizia il racconto. Tempo prima era stato celebrato il matrimonio tra Ayeti e Zachara *puella* figlia di Machalufo e Nuce; erano state seguite le norme prescritte dalla legge mosaica, *ritum judeorum et cum iuramento inter dictos Ayeti et Machalufo* procuratore e amministratore di Zachara, *pro roboracione dicti matrimonii*. Machalufo prometteva nella *ketubbah*, trascritta dal notaio Fariono de lu Presti, che nel termine da loro fissato, avrebbe consegnato ad Ayeti la figlia e la dote.

Quo matrimonio celebrato et firmato, Ayeti cominciò a frequentare casa Cucucza considerandosi già parente e comportandosi da genero, *tenendo, vocando et tractando* Machalufo come suocero; s'intrattenevano spesso familiarmente *velut socer et gener praticando et conversando insimul* in presenza della piccola Zachara in attesa che raggiungesse l'età *perfecta* per la consumazione del matrimonio e il suo trasferimento presso la famiglia Barbaroso.

Strane voci cominciarono a circolare per la comunità, di cui Ayeti venne a conoscenza: non era l'unico sposo promesso a frequentare la ragazzina e la sua famiglia. «Ad aures dicti protestantis intonaverit dictum Machalufum... velle dictam eius filiam cum alio disponsare et matrimonium collocare».[1]

Era un vero e proprio tradimento, un'ingiustizia, un grave inadempimento, senza contare l'ingiuria, il danno, la beffa che sarebbero derivati ad Ayeti da una simile situazione. Egli aveva il diritto di accertare la veridicità delle insinuazioni e delle dicerie che circolavano all'interno della Giudecca; così Machalufo è convocato dal notaio de Nuris per una smentita; in caso contrario, Ayeti «ex parte serenissimis principis et domini nostri regis Alfonsi, Aragonum Sicilie regis et eius magnificorum dominorum viceregum in dicto regno sub pena florenorum mille regio fisco ac regis armigeris applicandarum, *requisivit et requirit*» Machalufo che non sposasse in nessun modo la figlia ad un altro uomo perché era già impegnata con lui e per-

[1] AST, *Notai defunti*, notaio G. de Nuris, vol. 8570, cc. 82*v*-83*rv*, 6 Giugno 1429.

ché la legge non lo consentiva finché non fosse intervenuta una sentenza di separazione tra lui e Zachara. Se Machalufo avesse insistito nella sua idea avrebbe pagato *omnia dampna, expensas et interesse* come prevedeva la legge.

Parum post, arrivò la risposta di Machalufo. Con tutta la dovuta *reverencia sacri regii nominis et salva pace dicti protestantis*, le cose scritte ed esposte da Ayeti non erano vere perché *nullum matrimonium extitit celebratum seu firmatum per verba de presenti secundum legem mosaycam et ritum iudeorum* tra lui e Zachara; non c'erano state le solennità previste dal rito dei giudei, e seppure ci furono accordi sottoscritti in ebraico dalle parti presso il notaio Fariono *numquam tamen ipsa sponsaliccia fuerunt confirmata inter sponsum et sponsam per anuli imposicionem et verba de presenti*, come prescriveva la legge mosaica.

Gli accordi matrimoniali prevedevano inoltre che Ayeti sarebbe stato dotato dal padre e avrebbe ricevuto *certa bona*; tale obbligo non fu mai adempiuto nonostante le continue sollecitazioni di Machalufo, *neque dicta sponsaliccia de futuro habita et raciocinata... ut supra haberent aliquid effectum*. Di conseguenza Machalufo ritenutosi libero dagli obblighi assunti si era presentato in *curia judeorum* dal giudice spirituale Fariono, competente in materia matrimoniale a giudicare le vertenze tra giudei, per presentargli il suo caso e chiedere *sibi in causa predicta de oportuno remedio providere*. La richiesta fu accolta *velut justa et consona racioni* in quanto gli sponsali *si sponsalia dici poterant*, erano stati progettati *de futuro*, ma non furono più confermati *de presenti, neque imposicio anuli intervenit*.

Il giudice Fariono seguendo una prassi regolare, lo liberò e assolse *a sacramento, promissione et obligacione factis modo ut supra, annullando omnia que gesta fuerant*.

Zachara era finalmente libera di sposare un altro uomo. Il documento non parla della sua libertà ma di quella del padre che ebbe dal giudice *licenciam... predictam suam filiam cum alio quo voluerit matrimonio collocandi*.

Machalufo aveva già scelto il futuro sposo e intendeva *filiam suam predictam disponsare et matrimonio collocare*, perché l'affare risultava più vantaggioso.

Così andavano le cose nel secolo XV e così continuarono, fino agli anni della emancipazione.

Sinta e il «tabutu proibitu»

Nel 1490 la comunità ebraica di Randazzo si trovava sotto la giurisdizione dell'arcidiacono di quella terra. Matrimoni, divorzi, funerali, ricorrenze festive giudaiche e altri riti erano occasione di curiosità per i cristiani e non sempre ci si poteva nascondere.

A Randazzo come in altre comunità dove il potere ecclesiastico, esercitando controlli su aspetti della vita familiare degli ebrei, operava interventi repressivi, potevano verificarsi episodi come questo dove la *corda pazza* siciliana vibrava forte.

Nel mese di Febbraio muore Muxa di Palermo marito di Sinta; la casa è in lutto, il padrone ha appena esalato l'ultimo respiro, Sinta e i parenti si strappano il vestito, la strada risuona degli scrosci d'acqua buttata dai vicini nella strada, iniziano le *lamentationes* delle *reputatrici* dai lunghi veli neri. Sinta circondata da dieci uomini tra amici e parenti si appresta ad organizzare il funerale per una degna sepoltura e incarica il *mastro d'ascia* della comunità di prendere le misure per una bara di legno, un *tabuto*. Il corpo viene posto per terra avvolto da un lenzuolo con la faccia coperta e una candela accesa; viene poi lavato dai membri della *taharah* con acqua alla camomilla e ai petali di rose, vestito di mutande, camicia e del *Talled*. Arrivata la bara vi viene posto con una tela bianca sotto e sopra e portato a spalla fuori casa fino alla *Casa dei vivi*; recitate le omelie funebri, un sacchetto di terra viene posto sopra il capo e inchiodata la cassa *foventes foveas* iniziano la sua sepoltura. Si rinnovano le urla delle prefiche, «i parenti si squarciano il vestito alquanto, poi lo calano nella fossa e ricoprono con terra e ognuno getta una palata, una mano di terra sicché sia coperta».[1]

Il giorno dopo Sinta vede introdursi in casa sua *officiales eiusdem terre* incaricati dall'arcidiacono di sequestrare alcuni beni; chiede preoccupata perché, le viene risposto che si era permessa di contravvenire alle disposizioni di legge facendo costruire uno *tabuto per sepeliri lu dicto so marito* in un giorno di festa cristiano.[2]

[1] Leone da Modena, *Historia dei riti hebraici*..., cit., pp. 116-120.

[2] ASP, *R. Protonotaro*, vol. 133, p. 32, cit. in G. e B. Lagumina, *Codice Diplomatico*..., cit., II, p. 476.

Sinta decide di rivolgersi al viceré Fernando de Acugna per informarlo di essere stata *vexata et expignorata* per il solo fatto di avere seppellito il marito. Il viceré scrive alle autorità di Randazzo dicendo che la donna era *indebite vexata: per la qual cosa ha recurso ad mi facendoni perumillime supplicari non committissimo tali vexacioni*; Sinta non poteva essere punita per avere ordinato le opere *di lu dictu tabuto tanto per essiri in stato di necessitati*, quanto perché come giudea non è tenuta *guardari li festi di la fidi cristiana*. Il viceré ordina: poiché Sinta *è stata pignorata per la causa predicta incontinenti li digiati fari restituiri tutti pigni et beni li su stati expignorati et prisi*, sia dall'arcidiacono che da altra persona non permettendo che sia molestata e che debba pagare alcunché.

Questa è la storia di Sinta: come *serva regie camere* deve essere protetta, non chiede privilegi, concessioni soggette sempre a contropartite finanziarie, ma che le venga restituito il maltolto, che non si permettano tali abusi. Si ripete la vicenda dei poteri locali che vessano l'ebreo e spadroneggiano, o di singoli individui che talvolta si spingono fino alla violenza alle donne; il potere sovrano per riportare le situazioni alla normalità, non può non fare giustizia; il buon andamento di ogni comunità rappresenta un incremento delle sue finanze. A dei servi contenti si può chieder più che a quelli scontenti. Le vedove ebree come Sinta lo sono, il re non delega ad altri ciò che può concedere o pretendere direttamente.

Gaudiosa l'usuraia

Il 13 Novembre 3ª Indizione 1422 viene stilato a Trapani il contratto di matrimonio tra Lucio Sammi e Gaiusa figlia di Brachono de Xalomo detto *lu musculiatu* e Bisisa che essendo vedova si presenta come dotante. Gaiusa avrebbe ricevuto *lecta tria fornita sine cuperta* secondo la consuetudine trapanese, undici onze *in pecunia numerata* come quota ereditaria dei beni familiari.

È una bambina di appena nove anni, le dicono che ha fatto un bel matrimonio perché i Sammi sono molto ricchi, maggiorenti della comunità; farà parte della loro famiglia *hinc ad annos tres... ad dictum matrimonium carnaliter confirmandum*. Lucio d'altra parte promette che avrebbe aspettato l'età *perfecta* di Gaiusa.[1]

In quei tre anni bisogna preparare il corredo, mettere da parte il denaro per gli *sponsalicia* e il capitale per la dote. Gaiusa segue ovunque la madre Bisisa nei suoi giri di affari per incrementare il patrimonio con la compravendita di beni e col prestito su pegno; impara da lei ad essere sveglia ed efficiente in diversi settori dell'economia.

Nella comunità altre vedove amiche di Bisisa comprano e vendono oggetti preziosi, capi di corredo, indumenti, Mayruna Chirusi, Misuda de Fayda, Sisa de Brachono.[2]

Negli anni 60' Gaudiosa e Lucio sono una coppia matura con tre figli Bisisa, Perna e Machalufo unico maschio. Lucio compare tra i *facultuosis* della Giudecca insieme ai Cuyno, ai de Actono, ai de Muxarella.[3]

Gaudiosa gode buona salute mentre Lucio nell'autunno del 1461 comincia a soffrire di quella malattia che di lì a pochi anni lo avrebbe portato alla morte. Il 19 Settembre del 1461 decide di fare testamento. Si mostra generoso verso i parenti, sa che può contare sull'efficienza e sulle capacità gestionali della moglie; è merito anche di Gaudiosa se la famiglia è riuscita ad accumulare un patrimonio in immobili e in denaro liquido veramente consistente. A lei affida l'in-

[1] AST, *Notai defunti*, notaio G. Nuris, vol. 8568, cc. 35*rv*, 13 Novembre 1422.

[2] *Ibid.*, vol. 8569, cc. 16*v*-17*r*, 19 Gennaio 1427; c. 17*v*, 20 Gennaio 1427; c. 18*r*, 29 Gennaio 1427.

[3] *Ibid.*, notaio F. Formica, vol. 8705, 13 Aprile 1462.

carico di dotare tre sue nipoti Channa, Stera, Mariune scegliendo liberamente quantità e valore delle doti. Alla sorella Mulchaira andrà l'usufrutto di una casa in *contrada macelli iudaice*. A Bisisa, già sposata con Busacca de Muxarello e a Perna impegnata formalmente con Joseph Mardochay Cuino oltre la dote dieci onze ciascuna per l'acquisto *cuiusdam serve que serviat* le due sorelle, legati che avrebbero perso se avessero creato problemi all'erede universale il figlio Machalufo. Gaudiosa sarebbe stata tutrice del bambino fino alla maggiore età, si sarebbe occupata della sua educazione e dei suoi beni. Della loro bella casa nel quartiere Santa Margherita si sarebbero occupate la serva negra Misuda e la figliola *servula* Disiata. «In casu ki lu dictu Machalufu vinissi ad morti in minuri etati eo casu ex nunc pro tunc substituixi supra tutti li dicti soi beni ad Gaudiosa sua mugleri» Machalufo avrebbe dovuto accettare, divenuto grande senza contestazioni «de tutela gesta et administrata per dictam Gaudiosam eius uxorem... cui quidem Gaudiose credatur de eo quod asseruit super dicta tutella per eam gerenda et minime ei valeat idem Machalufus ullo pacto contradicere».[4]

Il 1463 è un anno fortunato per la famiglia. Il 29 Marzo viene celebrato il matrimonio di Perna con Joseph Mardochay Cuyno, è stilata la *ketubbah* dal notaio Ginco Kirkena, un altro contratto presso il notaio cristiano e consegnata la dote «lecta tria fornita, uncias septuaginta quinque in pecunia, cortenam unam de seta et tenimentum unum domorum» nella contrada *judaice* vicino la casa dei genitori e dei suoceri della ragazza.[5]

Pochi giorni dopo si realizza il sogno di Gaudiosa, Machalufo ancora bambino s'impegna nei *pacta sponsalia* con Lachagnina figlia di Sadone e Asisa Sala. Il Sala è uno dei più famosi e rispettati banchieri ebrei siciliani, gode di notevoli privilegi tra cui, poter disporre di un oratorio privato. Pur di arrivare all'accordo Lucio e Gaudiosa assegnano al figlio una dote che supera in valore quella della sposa alla quale fanno donazione di una consistente somma di denaro. I genitori s'impegnano a nome dei figli in un contratto di affari con clausole molto dettagliate. I Sammi «eidem sponse donacionem fecerint irrevocabilem in terminos de onzis centum». Sadone e Asisa promettono alla figlia «lecta tria fornita secundum habere solent principales iudei judaice predicte», una cortina di seta e trenta onze che sarebbero state consegnate entro cinque anni insieme alla sposa «ad dictum matrimonium carnali cop-

[4] *Ibid.*, notaio F. Formica, vol. 8705, cc. 12*rv*-13*r*, 19 Settembre 1461.
[5] *Ibid.*, cc. 250*rv*, 29 Marzo 1463.

pula consumando». I futuri sposi e in particolare Machalufo una volta raggiunta la maggiore età, avrebbero rinunciato a qualsiasi pretesa sull'asse ereditario dei Sala. Avrebbero ricevuto anche un reddito di trenta onze annuali «in loherio et iuribus censualibus» a Trapani e nel territorio. D'altra parte Lucio e Gaudiosa avrebbero «ad omnem requisicionem Sadoni ipsius» emancipato dalla patria potestà Machalufo, «ut capax efficiatur ad recipiendum porcionem bonorum predictorum»; cosa che viene fatta lo stesso giorno 4 Aprile in forma pubblica alla presenza del maestro *justiciario* e del capitano della città con la simbolica tradizione al ragazzo di un alfonsino e due ducati aurei prima che Machalufo ricevesse dai genitori la donazione di tutti i loro beni.

L'accordo è un successo, due importanti famiglie della Giudecca mettono insieme parte dei loro beni. Le somme di denaro raccolte da entrambe le parti sarebbero state gestite dal banchiere Sadone fino alla celebrazione delle nozze. Le cento onze e l'abitazione della famiglia assegnate agli sposi da Gaudiosa e Lucio sarebbero entrate in regime patrimoniale di comunione dei beni secondo l'usanza degli ebrei di Trapani.[6]

Lachagnina avrebbe potuto disporre delle cinquanta onze ciascuno date da Gaudiosa e Lucio anche se fosse sopravvissuta a Machalufo.

Lucio muore probabilmente nel 1467, Gaudiosa dovrà consolidare il patrimonio e tenere alto l'onore della famiglia. Machalufo nel 1471 col consenso del curatore il cognato Mardochay Cuino ratifica il contratto matrimoniale anche a nome di Lachagnina, che «cum fuerit... maior effecta et in sua potestate ac dominio» avrebbe rinunziato a ogni diritto sull'eredità dei Sala.

Gaudiosa non deluderà né la sua né la famiglia Sala. Compra e vende capi di corredo[7] di cui è esperta conoscitrice spesso chiamata per la valutazione delle doti. In quegli anni la famiglia Chilfa si trova in dissesto finanziario e riceve somme consistenti in prestito da Gaudiosa. Muxa e Machalufo Chilfa le devono centoventuno onze che non riescono a restituire con gli interessi, le vendono una *senia* con vari edifici per venti onze scomputate dall'intera somma. Gli immobili saranno poi riscattati da Raphael Greco e Asisa figlia di Machalufo. Un altro Chilfa Busacca è costretto ad ipotecare due case per un prestito di quindici onze.[8] Asisa Sinena e il figlio Raphael ri-

[6] *Ibid.*, cc. 255*v*-259*r*, 4 Aprile XI Ind. 1463.

[7] *Ibid.*, notaio N. Cerami, vol. 8766, c. 71*r*, 10 Ottobre 1468.

[8] *Ibid.*, cc. 115*rv*, 7 Aprile 1468.

corrono a Gaiusa per un prestito e ipotecano due case di loro proprietà, una grande e una piccola la *cuchinella* in contrada Santa Margherita.[9]

Gli affari continuano ad andar bene. Talvolta Gaudiosa si fa rappresentare dal genero Busacca; quando le somme di denaro non sono consistenti accetta in pegno anche stoffe di un certo pregio. Xucha de Missina «cabellotus cabelle mercanciarum dicte iudaice» riesce ad *expignorare* una pezza «panni Carcassoni coloris celesti» in possesso di Gaudiosa e l'acquista per tre onze.[10]

Muxa de Aurifice è suo parente e debitore come pure Donna Bella de Farmuni che ha acquistato da lei cuoio vitellino. Non c'è merce che non tratti ma sa soprattutto che l'investimento più produttivo è quello del denaro che le concede potere, dignità, rispetto e altrettanto ne darà a Machalufo quando tra i maggiorenti contribuirà come il padre all'amministrazione della comunità. La storia di Gaiusa è quella di tante matriarche siciliane parte integrante di un ordine sociale patriarcale che si consolida, tuttavia, attraverso la funzione di centralità psicologica assegnata alla donna, «nucleo organizzatore» della famiglia. «Una volta divenuta moglie», scrive L. Sciascia, «ecco che si trasfigura in istituzione, si trasforma in famiglia e scompare come donna-individuo».

[9] *Ibid.*, cc. 75*v*-76*rv*, 29 Dicembre 1468.
[10] *Ibid.*, c. 69*r*, 5 Ottobre 1468.

Parte VII
L’anima non muore

Testamenti

Archivio di Stato di Trapani, *Notai defunti*, notaio G. de Nuris, vol. 8569, cc. 118*rv*-119*r*, 10 Agosto 1434.

Quod presens coram nobis Suna mulier vidua iudea, olim uxor condam Charoni Cuynu, habitatrix Trapani, sana per graciam omni potentis Dei mente et sensu, licet corpore sit aliqualiter egrota, timens divinum iudicium mortis, ne forte ab hac vita decederet intestata, sicut multis evenire solet, et de anima rebus et bonis suis nulla esset dispensacio facta, dum tempus habet testandi et anime sue providendi, suum presens ultimum nuncupativum testamentum manu mei notarii condidit per sui ultimam disposicionem, prius per eam annullatis, cancellatis et irritatis omnibus aliis suis testamentis et ultimis voluntatibus per eam conditis retrohactis temporibus, suo tamen presenti testamento in suo robore permanente, quod voluit post eius mortem habere debere omnem roboris firmitatem. In primis quidem dicta testatrix elegit se sepelliri more iudeorum in eorum cimbiterio extra menia dicta terre; item super omnibus et singulis bonis suis mobilibus, stabilibus, iuribus et accionibus quibuscumque preterquam et legatis et fidecom missis in presenti testamento contentis, instituit suam universalem heredem Misudam mulierem, eius legitiman et naturalem filiam et condam Charoni eius viri, et uxorem ad presens magistri Xamuelis de Rachamino; item instituit, fecit et ordinavit suum particularem heredem Charonum de Iona, eius nepotem, filium Iusufi de Iona et condam Ganyuse, olim iugalium, et filie dicte testatricis super apotheca una palaciata et domo una palaciata invicem iuntis, scitis et positis in Terra Trapani in contrata Iudayce, iuxta domos Charoni de lu Presti, prope apothecam Charoni de Matafione, viam puplicam et alios confines, sub tamen lege et condicione quod si dictus Charonus, eius heres particularis, mori contingerit sine filiis de suo corpore legitime descendentibus, quod dicte apotheca et domus revertantur et acquirantur dicte Misude, eius universali heredi, et suis legitimis filiis et heredibus, qui pro tempore fuerint nec non et super uncia una in pecunia, manto uno et caputheo uno de dolo, scilicet ipsum Charonum heredem particularem instituit et ... aliud ultra predictas aphotecam, domum, unciam unam, mantum et caputheum recipere possit neque habere debeat de bonis dicte recipere testatricis,... ns et mandans eum esse debere contentum de dicto particulari hereditate; item instituit, fecit et ordinavit suam particularem heredem Senam, eius neptem, filiam dicte Misude eius... heredis et condam Busacce de Saydi, olim... ...et expendi uncie tres in costrucione unius zone... de argento et alie uncie tres debeant expendi in empcione pe(ru)larum ad opus dicte Sene, nec non et super rebus infrascriptis: buctunera una de argento filato, quam ipsa Sena habet in quadam sua gunnella, ponderis unciarum octo, qui buctoni sunt in numero triginta quinque; coronecta una seu iorlandecta de argento inperulata et ysmaltata cum lapidibus diversorum colorum; zona una de argento dicte testatricis; catinellis duabus de argento filato de brachiis, taciis duabus de argento, una rotunda et alia, ut dicitur, spasa; sigillo uno aureo; cocharellis duabus de argento; cassia una magna de nuce; scrineo uno firrato de capiczio; puctanella (sic) una de perulis cum buctonis quinque de argento filato et deauratis et ismaltatis; caldaria una manna erea; bacili uno ialno de ere; mortaro uno manno de mitallo cum suo manico; stagnatis duabus de piltro; conca una manna et una alia parva de speciali que vocatur tangera; bacili uno de piltro; sicho uno ereo; sartagina una et lecto uno fornito, videlicet: cultra una alba nova laborata a buctunelli seu riti minuta cannarum viginti quinque; pari uno litheaninum alborum ad duas fardas; guardanappos quinque; pari uno de cuxinectis albis; copertoriis duobus de percha laboratis a laczu cum seta; tobaliis de chono quinque cum capitibus de seta; mensaliis quatuor; tobaliis sex albis de chono cum capitibus isfilatis; dublectis duobus; tobaliis duabus albis de collo cum capitibus isfilatis; interulis duabus; que bona debeant dari et consignari eidem Sene tempore contracti sui matrimonii; et si forte ipsa Sena antequam pervenitur ad maritum mori contingerit; quod ipso casu bona omnia supradicta acquirantur dicte Misude eius filie et universali heredi aut eius filiis et heredibus qui pro tempore fuerint. Item legavit Sadono de Saidi, eius fratri, iure recognicionis mantum unum et caputheum unum panni blavi de dolo; item legavit Mazuke, eius sorori, uxori Machalufi de Actuni iure recognicionis guardacore unu seu indumentum panni blavi de dolo; item legavit Nissimi et David Malta, eius nepotibus, cuilibet scilicet eorum iure recognicionis mantum unum panni blavi de dolo et caputheum unum; item legavit Asise, uxori Vite de Missina, iure recognicionis indumentum unum de dolo panni blavi; item legavit Mulchaire, uxori Josep Failla, iure recognicionis gunnellam unam panni blavi de dolo;

item legavit Xalomo... fratri... de Saydi, eius nepoti, iure recognicionis cuilibet... mantum unum panni blavi de dolo; item legavit eidem Xalom, eius fratri, uncias tres in pecunia numerata dicte testatricis pro... ad presens est; item legavit dicto magistro Samueli, eius genero, mantum unum panni blavi de dolo; item legavit pro anima sua miskide iudeorum dicte terre dimidium cantare oley dandum per eius heredem universalem de mense in mensem cafisum unum; item legavit presbiteris omnibus dicte miskide iudeorum tarenos sex; item cuilibet fodencium foveas iudeorum pro anima sua tarenum unum; item legavit confratrie iudeorum dicte terre tarenos tres; item legavit Laguayne, uxori dicti Saddoni Saydi, eius fratris, udicam unam iure recognicionis; item legavit Mulchayre, uxori magistri Salamonis Chirkena, iure sanguinis udicam unam; item legavit Asise, uxori dicti Xalomoni de Saydi, udicam unam; item legavit salmas tres pani cocti pro caritate fienda pro anima sua in tribus temporibus post eius mortem, videlicet inde ad mensem unum salmam unam, inde ad sex post eius mortem aliam salmam unam et inde ad annum unum post eius mortem reliquam salmam. Item voluit, mandavit quod supradicte legata dentur per eius heredem et assignentur predictis legatariis in quibus condicio vel tempus appositum non est, infra menses sex post eius mortem, predictos mantos et vestes de dolo bona stabilia relicta dicto Charono suo nepoti, que dari iuxit statim tempore sue mortis. Item voluit et mandavit quod dicta bona legata eidem Sene, eius nepti, pro suo maritagio scilicet illa bona que supererint in mortem dicte testratricis, debeant reponi intus aliquam cassam et conservari pro dicto maritagio et ea que defecerint in dicto legato dicta mater Sene et heres universalis habeat tempus conplendi successive usque ad tempus maritagii dicte Sene. Item fecit et ordinavit suos fidecommissarios et exequtores sui presentis testamenti dictos Saddonum Saydi et Machalufum de Actuni, quibus et cuilibet eorum in solidum dedit auctoritatem et potestatem intrandi bona dicte testatricis post eius mortem eorum propria auctoritate etcetera, et solvendi dicta legata in presenti testamento contenta modo et forma ut supra. Et hec est sua ultima voluntas, quam valere voluit et mandavit iure testamenti, et si iure testamenti valere non poterit, valeat saltem iure codicillorum vel saltem iure donacionis causa mortis et alterius ultime voluntatis, qua de iure melius valère poterit et teneretur.

Testes: Antonius de Bindacio, magister Bertus de Johanne, Antonius Lecha, Antonius de Liocta, Bartholomeus condam Masii de Vincio, Chius de Barbaro et Petrus de la Licata.

Sez. Archivio di Stato di Sciacca, *Notai defunti*, notaio A. Liotta, vol. 11, 18 Luglio 1436.

XVIII iulii Testamentum Ricce uxoris Manueli Balam Testamur quod Ricca mulier iudea uxor Manuelis Balam iudei de Sacca presens eoram nobis, iacens in lecto infirma corpore, sana tamen mente et sui racionabilis intellectus existens, in sua bona et perfecta memoria articulariter loquens, timens divinum iudicium et horam mortis incertam, cum nil certius morte et nil incertius hora mortis, volens de suis bonis temporalibus disponere, presens suum ultimum nuncupativum testamentum per manus mei predicti notarii facere procuravit; in primis quidem instituit, fecit, creavit et sollenniter ordinavit suum heredem universalem in omnibus bonis suis mobilibus et stabilibus ubicumque melius existentibus et apparentibus Manuelem pupillum filium suum in pupillari etate silicet in instancia constitutum, natum ex se et dicto Manueli eius viro; et si forte dictus filius suus mori contingerit in pupillari etate vel quandocumque sine filiis de suo corpore legitime descendentibus, substituit sibi dictum Manuelem virum suum, quo casu idem Manuel eius vir heres substitutus teneatur dare lectum unum pro maritagio unius orfane eligende per ipsum et infrascriptos fideycommissarios. Item legavit miskite eorum olei cafisos tres, silicet miskite Terre Sacce; item legavit etiam miskite iudeorum Terre Trepani cafisum olei unum pro anima sua; item etiam legavit miskite iudeorum Terre Calatabellocte pro anima sua olei cafisum unum;item legavit Milike sorori sue par unum linteaminum alborum et fardam unam linteaminis de serico et inburlachum unum, que bona fuerunt condam comunis matris dictarum Milike et ipsius testatricis. Item dixit dicta testatrix possidere una cum eius viro Manueli comuniter quandam vineam, sitam et positam in territorio sacce in contrata Putei Calcari, prope vineam Pini de Domino Petro ex parte meridici, prope vineam magistri Manfridi de Bickecto ex parte septentrionis, prope viam Johannis Bumaxicatu ex parte orientis et alios confines, cum sua terra vacua ac iuribus et pertinenciis suis, cum onere census solvendi nobili Petro Garro domino territorii predicti, quam quidem vineam dicta testatrix donacionis nomine que dicitur mera, pura, simplex, irrevocabilis inter vivos dedit, donavit, tradidit et assignavit Sesio de Asesio iudeo mediano eius patruo, presenti et recipienti, oneratam unciis prout stat ad presens, de consensu, voluntate et assensu dicti Manuelis Balam viri sui, presentis et volentis et ipsam auctorizantis ac cedentis omnia iura que ipse Manuel habet in vinea predicta; itaque ab hodie in antea idem Assesius sit et esse debeat verus dominus et patronus vinee predicte cum hoc pacto et condicione, quod dicta vinea non possit alienari nec aliquo nomine capi per aliquos forte creditores dicti Assesi et debita contracta temporibus preteritis sive contrahenda per ipsum Sesium, ymmo maneat presentis dicti Sesium, et si casu aliquo per creditores esset inpedita, quod dicta vinea vadat et sit filiorum dicti Assesii, silicet de herede in heredem. Item legavit etiam dicte Milike sue sorori guardacore unum de Florencia et carcham unam et udicam unam, que fuerunt eorum comunis matris, ac etiam legavit dicte Milike sue sorori chintum unum de dolo; item legavit dicto Assesio eius patruo mantum unum et caputeum unum de visito; item legavit magistro Moysi Cuyno filio dicte sororis sue mantum unum et caputeum unum de visito; item legavit Xangueli Cuyno fratri dicti magistri Moysi mantum unum et caputeum unum de visito; item legavit Challufo reliquo fratri ipsorum magistri Moysi et Xanguelis caputeum unum de visito; item legavit caputeum unum reliquo fratri eorum nomine Busacca de visito; item legavit Sictute eius nepti filie dicte Milike udicam unam; item legavit quandam guarnachiam corporis sui coloris viridis, quam habet indosso, Riccune iudee mulieri de Trepano; item legavit Pullare de Chayobeno lavandera pilliciam unam corporis dicte testatricis et guarnachiam unam colori celesti corporis sui; item legavit Iacob de Assesi eius patruo caputeum unum de visito; item legavit fratribus dicti Manuelis viri sui caputeum unum pro quolibet; item elegit suos fideconmisarios et presenti testamenti executores predictum virum suum Manuelem et prefatum Sesium de Assesi eius patruum, quibus dedit licenciam etc, et hec est sua ultima voluntas etc.

Ego Guillelmus de Altavilla Testor
Ego Albertu de Campana Testor
Lia Pulvirecta
Bracha de Saracusa
Azarella de Saragusa
Marzucu de Assesi
Brachuni de Mazara

Codicillo del precedente testamento, 20 Luglio 1436.

XX iulii Codicillus Ricce iudee

Testamur quod cum Ricca mulier iudea uxor Manuelis Balam iudei suum condiderit testamentum manu mei predicti notarii, in quo quidem testamento suam heredem universalem instituerit in omnibus bonis suis Manuelem filium suum legitimum et naturalem, natum ex se et dicto Manueli viro suo in instancia constitutum, cui Manueli heredi suo casu quo contingerit mori in pupillari etate vel quandocumque sine liberis de suo corpore legitime descendentibus substituisset dictum Manuelem virum suum, propterea prefata Ricca, volens codicillare et aliqua addere seu minuere, quia voluntas Testatoris seu Testatricis est acceptilatoria usque ad mortem, presens coram nobis, languens corpore, sana tamen mente, suum presens codicillum per manus mei predicti notarii facere procuravit in hunc modum videlicet: quod predicta Ricca acceptat et ratificavit dictum suum testamentum et heredis institucionem et omnia in eo contenta, ademit tamen ac volerit et mandavit quod, si casu aliquo dictus suus filius et heres mori contingerit in pupillari etate vel quandocumque sine liberis de suo legitime descendentibus, substituit eidem filio suo Milicham sororem suam relictam condam Leonis Cuyni, ad quam voluit, casu supradicto superveniente, omnia et singula bona sua ipsius Testatricis mobilia et stabilia et alia quecumque et totam dictam hereditatem reverti debere; item legavit dicte sue sorori Miliche ultra bona sibi ligate in testamento ista bona videlicet: quandam caldariam de here capacitatis trium quartariarum et tobalias duos de serico, que bona fuerunt condam matris eorum; item legavit etiam ultra supradicta bona et alia contenta in testamento ipsi sorori sue dobleria duo et guardanappa tria, in ceteris antem dictum suum testamentum ratum, planum obtineat verbum firmitatis, et hec.

Premissa.

Testes: David de Aron, Gaudius de Bulfarachi, Vita de Chandorellu, Fariuni Furmintinu, Sabutu de Saragusa.

Altro Codicillo del precedente testamento, 21 Luglio 1436.

XXI iulii XIIII indicionis

Testamur quod cum Ricca mulier iudea uxor Manuelis de Balam presens coram nobis, iacens in lecto infirma corpore, sana tamen mente et sui racionabilis intellectus existens, in sua bona et perfecta articulariter loquens, timens divinum iudicium repentinum et horam mortis incertam, cum nil certius morte et nil incertius hora mortis, volens de suis bonis temporalibus disponere et anime sue salubriter providere, presens suum ultimum et nuncupativum testamentum per manus mei predicti notarii facere procuravit; in primis quidem instituit, fecit, curavit et sollemiter ordinavit suam heredem universalem in omnibus et singulis bonis suis mobilibus et stabilibus ubicumque melius existentibus et apparentibus Manuelem filium suum legitimum et naturalem in instancia constitutum, natum ex se et dicto Manueli Balam eius viro, excludente ipsum ab omni iure Falcidie et Tibillianice quarte; et si forte dictus eius filius et heres mori contingerit in pupillari etate vel quandocumque sine liberis de suo corpore legitime descendentibus, eo casu substituit dicto filio suo Milicham sororem dicte testatricis, relictam condam Leonis Cuyni, quo casu substitucionis predicte dicta Milicha heres substituta dare teneatur pro anima testatricis predicte lectum unum uni orfane eligende per eam et fideconmissarios; item prelegavit dicte Miliche sue sorori par unum linteaminum alborum; inburlachum unum, fardam unam linteaminis de serico; item guardacore unum de Florencia, carcham unam et udicam unam, que bona fuerunt condam comunis earum matris, ut ipsa testatrix dixit; item etiam prelegavit dicte sue sorori caldariam unam capacitatis trium quartariarum ac etiam tobalias duas de serico, dobleria duo et guardanappa tria; item prelegavit... dicte sue sorori chintam unam de visito; item legavit miskite iudeorum Terre Sacce olei cafisos tres; item legavit pro anima sua miskite iudeorum Terre Calatabellocte olei cafisum unum et etiam legavit miskite iudeorum Terre Trepani olei cafisum unum, item legavit Sesio de Assesi eius patruo mantum et caputeum unum de visito; item legavit magistro Moysi Cuyno et Xangueli Cuyno suis nepotibus mantum unum et caputeum unum de visito pro quolibet; item legavit Challufo Cuyno et Busacce Cuyno fratribus suis nepotibus caputeum unum pro quolibet; item legavit Sictute eius nepti filie dicte Miliche udicam unam; item legavit Riccune iudee de Terra Trepani quamdam guarnachiam corporis ipsius testatricis coloris viridis usitata; item legavit Pullare lavandere de Chayono pilliciam unam et guarnacham unam corporis ipsius testatricis; item legavit fratribus dicti Manuelis viri sui suis cognatibus caputeum unum de visito pro quolibet; item legavit Iacob de Assesi eius patruo caputeum unum de visito; item voluit et mandavit quod quedam donacio inter vivos facta de quadam vinea et terra vacua, sita in contrata Putei Calcari Sesio de Assesio suo patruo, que donacio fuit inserta et facta infra quoddam suum testamentum, manu mei predicti notarii factum, sit firma et valida cum omnibus suis condicionibus, casso dicto testamento et aliis forte testamentis et codicillis per eam hactenus factis, presente tamen in suo robore valituro. Item instituit, curavit et sollenniter suos fideconmissarios et sui presentis testamenti exequutores dictum Manuelem de Balam virum suum et predictum Sesium de Assesio eius patrum, quibus dedit licenciam et liberam potestatem, quod post mortem dicte testatricis propria auctoritate possint et valeant intrare et capere tantum de suis bonis dicte testatricis, quod satisfaciant presens testamentum et suam voluntatem. Item voluit et mandavit, non obstante substitucione predicta, quod in casu quo dictus filius suus et heres universalis mori contingerit in pupillari etate vel quandocumque sine liberis de suo corpore legitime descendentibus, quod dicta hereditas sit et dicto filio suo substituit dictam Milicham suam sororem, ut supra, et dictum virum suum in equali porcione. Itaque dictus vir suus Manuel et dicta Mi- licha sua soror sint equales quilibet pro medietate heredes substituti dicto filio suo heredi universali, ad quos Manuelem virum suum et Milicham suam sororem dicta hereditas perveniat in casu supradicto mortis dicti filii sui. Et hec est sua ultima voluntas et suum ultimum testamentum quam et quod voluit et mandavit valere, iuraverunt testes etc.

Testes: Bracha de Saragusa, Lia Pulvirecta, Chalifi lu Medicu, David de Aron, Vita Chandarellu, Xibiteni Tonnina, Sabutu de Saragusa.

Sez. Archivio di Stato di Sciacca, *Notai defunti* di Caltabellotta, notaio P. Verderame, vol. 11, 8 Giugno 1458 (incompleto).

VIII iunii VII indicionis.

Testamur quod Sisa mulier iudea uxor Chyaymi de Buxixa habitatrix Terre Sacce, ut dixit, presens coram nobis, iacens in lecto infirma corpore sana tamen sue mentis et racionabiliter intellectus, existens in sui bona et perfecta memoria ac recte et articularie loquens, timens divinum iudicium repentinum et horam mortis incertam, dubitans ne forte ab hac vita decederat intestata, cum nil certius morte et nil incertius hora mortis volensque anime sue providere et de bonis suis temporalibus dispensare, ne inter successores suos lis aliqua seu questio oriri possit, presentem suum nuncupativum condidit testamentum manu mei notarii infrascripti in hunc modum videlicet: imprimis quidem dicta testatrix instituit, fecit, statuit et sollenniter ordinavit suos heredes universales in omnibus bonis suis mobilibus et stabilibus ubicumque existentibus et melius apparentibus Moysem, Xalomum et Sisam nepotes dicte testatricis, ita quod unus succedat alteri etc; item dicta testatrix legavit Yosep de Cafisi caputeum unum panni de visito; item fecit, statuit et sollenniter ordinavit suum fideiussorem particolarem in Borach Buxixa, filium legitimum et naturalem dicte testatricis, natum ex ea et Chaymmi de Buxixi in tarenis XVIII excludente eum a bonis avo iure etc; item legavit Manne eius nepti filie Marzuke et uxore (sic) Iosep de Cafisi clamidem unam et tunicam unam muliebre (sic) corporis dicte testatricis; item legavit dicte Marzuke eius filie tunicam unam, ut dicitur, de meza mina coloris rosati corporis dicte testatricis; item legavit miskite iudayce Terre Calatabellocte cafisium oley unum; item dicta testatrix eligit seppelliri in loco in quo sollent sepelliri iudey Terre Calatabellocte; item fecit et sollenniter ordinavit suos fideyconmissarios et sui presentes...

Sez. Archivio di Stato di Sciacca, *Notai defunti* di Caltabellotta, notaio P. Verderame, vol. 13, 17 Novembre 1462.

XVII novembris XI indicionis

Testamur quod Perna mulier iudea relicta condam Iacob de Asesi de Terra Calatabellocte presens coram nobis, iacens in lecto infirma corpore, sana tamen sue mentis et racionabilis intellectus, existens in sua bona et perfecta memoria ac recte et articulariter loquens, timens divinum iudicium repentinum et horam mortis incertam, dubitans ne forte ab hac vita decederet intestata, cum nil certius morte et nil incertius hora mortis, volensque anime sue providere et de bonis suis temporalibus disponere, ne inter successores suos lis aliqua seu questio oriri possit, presens suum nuncupativum condidit testamentum manu mei predicti notarii in hunc modum: imprimis quidem dicta testatrix instituit, fecit et sollenniter ordinavit suas heredes universales in omnibus bonis suis mobilibus et stabilibus ubicumque existentibus et melius apparentibus Chyassonam mulierem relictam condam David de Ixe nec non et Fadalonam mulierem uxorem Moxe Pulvirecta, filias legitimas et naturales dicte testatricis et condam Iacob de Asesi tunc iugalium, ita quod predicte heredes possint et valeant dividere predicta bona tam mobilia quam stabilia ac iura censualia equis porcionibus inter eos (sic) et quilibet eorum (sic), videlicet de dictis heredibus, possit et valeat de porcione sibi contingente dictorum bonorum tam mobilium quam stabilium facere iuxta eorum (sic) arbitrium et voluntatem absque contradicione alicuius. Item dicta testatrix instituit, fecit et sollenniter ordinavit suam heredem particularem Milicam mulierem neptem dicte testatricis, filiam condam Marzuki de Asesi filii dicte testatricis in anulos aureos duos nec non et in tarenis sex in pecunia, excludens eam ab omni alio iure sibi contingenti... Item dicta testatrix dimisit Moxe de Pulvirecta eius genero quemdam mortarium de metallo ponderis circa XXXX rotulorum, et hoc pro certis expensis factis et solutis per dictum Moxe in quadam questione facta inter dictam testatricem et presbiterum Laurencium de Catalano de Terre Sacce. Item dicta testatrix legavit pro eius anima Perne mulieri filie dictorum Moxe de Pulvirecta et Fadalone iugalium buctuneram unam de argento in numero XXXXV buctonos et clamidem unam de russello. Item dicta testatrix dimisit eidem Fadalone eius filia (sic) ultra dictas heredetates catinellam unam argenteam nec non et armaturam unam argentea (sic) absque zonam. Item dicta testatrix dimisit Chyassone eius filie taceam unam argenteam, ut dicitur amaccatam, nec non gunellam unam novam de belvi coloris nigri, et hoc est ultra heredetates contingentes dicte Chassune; restantes vero bonorum predictorum tam mobilium quam stabilium dividi debent equis porcionibus inter dictos (sic) heredes universales dicte testatricis, ut supra dictum est. Item dicta testatrix dixit habere, tenere et possidere bona infrascripta tam mobilia quam stabilia, ac iura censualia videlicet: imprimis item tenimentum unum domorum conscinstentium in corporibus quatuor cum cortilis duobus, quod tenimentum est subiditum in uncia una iure census provido notario Amato de Puchio, prout apparet tenore puplici contractus facti manu mei notarii predicti. Item dicta testatrix dixit habere, tenere et possidere quoddam ius census tarenorum XXII ad quos tenetur Xibiteni Patuano supra quamdam apotecam sistentem in platea puplica, prope apotegam magistri Johannis de Acurso ex parte meridiey et alios confines; Item tarenos quindecim ad quod tenetur uxor condam Nicolai de Arno supra quamdam domum quam tenet ad emphiteusim ab eadem testatrice, sistentem in quarterio Xurtini, suis finibus limitatam; item tarenos duodecim, grana X ad quod tenetur Geppi Luvitrano supra quamdam domum sistentem intus Terram veterem, suis finibus limitatam; item tarenos octo ad quos tenetur Novellus de Baracta supra quamdam domum quam tenet ad emphiteusim a dicta testatrice, sistentem in quarterio Sancti Nicolai, suis finibus limitatam; item tarenos sex ad quos tenetur Johannes de Cuctono supra quamdam, domum quam tenet et possidet dictus Johannes de Cuctono in quarterio Arricomandate, suis finibus limitatam. Item dixit habere, tenere et possidere quamdam domum terraneam, sistentem in quarterio Abbatie, suis finibus limitatam, quam tenet loerio nomine nepos Nicolai de Cito. Item dicta testatrix dixit habere, tenere et possidere catogium unum sistentem intus Terram veterem suptus palazoctum Lune de Dajna, suis finibus limitatum. Item dixit habere, tenere et possidere quod ius census tarenorum quinque ad quod tenetur Thomas de Fidanza supra quod viniale sistentem (sic) in contrata Sancti Ley suis finibus limitatum. Item tarenos duos ad quos tenetur Johannes de Campo supra quoddam viniale sistentem (sic) in contrata vocata de Aquafrida, suis finibus limitatum. Item tarenos duos ad quos tenetur magister Chinuchius de Pactone supra quoddam viniale sistentem in contrata Sancte Barbare, suis finibus limitatum. Item tarenos duos et grana X ad quos tenetur Salvator de Turturichio supra quoddam viniale sistentem in contrata vocata de Fontana Grandi, suis finibus limitatum. Item dicta testatrix dixit... quod post mortem condam Iacob de Asesi mariti dicte testatricis remanserunt in Terra Xacce certa iura cansualia, que iura censualia tenebat et possidebat condam Marzuki de Asesi ac tenuit et possedit post mertem dicti condam Iacob eius patris, in qua iura censualia (sic) dicta testatrix dixit habere eius porcionem tamquam legitima uxor dicti condam Iacob. Item dicta testatrix dixit quod existens infirmus condam Iacob de Asesi maritus dicte testatricis ea infirmitate qua decessit et condam Marzucus de Asesi filius dicti condam Iacob venit in Terra (sic) Calatabellocte, cui Iacob idem condam Marzucus dixit et interrogavit per hec vel sicula verba «omisseri et non haviru nixunu dinaru», cui Marzuco idem condam Iacob respondidit et dixit «eu haiu allocu veru dudichi oy tridichi flurini de oru», quos florenus XII vel tresdecim dictus Marzucus cepit in posse suo, et deinde ad paucos dies dictus condam Iacob fuit mortus et predicti floreni XII vel XIII remanserunt in posse dicti condam Marzuki, in quibus pecuniis seu florenis dicta testatrix dixit habere porcionem ei contingentem. Item dicta testatrix dixit quod post mortem dicti condam Iacob eius viri predictus condam Marzucus cepit in posse suo tabanum unum novum de panno, infoderatum de panno de blackrecta nec non et clamidem unam de Firenza de meze mina, corporis dicti condam Iacob, et gunellam una (sic) de belvi, ut dicitur infuderata de blakrecta, in quibus bonis dicta testatrix etiam dixit habere eius porcionem. Item dicta testatrix dixit quod post mortem condam Iacob de Asesi mariti dicte testatricis remansit quamdam apotegam (sic), ut dicitur, furnita de merchi et dictus condam Marzucus vendidit omnes et singulas merces inventas in dicta apotega et, ut dicitur, la disfechi tucta et cepit omnia pecunia, in quibus pecuniis proventis ex dictis mercis (sic) dicta testatrix intendit habere eius porcionem ei conpetentem. Item dicta testatrix dixit habere, tenere et possidere bona mobilia infrascripta videlicet: item coronam unam de argento deorata; item pernaturam unam de perulis cum septi smalti ad octu posti de perulis; item materacia quatuor purpurigna quatuor, videlicet tria usitati et relicum novum, cum quatuor tranverseriis usitatis, videlicet duo maltenssi et duo purpurigna; item cultras duas, videlicet unam novam et reliquam usitatam; item paria duo lintheaminum usitatorum alborum; item carpetas quinque, videlicet duas novas, quarum una est rubea et reliqua purpurigna, et tres usitatas; item antelecta tria, videlicet duo nova et unum usitatum; item antelecta alia quinque usitata; item dobleria sex, videlicet quinque in duobus tockis et unum divisum; item dobleria septi, partim usitata et partim nova; item tobalias duodecim, videlicet sex albos (sic) et sex lascatas; item tobalias duos novas, ut dicitur, facti ad adu; item tranverseria duo nova, videlicet unum purpurignum et relicum maltensse, item caxias usitatas sex et bancatos duos seu archibancos; item bancatos tres videlicet unum de apotega et duos de cubile usitatos; item vegetes quinque vacuas usitatas; item carratella duo; item caldaria tria, videlicet duo magna et una parva de here; item ollas duas, videlicet unam de here et aliam de mitallo; item pelves duas de here, videlicet unam parvam et reliquam magna (sic); item cuncumu unum de here usitatum; item bacile unu da here pallido; item caldaria, ut dicitur, de fari cubayta et ...ra tria de here; item paria tria de balanciis magnis de here; item mortaria duo parva de mitallo; item marchos duos de mitallo; item canpanam unam de plembo; item ydriam unam de aqua et certa alia stivilia domus. Item dicta testatrix legavit pro eius anima ecclesie seu miskete Terre Calatabellocte cafisia duo oley; item legavit miskete Terre Sacce alia duo cafisia oley pro salute anime dicte testatricis, que cafisia quatuor oley predicta dicta testatrix voluit et mandavit quod teneantur dare predicte heredes dicte testatricis post mortem dicte testatricis. Item dicta testatrix dixit habere, tenere et possidere cortenam unam albam usitatam et dimidiam cortene de serico usitatam. Item dicta testatrix fecit et sollenniter ordinavit suos fideyconmissarios et sui presentis testamenti exequutores Sabeti Abbati et Xibiteni Patuano, quibus dedit plenam licenciam et liberam potestatem post eius decessum intrandi, capiendi et alienandi bona dicte testatricis pro satisfacione sui presentis testamenti. Et hec fuit et est eius ultima voluntas, suum ultimum testamentum, quam et quod valere voluit iure testamenti, et si iure testamenti non valerit, valeat et valere debeat iure codicillorum vel ad pias causas seu donacionis nomine causa mortis, cassis prius, irritis et exactis omnibus aliis testamentis et codicillis per eam temporibus preteritis factis, presens vero in suo robore permaneat, et et (sic) fuit et est eius ultima voluntas.

Ego Henrigus de Maniono testor.
Ego Johannes Henrigus de Termini testor.
Ego presbiter Thomasius de Tanina testor.
Ego Johannes de Chiramo testor.
Ego presbiter Nicolaus de Rabuïno testor.
Ego clericus Amatus de Bona Accursio testor.
Ego clericus Stefanus di Grasiora.

Archivio di Stato di Palermo, *Notai defunti*, notaio F. Giuffrida, vol. 1382, 9 Luglio 1482.

Testamentum condam Channune de Galiono.
VIIII iulii.

Testamur quod presens coram nobis Channuna iudea olim uxor condam Magalufi de Galiono de Sacca, iacens in lecto egrota corpore, sana tamen mente et racionabilis intellectus existens in sua bona et perfecta memoria articulariter loquens, timens divinum iudicium repentinum et horam mortis incertam, cum nil certius morte et nil incertius hora mortis, volens propterea, dum tempus habet, de bonis suis temporalibus disponere et providere, ne inter successores suos lis aliqua oriri possit, presens suum ultimum nuncupativum condidit testamentum per manus mei infrascripti notarii in hunc modum: imprimis dicta testatrix instituit sibi et sollenniter ordinavit suos heredes universales in omnibus bonis suis mobilius et stabilibus, iuribus et accionibus universis ubicumque existentibus et melius apparentibus, Magalufum eius nepotem, filium condam Merdochai eius filii et Saure, olim iugalium, et Milicham, uxorem Gabrielis Summato et Sucha, uxorem Ioseph Maymuni, eius filias, natas ex ea et dicto condam Magalufo eius marito, videlicet ipsum Magalufum pro medietate et ipsas Milicam et Sucham pro alia medietate; item instituit sibi et sollenniter ordinavit suum heredem particularem dictum Magalufum, eius nepotem, in domibus in quibus dicta testatrix habitat et moratur ad presens, cum hac lege et condiccione, quod dictus Magalufus non possit neque valeat quavis ex causa dictas domos vendere, pignorare, obligare nec alienare et quocumque alienaccionis titulo trasferre et distrahere in alios nec etiam domus ipse possint nec valeant ab eo et eius posse et dominio... auferri et distrahi ex causa alicuius debiti forte hactenus contracti vel in posterum quacumque ex causa contraendi nec racione et occasione alicuius delicti vel mali per eum facti seu faciendi, commictendi et perpetrandi, et hoc nec questio ad proprietatem nec questio ad fructus domorum predictarum, sed domus predicte semper et inperpetuum stent et reservari debeant pro alimentis et substentacione dicti Magalufi et suorum filiorum et heredem; et si forte dictus Magalufus mori contingerit quandocumque sine filiis de suo corpore legitime descendentibus, tunc in eo casu substituit sibi heredes in medietate predicta bonorum dicti Magalufi et in domibus predictis in quibus est institutus heres universalis, dictas Milicam et Sucam, si invenirentur vive, et si non invenirentur vive substituit modo supradicto in bonis et domibus predictis filios et heredes dictarum Milice et Suche. Item instituit sibi et sollenniter ordinavit suam heredem particularem Sictutam eius filiam, uxorem condam Brachonis de Tripuli, natam ex ea et dicto condam Magalufo in tarenis duobus, excludens eam ab omni alio iure hereditatis sue. Item instituit sibi et sollenniter ordinavit suas heredes particulares Pernam, uxorem Rachamini Tranu, et Bonavinturam, uxorem Chaboni de Girgenti, eius neptas, filias condam Stelle eius filie, olim uxoris Iacop de Xaul in tarenis duobus pro qualibet, excludens eas ab omni alio iure hereditatis sue. Item instituit sibi et sollenniter ordinavit suam heredem particularem Channam eius neptem, filiam dicti Merdochai, uxorem Busacce Pulvirecta, in dotibus sibi promissis et assignatis et in super in tarenis duobus, excludens eam ab omni alio iure hereditatis sue. Item instituit sibi et sollenniter ordinavit suam heredem particularem Mulchayram eius neptem, filiam dicti Merdochai, uxorem Iacop de Galiuni, in dotibus sibi promissis et assignatis et insuper in tarenis duobus, excludens eam ab omni alio iure hereditatis sue. Item instituit sibi et sollenniter ordinavit suam heredem particularem Stellam eius neptem, filiam dicti Merdochai, uxorem Graciani de Affano, in dotibus sibi promissis et insuper in tarenis duobus, excludens eam ab omni alio iure hereditatis sue, et hoc pro omni iure ipsi Stelle conpetenti et conpetituro in bonis dicte testatricis, tam iure nature et consuetudinis Terre Sacce quam paterne successionis et dicti condam Magalufi avii sui quam quocumque alio iure. Item instituit sibi et sollenniter ordinavit suam heredem particularem Gaudeosam eius neptem, filiam dicti Merdochai, in tanta quantitate docium in rauba et pecunia, prout habuit promissionem docium dicta Stilla, uxor dicti Graciani, pro suo maritagio et insuper in tarenis duobus excludens eam ab omni alio iure hereditatis sue, et hoc pro omni iure dicte Gaudiose conpitenti et conpetituro in bonis dicte testatricis, tam iure nature et consuetudinis Terre Sacce quam paterne successionis et dicti condam Magalufi avii sui quam quocumque alio iure. Et voluit dicta testatrix quod dicta Gaudeosa stet et stare debeat in posse dicti Gabrielis, quam Gaudeosam dictus Gabriel debeat sibi promictere dotes super bonis tam dicti Magalufi, unus ex heredibus universalibus, pro una medietate quam super bonis uxoris dicti Gabrielis et uxoris dicti Ioseph pro alia medietate in quibus ipsa est instituta heres particularis. Item legavit Iacop Xilluri, eius fratri, mantum unum cum caputeo panni de visito. Item legavit mischite iudeorum Terre Sacce pro anima sua et defunctorum suorum tarenos sex census, quod dicti Gabriel et Ioseph Maymuni debunt emere de precio ipsius redempcionis alios terenos sex census super dicta mischita. Et si officiales iudayce venderent dictum ius census tarenorum sex, quod ipsa mischita cadat a dicto legato. Item legavit hospitali iudeorum Terre Sacce mataracium unum, cultram unam albam et carpitam unam minatam. Item legavit Merdocho Ischechina, filio Muxe Ischechina, capputeum unum panni de visito. Item dixit et declaravit dictum Gabrielem gessisse et administrasse bona sua sibi ipsius testatricis ipsumque Gabrielem sibi de administracione dictorum bonorum dedisse bonam et fidelem racionem, in tantum quod dictus Gabriel remansit debitor ipsius Channune in unciis vigintiquatuor, presente ad hec dicto Gabriele et confitente se teneri et dare debere dicte Channune dictas uncias vigintiquatuor, que testatrix voluit et mandavit quod dictus Gabriel ipsas uncias vigintiquatuor expendere debeat in empcionem docium dicte Gaudeose sue neptis, quem Gabrielem eisque heredes, successores et bona ipsa testatrix de administracione predicta quietavit, absolvit penitus ac liberavit per aquilianam stipulacionem. Item legavit dicto Gabrieli omnes illos census quos reciperr debet a Muxa Busati temporibus preteritis usque per totum annum quarte decine indicionis proxime preterite, et hoc pro certis pecuniis debitis ipsi Gabrieli per dictam testatricem. Item instituit sibi et sollenniter ordinavit in suum heredem particularem dictum Magalufum, eius nepotem, quamdam apothecam existentem in cursu iudaice Terre Sacce, cum onere sui census, quam dixit fuisse dicti Merdocai, patris dicti Magalufi et filii dicte testatricis. Et hec fuit et est eius ultima voluntas et suum ultimum nuncupativum testamentum, quam et quod valere voluit iure testamenti etcetera, cassatis et annullatis omnibus aliis testamentis et codicillis per eam hactenus factis, presenti tantum testamento in suo robore perdurante.

Testes: Siminto Ginni, Raphael de Castro Joanne, Busac Commissu, Busac Sagictuni, Nissim Sumatu, Levi de Galfa, Xamuel de Levi.

Archivio di Stato di Palermo, *Notai defunti*, notaio F. Giuffrida, vol. 1383, 6 Novembre 1482.

Sexto novembris.

Testamur quod presens coram nobis Bullara iudea, olim uxor condam Xibitelli de Cafisi de Sacca, iacens il lecto egrota corpore, sana tamen mente et racionabilis intellectus, existens in sua bona et perfecta memoria, articulariter loquens, timens divinum iudicium et horam mortis incertam, cum nil certius morte et nil incertius hora mortis, dubitans ne forte ab hoc seculo decederet intestata, volens propterea, dum tempus habet, de bonis suis temporalibus disponere, ne inter successores lis aliqua oriatur, presens suum ultimum nuncupativum condidit testamentum per manus mei infrascripti notarii in hunc modum; imprimis dicta testatrix instituit sibi et sollenniter ordinavit suum heredem universalem in omnibus bonis suis, mobilius et stabilibus, iuribus et accionibus universis ubicumque existentibus et melius apparentibus Sadiolum Sieli, filium Iacop Sieli, eius nepotem; item legavit Lune, filie condam Muxe Galifi, eius nepti, par unum lintheaminum serici et cultram unam albam minatam a campu di fluri parti plini et parti vacanti. Item legavit Brache de Cafisi gramaglam unam cum caputeo panni de visito. Item legavit Stille, uxori Muxe de Galifi, eius clamidem sui proprii corporis. Item legavit Perne, uxori dicte Brache, eius nepti, fardam unam, lintheamina cannarum sex, gunnellam unam minatam muliebrem et pilliczam unam, que gunnella fuit et est panni... Item dixit debere recipere a Covino de Galiono florenos sex ex vendicione bisaciarum de zuccaro, quos florenos sex pro anima sua legavit mischite iudeorum Terre Sacce ad opus emendi quamdam coverturam per Teura. Item legavit dicte mischite pro eius anima dimidium cantarum olei, quod oleum ipse eius heres universalis dare debeat dicte mischite infra annum unum post obitum dicte testatricis. Et hec fuit et est eius ultima voluntas et suum ultimum nuncupativum testamentum, quam et quod valere voluit iure testamenti, et si iure testamenti non valeret, quod valeat et valere debeat iure codicillorum etcetera, cassatis et annullatis omnibus aliis testamentis, codicillis et ultimis voluntatibus per eam hactenus factis, presenti tamen testamento in suo robore perdurante. Item dicta testatrix dixit habere tarenos quindecim census solvendos per heredes condam Salamuni Commissu super quadam conzaria sita in maritima Terre Sacce, quos tarenos XV voluit ipsa testatrix quod ipsi heredes quandocumque possunt reddimere ad racionem de unciis decem pro uncia. Et hec fuit et est eius ultima voluntas.

Ego Nicolaus di Magno testis fui.

Ego Jacobo lu Conti testis fui.

Xilom Xilleni, Robinus Galiuni, Busac Commissu, Grabriel Summatu et Gracianus Azara.

Archivio di Stato di Sciacca, *Notai defunti*, notaio P. Randazzo, vol. 27, 7 Novembre 1485.

Eodem die VII novembris.

Testamur quod presens coram nobis Disiata iudea relicta condam Muxe de Galfa, iacens in lecto, egrota corpore, sana tamen mente et racionabilis intellectus, existens in sua bona et perfecta memoria, intelligibiliter loquens, timens autem divinum iudicium et dubiam hora mortis, dubitans nec forte ab hoc seculo decederet intestata, volens sue cure providere et de suis bonis temporalibus disponere, ne inter successores suos lis seu questio aliqua oriatur, presens suum ultimum nuncupativum testamentum per manus mei infrascripti notarii facere procuravit in hunc modum videlicet: imprimis instituit, fecit et sollenniter ordinavit suos heredes universales in omnibus et singulis bonis suis mobilibus et stabilibus, iuribus et accionibus universis ubicumque existentibus et melius apparentibus, Xibitellam de Galione eius fratrem et Busaccam de Galione eius nepotem filium Siminto de Galione eiusdem testatricis fratrem, equis porcionibus; ita quod si dictus Busacca mori contingerit in pupillari etate vel quandocumque sine liberis de suo corpore legitime descendentibus, substituit ei prefatum Siminto eiusdem Busacce patrem. Item instituit suam heredem particularem Rachilam eius neptem, filiam Gaudiose eius sororis in totam illam raube quantitatem existentem in posse dicte Gaudiose de presente preter certas periulas et certos anulos argenteos et certas buctunellas argenteas, que periule et argenti volit quod sint dictorum heredum universalium. Item instituit suam heredem particularem Stillam eius sororem xorem Bracheni Tunnina in una gunella muliebre panni belvi virdi clausi et uno tilario folcito. Item prelegavit dicte Rachile eius nepti omnia stivilia sue domus et quamdam eius gunnellam coloris azoli usatam, quae voluit vendi debere et de precio illorum ematur matrazium seu conplimentum unius lecti deficientis in superiori rauba in qua est instituta dicta Rachila heres particularis. Item legavit mischite iudeorum ipsius Terre Sacce duas partes domorum, quarum altera tercia pars fuit et est ipsius miskite, cum condicione tamen, quod dicta quod (sic) iudayca Terre Sacce teneatur dare et assignare dictis heredibus universalibus uncias duas in fine anni unius post obitum dicte testatricis, quas domos eidem miskite vinculavit et vinculat et voluit et mandavit quod dicta iudayca non possit nec valeat alia personas (sic) pro dicta miskita dictas domos vendere, pignorare, obligare nec ab eadem miskita afferri possit quacumque ex causa, sed semper et imperpetuum stet pro dicta miskita quod fructus seu loherium dictarum domorum convertatur in empicione oley pro dicta miskita, quod loherium fructus domorum anno quolibet exigi debet per Thesaurarium oley, qui pro... fuerunt ipsius miskite et converti debent ad opus ut supra. Et hec fuit et est eius ultima voluntas et suum ultimum nuncupativum testamentum, quam et quod valere voluit et mandavit, iuraverunt testes etc.

Testes: Siminto lu Farachi, Robinus Galionus, Sadias de Benedicto, Xibitella Conmissu, Busacca Iubayra, Manuel Gindusu et Xilom de...

Archivio di Stato di Sciacca, *Notai defunti*, notaio P. Randazzo, vol. 27, 1486, c. 52.

Eodem

Testamur quod presens coram nobis Gaudiosa iudea relicta condam Salamonis Conmissu de Sacca, iacens in lecto, egrota corpore, sana tamen mente et racionabilis intellectus, existens in sui bona et perfecta memoria, recte et articulariter loquens, timens divinum iudicium repentinum et dubiam mortis horam, cum nil certius morte et nil incertius hora mortis, volens precipue de bonis suis temporalibus disponere, ne inter successores suos lis aliqua oriatur, presens suum nuncupativum testamentum per manu mei infrascripti notarii facere procuravit in hunc modum videlicet: imprimis instituit, fecit et sollenniter ordinavit suos heredes universales in omnibus bonis suis, mobilibus et stabilibus, iuribus et accionibus universis ubicumque existentibus et melius apparentibus, Xibitellam et Busaccam Conmissu filios suos legitimos et naturales, natos ex sui (sic) et dicto condam Salamone, confirmando tamen et acceptando prius testamentum conditum per dictus (sic) condam Salamonem et omnia in eodem testamento contenta. Item instituit suum heredem particularem Merdocay de Xilleni eius nepotem in eius mantum quo utitur de presente ipsa testatrix et et (sic) carpitam unam listatam listibus rubeis et ialnis sive palladis et manto uno cum caputeo panni de visito. Item legavit Stelle filie condam Xue Summato pro eius maritagio lectum unum, videlicet faciem unam matarazii cum traverserio, par unum lintheaminum, cultram unam, duas interulas, unum doblectum, duas tobalias, dubleria duo, tria guardanappa, duas caxulas et alia bona minuta pertinentia ad dictum lectum; et casu quo dicta Stella mori contingerit sive ante maritagium sive post quandocumque sine liberis etc, substituit ei in dictis bonis Channam sororem dicte Stelle. Item legavit suis nepotibus filiis dicti Xibitelle lectum unum quo utitur ad presens dicta testatrix. Item legavit Ricce eius nurui uxori dicti Xibitelle dublectum unum et eius gunellam panni misti villerii. Item voluit et mandavit quod bona hereditaria in quibus dictus Busacca est institutus heres universalis post mortem ipsius Busacce sint et pervenire debeant ad manus et posse Vite et Joxtiret filiorum dicti Busacce presentis matrimonii. Item legavit quamdam spelliziam miskite iudeorum dicte Terre Sacce pro anima sua. Et hec fuit et est eius ultima voluntas etc.

Testes: Manuel Minachem, Busacca Sagictuni, Levi Castroioanni, Sesi Balam, Iudas Sagictonus, Gracianus de Accavo, Xibitella Dadmi.

Archivio di Stato di Trapani, *Notai defunti*, notaio N. Cirami, vol. 8772, 23 Febbraio 1486.

XXIII februarii, IIII indicionis.

Quod presens coram nobis Cassena, iudea, mulier uxor Graciani de Vita, civis Drepani, sana gracia omnipotentis Dei mente et sensu, licet corpore languens, iacens in lecto, recte et articulariter loquens et in sua bona memoria et disposicione persistens, timens divinum iudicium repentinum mortis, ne forte vitam suam sub silencio finiret ab intestato, sicut multis evenire solet, et de bonis et hereditate suis nulla esset dispensacio facta, volens... super his sibi caucis (sic) providere et de bonis et hereditate suis dispensacionem facere, cassis prius, irritis et annullatis omnibus aliis testamentis, codicillis et ultimis voluntatibus per eam hactenus forte factis, suum presens nuncupativum testamentum suum scriptis (sic) per manus mei notarii in hunc modum: fecit et facere procuravit, quod voluit et mandavit post eius mortem haberi debere omnem roboris firmitatem. Imprimis dicta testatrix elegit sibi sepulturam sui corporis in loco ubi solent sepelliri cadavera iudeorum dicte civitates. Item dicta testatrix legavit dicto Graciano de Vita, eius marito presenti, racione bone societatis, mantum unum cum caputeo panni maiorkini nigri de dolo. Item dicta testatrix super omnibus et singulis bonis suis mobilibus et stabilibus, iuribus et accionibus quibuscumque ad eam pertinentibus et spectantibus iure quovis racione vel causa et quocumque et qualitercumque, exceptis legatis et fidecommissis in presenti testamento contentis, instituit sibi suam heredem universalem Cullinam, eius filiam legitimam et naturalem et dicti Graciani, eius mariti, ea tamen lege et condicione: ki si la dicta Cullina contingisse muriri in minuri etati vel in maiuri etati senza figloli di so corpu legitime descendenti, ki eo casu tucti li beni di la presenti hereditati di ipsa testatrichi pervegnanu et perveniri digianu a Fariuni Grecu patri di ipsa testatrichi, ad hec presenti, lu quali in casu predicto substituissi a la dicta Cullina et ad si hereda universali instituixi. Item dicta testatrix fecit et sollenniter oridinavit fidecommissarium et executorem sui presentis testamenti et ultime voluntatis dictum Farionum, eius patrem, cui dedit auctoritatem et plenariam potestatem atque mandatum intrandi et capiendi bona omnia dicte testatricis, eaque vendendi et alienandi pro premissis exequendis et adimplendis. Et hanc asserit esse velle suam ultimam voluntatem, quam valere voluit iure presentis testamenti, et si iure presentis testamenti valere non posset, valeat saltem iure codicilli vel alterius ultime voluntatis, que denum melius valere posset et tenere.

Testes: nobilis Petrus Johannes de Cavalerio, Johannes Andreas de Cervera, magister Antonius de Angelo, notarius Nicolaus de Trenta, Thomas Chambra, Cataldus Actallevi et Henricus Jandantoni, cives Drepani.

Archivio di Stato di Trapani, *Notai defunti*, notaio N. Cirami, vol. 8772, 3 Gennaio 1486.

III ianarii, IIII indicionis.

Quod presens coram nobis Stera iudea, mulier filia condam Muxe condam Sadoni Chirusi, uxor in presenciarum Challuri de Challuri, civis Drepani, sana gracia omnipotentis Dei mente et sensu, licet corpore languens, iacens in lecto, recte et articulariter loquens et in sua bona memoria et disposicione persistens, timens divinum iudicium repentinum mortis, ne forte vitam suam sub silencio finiret et de bonis et hereditate suis nulla esset dispensacio facta, volens supra super his causis providere et de bonis et hereditate suis dispensacionem facere, cassis prius, irritis et annullatis omnibus aliis testamentis, codicillis et ultimis voluntatibus per eam hactenus forte factis, suum presens nuncupativum testamentum sive scriptum per manus mei notarii in hunc modum fecit et facere procuravit, quod voluit et mandavit post eius mortem haberi debere omnem roboris firmitatem. Imprimis dicta testatrix elegit sibi sepulturam sui corporis in loco ubi solent sepelliri cadavera iudeorum dicte civitatis. Item dicta testatrix super omnibus et singulis bonis suis, mobilibus et stabilibus, iuribus et accionibus quibuscumque,instituit sibi suam heredem universalem Misudam, eius filiam legitimam et naturalem et dicti eius mariti, cum hac lege et condicione: ki si la dicta Misuda, sua figla et hereda, quod absit, murissi in minuri etati vel in maiuri etati senza figloli di so corpu legitime descendenti non relicti, ki li beni stabili di ipsa testatrichi et presentis hereditatis pervegnanu et perveniri digianu ad Sictuna, sua soru, mugleri di Samueli Levi, si tandu viva fissi; et si tandu viva non fussi, ki tali casu tali beni stabili presentis hereditatis pervegnanu et perveniri digianu a li figli di ipsa Sictuna, sua soru, di so corpu legitime descendenti. Item dicta testatrix voluit, disposuit et mandavit, per ki lu dictu so maritu non est sane mentis, ki la dicta Misuda, sua figla et hereda, digia stari subta gubernu, regimi et administracioni di la dicta Sictuna, soru di ipsa testatrichi, in sua casa, perfina ki ipsa sua figla vegna ad maritari et ipsa Sictuna pagatu lu censu di una casa di ipsa testatrichi, ki est obligata ad Francum de Angelu, lu restu di lu luheri di la dicta casa lu pocza exigiri et haviri, et di ipsu luheri alimintari a la dicta sua figla et hereda; e si per casu la dicta Sictuna a la dicta sua figla et hereda tiniri in sua casa et alimentari non volissi et altru la tinissi et havissi in putiri creatu tuturi per curti, ki quillu tuturi per curti creatu digia la dicta sua figla et hereda alimentari supra lu luheri di la dicta sua casa; et si per casu lu dictu so maritu per alcunu modu, raxuni et via livassi la dicta sua figla et hereda da putiri di la dicta Sictuna, ki eo casu lu luheri di la dicta casa la dicta testatrichi voli ki pervegna et perveniri digia quolibet anno, per fina ki la dicta sua figla et hereda sia di perfecta etati et starrà in putiri di so patri, a la dicta Sictuna, a la quali, in casu predicto, chi lu lega et lassa, cum hoc: ki lu dictu luheri sia tinutu pagari lu censu a lu dictu Francum de Angelu. Et hanc asseruit esse velle suam ultimam voluntatem, quam valere voluit iure presentis testamenti, et si iure testamenti valere non posset, valeat saltem iure codicilli vel alterius ultime voluntatis, que denum melius valere posset et tenere etcetera.

Testes: Nicolaus de Firrerio, Johannes Antonius de Monteiardino, Salvator la Finara, Andreas Reda, Peri Johannes Ginis, Antonius de Savignono et Johannes Sardu, cives Drepani.

Archivio di Stato di Sciacca, *Notai defunti*, notaio G. Cutrona, vol. 57, 27 Febbraio 1489.

Emancipaccio.
Die XXVII februari VIII indiciones
MCCCCLXXXVIIII.
Testamur quod presens coram nobis Chaymi Sala iudeus de Sacca sponte emancipavit et a paterna potestate liberavit Gratiam eius filiam, uxorem Natalis de Actono, presentem et humiliter emancipari petentem a dicta eius potestate, ita quod dicta Gratia hinc in antea sit et esse possit ut civis romana et hoc sui latis cui licenciam tribuit et omnimodam potestatem dictus Chaym, quod possit et libere valeat Gratia ipsa disponere, testari et ordinare iuxta sui voluntatem et facere omnia que facere potest quilibet persona libera et a paterna potestate liberata; quam quidem emancipacionem, cum interventu notarii Petri de Randacio, iudicis iudayce eiusdem Terre, presentis pro tribunali sedentis et suam iudiciariam auctoritatem prestantis, promisit idem Chaym actendere et ratam habere etcetera, in pace etcetera, sub hypoteca etcetera, et refecione etcetera.

Testes: ego notarius Petrus de Randacio iudex testor.
Ego Antonius de Salvo testor.
Ego Sebastianus de Carmillinio testor.

Testamentum.

Eodem.

Testamur quod presens coram nobis Gratia iudea, mulier uxor Natalis de Actono, iacens in lecto infirma corpore, sana mente et racionabilis intellectus, ex quo pregnans est, dubitans ne ab hoc seculo hac vita decederet intestata, volens sue anime providere et de bonis suis temporalibus disponere, ne inter successores suos lis seu questio aliqua oriatur, presens suum nuncupativum testamentum per manus mei infrascripti notarii Sacce procuravit, emancipata prius et a paterna potestate liberata, ut constitit per emancipacionem paulo ante factam manu mei infrascripti notarii. In primis instituit, fecit et sollenniter ordinavit suum sive suam aut suos heredes universales in omnibus bonis suis postumum seu postumam vel postumos nasciturum, nascituram vel nascituros ex se et dicto Natali eius marito, supervenerit seu supervenerint ad lucem, et si non pervenerit seu pervenerint ad lucem, alias si pervenerit seu pervenerint ad mortem et inde mortuus, mortua vel mortui fuerint vel fuerit... sine liberis de eorum corporibus legitime descendentibus, instituit ac substituit et ordinavit heredem universalem in omnibus bonis suis Chaym Sala eius patrem; item legavit moskite iudeorum eiusdem Terre oleum cafisorum duorum. Et hec est eius ultima voluntas et suum ultimum nuncupativum testamentum quam et quod valere voluit etcetera. Item legavit dicto Natali, eius marito, mantum et caputeum unum de visito etcetera.

Testes:
Ego notarius Petrus de Randacio testor.
Ego Antonius de Salvo testor.
Ego Sebastianus de Carmillinio testor.
Ego Bernadus (sic) de Amare testor.
Ego Federicus de Amare testor.
Ego Nicolaus de Randacio testor.
Ego Gerardus de Randacio testor.

Glossario

ALJAMA Comunità.

BESIMANTOB Auguri.

DIENCHELELE Giudice Supremo.

ERUB Finzione legale per ampliare lo spazio nel quale è permesso trasportare oggetti durante il Sabato.

GENIZZAH Sepoltura di testi e documenti custoditi perché in essi è scritta la parola di Dio; famosa per la ricostruzione della vita ebraica nel Medioevo qualla di Fustat, l'antica Cairo.

GITTIN Parte del Talmud che tratta di matrimonio e divorzio.

HALAKAH Sistema di regole di comportamento del giudeo in tutti i momenti della vita desunte dalla Legge scritta e orale.

HALIZZA Scalzamento, cerimonia liberatoria che consentiva al fratello celibe del marito moro di rifiutare il matrimonio con la cognata vedova.

HASSAN Scannatore rituale.

HUPPAH Baldacchino nuziale.

KASHER Conforme alle leggi sulla purezza rituale.

KETUBBAH Contratto matrimoniale.

KOHEN Sacerdote.

MEQODDESHET Sposa consacrata.

MIQWEH Bagno rituale.

MISHNAH Testo base per lo studio della Torà.

MISHPAHAH Famiglia patriarcale.

MOHAR Dono matrimoniale del marito.

MUSCHITA Sinagoga siciliana.

NEDUNYAH Inventario dotale della sposa.

NIDDAH Legge della N. norme che regolano i periodi di astinenza sessuale della donna.

NISSU'IM Fase della cerimonia nuziale in cui la sposa viene condotta nella casa del marito.

QIDDUSHIN O ERUSIN Formula la consacrazione dello sposo e della sposa.

SHABBAT Giorno di riposo dal lavoro dedicato alla preghiera e alla lettura dei testi sacri.

SHEKINAH Presenza divina.

SHIDDUQIN Fidanzamento.

TAHARAH Toilette Funebre.

TALMUD Complesso delle discussioni giuridiche ed esegetiche sulla Bibbia e sulla Legge orale come si svolgevano nelle Accademie palestinesi e Babilonesi nel secondo-quinto secolo dell'era volgare.

TAQQANOT Sentenze rabbiniche.

TEWILAH Immersione durante il bagno rituale.

TOSEFET Somma di denaro *aggiunta* che insieme al Mohàr costituisce la dote dello sposo.

YESHIBAH Accademia Rabbinica.

Questo volume è stato stampato
su carta Grifo vergata
delle Cartiere Miliani di Fabriano
nel mese di gennaio 1999

Stampa: Arti Grafiche Pezzino s.r.l., Palermo

Legatura: LE.I.MA. s.r.l., Palermo

Nuovo Prisma

Collana diretta da Antonino Buttitta

1 Claude Lévi-Strauss. L'identità

2 Antonino Buttitta. Dei segni e dei miti. Una introduzione alla antropologia simbolica

3 Alexander Kazdhan, Silvia Ronchey. L'aristocrazia bizantina dal principio dell'XI alla fine del XII secolo

4 Gianna Petrone. Metafora e tragedia. Immagini culturali e modelli tragici nel mondo romano

5 Luigi M. Lombardi Satriani, Mariano Meligrana. Il ponte di San Giacomo

6 André Schaeffner. Origine degli strumenti musicali

7 Giuseppe Casarrubea. Gabbie strette. L'educazione in terre di mafia: identità nascoste e progettualità del cambiamento

8 Silvia Campese. La cittadina impossibile. La donna nell'Atene dei filosofi

9 Natale Tedesco. La cometa di Agrigento. Navarro, Pirandello, Sciascia

10 Anna Muggia. L'area di rispetto nelle colonie magno-greche e siceliote. Studio di antropologia della forma urbana